新时代外国语言文学
新发展研究丛书

总主编 罗选民 庄智象

功能语篇分析新发展研究

董保华 杨炳钧 / 著

清华大学出版社
北 京

内 容 简 介

本书旨在系统梳理功能语篇分析研究从发端至今的相关研究的发展脉络，聚焦元功能、衔接与连贯、语域理论、语法隐喻、评价系统、多模态理论、语类分析等方面的探讨，明晰质化、量化、混合、思辨、综述等语篇分析研究方法相关问题，探讨教育、医学、语言对比、政治、学术、法律等语篇分析实践，从而凸显功能语篇分析研究在理论、方法、实践等方面所做出的成绩和贡献，并在此基础上，对其未来发展路向和趋势进行预测和展望，以期为学界相关研究提供借鉴、参考或启发。

版权所有，侵权必究。举报：010-62782989，beiqinquan@tup.tsinghua.edu.cn。

图书在版编目（CIP）数据

功能语篇分析新发展研究 / 董保华，杨炳钧著. —北京：清华大学出版社，2021.11
（新时代外国语言文学新发展研究丛书）
ISBN 978-7-302-57334-0

Ⅰ.①功… Ⅱ.①董… ②杨… Ⅲ.①功能（语言学）—研究 Ⅳ.①H0

中国版本图书馆 CIP 数据核字（2021）第 018007 号

策划编辑：郝建华
责任编辑：郝建华　黄智佳
封面设计：黄华斌
责任校对：王凤芝
责任印制：沈　露

出版发行：清华大学出版社
　　　网　　址：http://www.tup.com.cn, http://www.wqbook.com
　　　地　　址：北京清华大学学研大厦 A 座　　邮　编：100084
　　　社 总 机：010-62770175　　邮　购：010-62786544
　　　投稿与读者服务：010-62776969, c-service@tup.tsinghua.edu.cn
　　　质量反馈：010-62772015, zhiliang@tup.tsinghua.edu.cn

印 刷 者：大厂回族自治县彩虹印刷有限公司
装 订 者：三河市启晨纸制品加工有限公司
经　　销：全国新华书店
开　　本：155mm×230mm　　印　张：17.5　　字　数：265 千字
版　　次：2021 年 11 月第 1 版　　印　次：2021 年 11 月第 1 次印刷
定　　价：118.00 元

产品编号：088103-01

中国英汉语比较研究会
"新时代外国语言文学新发展研究丛书"
编委会名单

总主编

罗选民　　庄智象

编　委

（按姓氏拼音排序）

蔡基刚	陈　桦	陈　琳	邓联健	董洪川
董燕萍	顾曰国	韩子满	何　伟	胡开宝
黄国文	黄忠廉	李清平	李正栓	梁茂成
林克难	刘建达	刘正光	卢卫中	穆　雷
牛保义	彭宣维	冉永平	尚　新	沈　园
束定芳	司显柱	孙有中	屠国元	王东风
王俊菊	王克非	王　蔷	王文斌	王　寅
文秋芳	文卫平	文　旭	辛　斌	严辰松
杨连瑞	杨文地	杨晓荣	俞理明	袁传有
查明建	张春柏	张　旭	张跃军	周领顺

总　　序

外国语言文学是我国人文社会科学的一个重要组成部分。自 1862 年同文馆始建，我国的外国语言文学学科已历经一百五十余年。一百多年来，外国语言文学学科一直伴随着国家的发展、社会的变迁而发展壮大，推动了社会的进步，促进了政治、经济、文化、教育、科技、外交等各项事业的发展，增强了与国际社会的交流、沟通与合作，每个发展阶段无不体现出时代的要求和特征。

20 世纪之前，中国语言研究的关注点主要在语文学和训诂学层面，由于"字"研究是核心，缺乏区分词类的语法标准，语法分析经常是拿孤立词的意义作为基本标准。1898 年诞生了中国第一部语法著作《马氏文通》，尽管"字"研究仍然占据主导地位，但该书宣告了语法作为独立学科的存在，预示着语言学这块待开垦的土地即将迎来生机盎然的新纪元。1919 年，反帝反封建的"五四运动"掀起了中国新文化运动的浪潮，语言文学研究（包括外国语言文学研究）得到蓬勃发展。中华人民共和国成立后，尤其是改革开放以来，外国语言文学学科的发展势头持续迅猛。至 20 世纪末，学术体系日臻完善，研究理念、方法、手段等日趋科学、先进，几乎达到与国际研究领先水平同频共振的程度，取得了令人瞩目的成绩，有力地推动和促进了人文社会科学的建设，并支持和服务于改革开放和各项事业的发展。

无独有偶，在处于转型时期的"五四运动"前后，翻译成为显学，成为了解外国文化、思想、教育、科技、政治和社会的重要途径和窗口，成为改造旧中国的利器。在那个时期，翻译家由边缘走向中国的学术中心，一批著名思想家、翻译家，通过对外国语言文学的文献和作品的译介塑造了中国现代性，其学术贡献彪炳史册，为中国学术培育做出了重大贡献。许多西方学术理论、学科都是经过翻译才得以为中国高校所熟悉和接受，如王国维翻译教育学和农学的基础读本、吴宓翻译哈佛大学白璧德的新人文主义美学作品等。这些翻译文本从一个侧面促成了中国高等教育学科体系的发展和完善，社会学、人类学、民俗学、美学、教育学等，几乎都是在这一时期得以创建和发展的。翻译服务对于文化交流交融和促进文明互鉴,功不可没,而翻译学也在经历了语文学、语言学、文化学等转向之后,日趋成熟,如今在让中国了解世界、让世界了解中国,尤其是"一带一路"建设、人类命运共同体构建,讲好中国故事、传递好中国声音等方面承担着重要使命与责任,任重而道远。

20 世纪初,外国文学深刻地影响了中国现代文学的形成,犹如鲁迅所言,要学普罗米修斯,为中国的旧文学窃来"天国之火",发出中国文学革命的呐喊,在直面人生、救治心灵、改造社会方面起到不可替代的作用。大量的外国先进文化也因此传入中国,为塑造中国现代性发挥了重大作用。从清末开始特别是"五四运动"以来,外国文学的引进和译介蔚然成风。经过几代翻译家和学者的持续努力,在翻译、评论、研究、教学等诸多方面成果累累。改革开放之后,外国文学研究更是进入繁荣时代,对外国作家及其作品的研究逐渐深化,在外国文学史的研究和著述方面越来越成熟,在文学理论与文学批评的译介和研究方面、在不断创新国外文学思想潮流中,基本上与欧美学术界同步进展。

外国文学翻译与研究的重大意义,在于展示了世界各国文学的优秀传统,在文学主题深化、表现形式多样化、题材类型丰富化、批评方法论的借鉴等方面显示出生机与活力,显著地启发了中国文学界不断形成新的文学观,使中国现当代文学创作获得了丰富的艺术资源,同时也有力地推动了高校相关领域学术研究的开展。

进入 21 世纪,中国的外国语言学研究得到了空前的发展,不仅及时引进了西方语言学研究的最新成果,还将这些理论运用到汉语研究的实践;不仅有介绍、评价,也有批评,更有审辨性的借鉴和吸收。英语、汉语比较研究得到空前重视,成绩卓著,"两张皮"现象得到很大改善。此外,在心理语言学、神经语言学和认知语言学等与当代科学技术联系紧密的学科领域,外国语言学学者充当了排头兵,与世界分享语言学研究的新成果和新发现。一些外语教学的先进理念和语言政策的研究成果为国家制定外语教育政策和发展战略也做出了积极的贡献。

习近平总书记指出:"要着力推进国际传播能力的建设,创新对外宣传方式,加强话语体系建设,着力打造融通中外的新概念新范畴新表述,讲好中国故事,传播好中国声音,增强在国际上的话语权。"为贯彻这一要求,教育部近期提出要全面推进新工科、新医科、新农科、新文科等建设。新文科概念正式得到国家教育部门的认可,并被赋予新的内涵和定位，即以全球新技术革命、新经济发展、中国特色社会主义新时代为背景，突破传统的文科思维模式与文科建构体系，创建与新时代、新思想、新科技、新文化相呼应的新文科理论框架和研究范式。新文科具备传统文科和跨学科的特点，注重科学技术、战略创新和融合发展，立足中国，面向世界。

新文科建设理念对外国语言文学学科建设提出了新目标、新任务、新要求、新格局。具体而言，新文科旗帜下的外国语言文学学科的发展目标是：服务国家教育发展战略的知识体系框架，兼备迎接新科技革命的挑战能力，彰显人文学科与交叉学科的深度交融特点，夯实中外政治、文化、社会、历史等通识课程的建设，打通跨专业、跨领域的学习机制，确立多维立体互动教学模式。这些新文科要素将助推新文科精神、内涵、理念得以彻底贯彻落实到教育实践中，为国家培养出更多具有融合创新的专业能力，具有国际化视野，理解和通晓对象国人文、历史、地理、语言的人文社科领域外语人才。

进入新时代，我国外国语言文学的教育、教学和研究发生了巨大变化，无论是理论的探索和创新，方法的探讨和应用，还是具体的实验和实践，都成绩斐然。回顾、总结、梳理和提炼一个年代的学术发展，尤其是从理论、方法和实践等几个层面展开研究，更有其学科和学术价值及现实和深远意义。

鉴于上述理念和思考，我们策划、组织、编写了这套"新时代外国语言文学新发展研究丛书"，旨在分析和归纳近十年来我国外国语言文学学科重大理论的构建、研究领域的探索、核心议题的研讨、研究方法的探讨，以及各领域成果在我国的应用与实践，发现目前研究中存在的主要不足，为外国语言文学学科发展提出可资借鉴的建议。我们希望本丛书的出版，能够帮助该领域的研究者、学习者和爱好者了解和掌握学科前沿的最新发展成果，熟悉并了解现状，知晓存在的问题，探索发展趋势和路径，从而助力中国学者构建融通中外的话语体系，用学术成果来阐述中国故事，最终产生能屹立于世界学术之林的中国学派！

本丛书由中国英汉语比较研究会联合上海时代教育出版研究中心组织研发，由研究会下属29个二级分支机构协同创新、共同打造而成。罗选民和庄智象审阅了全部书稿提纲；研究会秘书处聘请了二十余位专家对书稿提纲逐一复审和批改；黄国文终审并批改了大部分书稿提纲。

本丛书的作者大都是知名学者或中青年骨干,接受过严格的学术训练,有很好的学术造诣,并在各自的研究领域有丰硕的科研成果,他们所承担的著作也分别都是迄今该领域动员资源最多的科研项目之一。本丛书主要包括"外国语言学""外国文学""翻译学""比较文学与跨文化研究"和"国别和区域研究"五个领域,集中反映和展示各自领域的最新理论、方法和实践的研究成果,每部著作内容涵盖理论界定、研究范畴、研究视角、研究方法、研究范式,同时也提出存在的问题,指明发展的前景。总之,本丛书基于外国语言文学学科的五个主要方向,借助基础研究与应用研究的有机契合、共时研究与历时研究的相辅相成、定量研究与定性研究的有效融合,科学系统地概括、总结、梳理、提炼近十年外国语言文学学科的发展历程、研究现状以及未来的发展趋势,为我国外国语言文学学科高质量建设与发展呈现可视性极强的研究成果,以期在提升国家软实力、构建人类命运共同体过程中承担起更重要的使命和责任。

感谢清华大学出版社和上海时代教育出版研究中心的大力支持。我们希望在研究会与出版社及研究中心的共同努力下,打造一套外国语言文学研究学术精品,向伟大的中国共产党建党一百周年献上一份诚挚的厚礼!

罗选民 庄智象

2021 年 6 月

前　言

　　功能语篇分析属于语篇分析的英美学派，是在系统功能语言学理论框架下发展起来的。回顾功能语篇分析的研究成果并探讨其新近发展，不仅体现出鲜明的时代性，且学术意义显著。当下，中国特色对外话语体系研究体现出前所未有的紧迫性，特别是党的十八大以来，习近平总书记在国际国内等重要场合作了一系列重要论述，强调构建中国特色的对外话语体系，掌握话语权，引领时代新发展，展现国际新形象。功能语篇分析以系统功能语言学和适用语言学为理论基础，在语篇分析方面具有极强的指导性并具有强大的语篇分析能力，无疑有助于中国特色对外话语体系构建的相关研究，并体现出对社会现象的学术担当。同时，由于语篇分析可以从不同的视角展开，语篇分析研究呈现出一片繁荣的景象。一些新兴的语篇分析视角如批评话语分析、积极话语分析、生态话语分析不断涌现，这些话语分析理论大多借助功能语篇分析中的分析工具。遗憾的是，学界对功能语篇分析缺乏较为系统的认识。因此，探讨功能语篇分析的已有成果和新近发展，不但可以明晰功能语篇分析研究本身的问题和不足，明确进一步研究的方向，还可以凸显其社会责任并为相关话语分析研究提供养料。

　　当然，要对功能语篇分析进行系统讨论却非易事。一是其与系统功能语言学理论之间的复杂关系难以厘清。可以说，但凡系统功能语言学理论都涉及功能语篇分析；二是功能语篇分析往往与批评话语分析、积极话语分析、生态话语分析等其他非功能语篇分析研究相关联。这样一来，本书在数据采集时主要以"语篇分析""话语分析"或"篇章分析"及其英译为主题词在国内外数据库中进行检索，这就难免会遗漏一些讨论系统功能语言学理论但又对功能语篇分析有重要价值的研究。另外，批评话语分析、积极话语分析、生态话语分析等研究虽涉及功能语篇分析的内容，但这些内容往往只是这些研究进行语篇分析的工具，整体上讲不属于功能语篇分析，从而被排除出本研究。这种排除可能会遗漏其他研究视角中有关功能语篇分析的探讨。尽管如此，本书作者还是通读了每一条文献以决定是否纳入数据分析范围，充分保证研究的客观性和科学性。

在研究内容的呈现上,本书一方面在概述语篇分析的基础上探讨了功能语篇分析研究的目标、范围及阶段划分;另一方面从历时和共时两种视角阐述功能语篇分析的新近发展。前者包括第 2 至第 4 章,主要从研究成果的刊发量、研究机构、研究主题、高被引作者和文献、人员队伍、学术成果和学术会议等,回顾 20 世纪期间(1966—1999 年)、21 世纪初(2000—2009 年)、近十年(2010—2019 年)三个时期的功能语篇分析研究的整体情况,并分析其表现出来的主要特点。后者包括第 5 至第 7 章,主要从功能语篇分析研究的理论、方法与实践三方面进行提炼与总结。理论部分主要从功能语篇分析本体理论与支撑理论两个维度展开。前者涉及语篇层次观、语篇语法观、语篇语义观、语篇适用观;后者则主要表现在元功能理论、衔接与连贯理论、语域理论、语类理论、评价系统、语法隐喻理论以及多模态理论。方法部分主要基于质化、量化、混合、思辨、综述五类研究方法讨论功能语篇分析的研究方法问题。同时,该部分还讨论了语料收集中自然语料和诱发语料两种路径在功能语篇分析研究上的具体体现。实践部分主要通过梳理近年来国内外在英汉语篇对比、教学语篇分析、法律语篇分析、医学语篇分析、学术语篇分析以及政治语篇分析等方面的语篇分析实践成果,探讨功能语篇分析实践方面的挑战及其应对举措。

整体来看,功能语篇分析研究呈现出以下特点:发文量呈现增长态势,发文载体涵盖面更广,充分体现出强大的适用性和学界的认可度;研究内容从元功能、衔接与连贯、语域理论、语法隐喻等传统主题逐步过渡到评价系统、多模态理论、合法化语码理论(legitimation code theory)、语类分析等更具社会特性、分析维度更丰富的主题。语篇分析的对象更为多元,涉及教育、医学、语言对比、政治、学术、法律等。语篇语料的选择不再局限于单个或多个纸介质语料,电子文本,特别是利用网络爬虫技术获取新媒体语料已成为可能,使得基于大数据信息的语篇分析成为可能。分析层次不再满足于语言层面本身,而是逐渐过渡到借助语言分析揭示语言背后的权力关系、身份构建、意识形态等内容。

经过近 60 年的发展,功能语篇分析研究硕果累累,其成果不仅反哺了系统功能语言学理论本身,而且对其具体关涉的诸如教育、医学、语言对比、政治、学术、法律等领域也产生了积极而深远的影响。本书旨在对我国的功能语篇分析研究进行系统梳理，客观评述其主要特点，探讨其发展脉络及演进路径，从而凸显功能语篇分析研究在理论、方法、实践等方面所作出的成绩和贡献。同时，以国际功能语篇分析研究为参照，反观我国功能语篇分析研究的不足及存在的问题，进而对其未来发展路向和趋势进行预测和展望，以期为学界相关研究提供借鉴、参考或启发。

为了反映功能语篇分析研究的国际性和前沿性，本书遵循国内和国外研究探讨兼顾的原则。考虑到本书的写作目的主要是反映我国功能语篇分析研究的新近发展，在成果阐述时以国内的研究为重点，对国外成果的介绍并不详尽。需要了解国外研究成果的读者可根据本书中提供的文献条目进一步自行研读。另外，本书论及的功能语篇分析研究成果主要是基于2019年以前的国内外数据库的数据以及各种会议信息，为保持体系的一致性，我们暂未纳入2020年以来的国内外功能语篇分析研究的最新成果。

本书能够顺利完成，首先应该感谢国内外前辈和同行。没有他们研究成果的支撑，本书成稿是不可想象的。我们要感谢庄智象社长，是他组织策划了"新时代外国语言文学新发展研究丛书"，特别感谢黄国文教授通读书稿并提出了十分中肯的修改意见。感谢清华大学出版社外语分社郝建华社长的再三鼓励和帮助。

限于时间和能力，书中难免有舛误之处，恳请广大读者批评指正。

董保华　杨炳钧

2021年2月

目　　录

第1章　绪论 …………………………………… 1

1.1　语篇分析概述 …………………………………… 1
 1.1.1　何谓语篇及语篇分析 …………………………… 1
 1.1.2　语言和社会维度下的语篇分析路径 ………………… 3

1.2　功能语篇分析研究的目标、范围及阶段划分 ……… 6
 1.2.1　功能语篇分析与系统功能语言学 ………………… 6
 1.2.2　功能语篇分析的目标和范围 ……………………… 7
 1.2.3　功能语篇分析研究的阶段划分 …………………… 7

第2章　20世纪期间功能语篇分析研究回顾 ………… 9

2.1　引言 …………………………………… 9

2.2　20世纪期间功能语篇分析研究概述 ……………… 9
 2.2.1　研究成果刊发情况 ……………………………… 10
 2.2.2　研究主题 ……………………………………… 13
 2.2.3　主要学者及研究团队 …………………………… 20
 2.2.4　学术会议 ……………………………………… 23

2.3　20世纪期间功能语篇分析研究的主要特点 ……… 24
 2.3.1　研究队伍的壮大 ………………………………… 24
 2.3.2　理论不断更新 …………………………………… 25
 2.3.3　功能语篇分析的专著和论文集增多 ……………… 28
 2.3.4　学术活动成效显著 ……………………………… 29

2.4　小结 …………………………………… 30

第 3 章　21 世纪初功能语篇分析研究概述 ············ 31
3.1　引言 ·· 31
3.2　21 世纪初功能语篇分析研究概述 ························ 32
3.2.1　研究成果刊发情况 ······································ 32
3.2.2　成果作者、机构及高被引情况 ···················· 41
3.2.3　研究主题 ·· 46
3.2.4　学术会议 ·· 58
3.3　21 世纪初功能语篇分析研究的主要特点 ············ 59
3.3.1　研究团队的形成与壮大 ······························ 59
3.3.2　研究成果丰硕 ··· 61
3.3.3　研究方法和工具的创新使用 ························ 65
3.3.4　学术活动日渐丰富 ······································ 66
3.4　小结 ·· 68

第 4 章　近十年功能语篇分析研究新进展 ············ 69
4.1　引言 ·· 69
4.2　近十年功能语篇分析研究概述 ···························· 70
4.2.1　研究成果刊发情况 ······································ 70
4.2.2　成果作者、机构及高被引情况 ···················· 77
4.2.3　研究主题 ·· 83
4.2.4　学术会议 ·· 90
4.3　近十年功能语篇分析研究的新进展 ···················· 93
4.3.1　成果发表数量和质量均有所提高 ················ 93
4.3.2　研究团队和人员队伍持续壮大 ···················· 96
4.3.3　研究主题不断拓展 ······································ 98
4.3.4　功能语篇分析研究的国际交流密切 ············ 101
4.4　小结 ·· 102

第 5 章　功能语篇分析理论的新发展 ········· 105
5.1　引言 ································ 105
5.2　功能语篇分析本体理论的主要议题及新近发展 ··· 106
　　5.2.1　主要议题 ·························· 106
　　5.2.2　功能语篇分析本体理论的新近发展 ········ 110
5.3　元功能理论的主要议题及新近发展 ············ 112
　　5.3.1　主要议题 ·························· 113
　　5.3.2　元功能理论的新近发展 ················ 117
5.4　衔接与连贯理论的主要议题及新近发展 ········ 120
　　5.4.1　主要议题 ·························· 120
　　5.4.2　衔接与连贯理论的新近发展 ············ 123
5.5　评价系统的主要议题及新近发展 ·············· 125
　　5.5.1　主要议题 ·························· 126
　　5.5.2　评价系统的新近发展 ·················· 128
5.6　语法隐喻理论的主要议题及新近发展 ·········· 130
　　5.6.1　主要议题 ·························· 131
　　5.6.2　语法隐喻理论的新近发展 ·············· 138
5.7　语域理论的主要议题及新近发展 ·············· 140
　　5.7.1　主要议题 ·························· 140
　　5.7.2　语域理论的新近发展 ·················· 145
5.8　语类理论的主要议题及新近发展 ·············· 147
　　5.8.1　主要议题 ·························· 148
　　5.8.2　语类理论的新近发展 ·················· 151
5.9　多模态理论的主要议题及新近发展 ············ 153
　　5.9.1　主要议题 ·························· 154

5.9.2　多模态理论的新近发展 ································ 156
　5.10　小结 ··· 158

第6章　功能语篇分析的主流研究方法 ···················· 159
　6.1　引言 ··· 159
　6.2　研究设计 ··· 159
　　　6.2.1　数据采集 ···································· 159
　　　6.2.2　数据分析 ···································· 161
　6.3　功能语篇分析的研究方法 ··························· 162
　　　6.3.1　研究方法的总体分布情况 ······················ 162
　　　6.3.2　功能语篇分析的主要研究方法 ·················· 164
　6.4　功能语篇分析研究方法的发展趋势 ··················· 174
　　　6.4.1　加强实证研究 ································ 174
　　　6.4.2　重视语料收集的多元化 ························ 175
　　　6.4.3　突出语料分析的智能化 ························ 177
　6.5　小结 ··· 177

第7章　功能语篇分析实践面临的挑战 ···················· 179
　7.1　引言 ··· 179
　7.2　功能语篇分析实践成果概述 ························· 179
　　　7.2.1　语篇对比分析 ································ 179
　　　7.2.2　教学语篇分析 ································ 181
　　　7.2.3　法律语篇分析 ································ 185
　　　7.2.4　医学语篇分析 ································ 187
　　　7.2.5　学术语篇分析 ································ 190
　　　7.2.6　政治语篇分析 ································ 193

7.3 功能语篇分析实践的挑战与对策 ………………… 196
    7.3.1 拓宽功能语篇分析的理论视域 ………………… 197
    7.3.2 突出语篇分析的适用性 ………………………… 199
    7.3.3 拓展功能语篇分析的跨语言研究 ……………… 201
  7.4 小结 ………………………………………………… 202

第8章 结论与展望 ………………………………………… 205
  8.1 引言 ………………………………………………… 205
  8.2 功能语篇分析研究的综合评价 …………………… 205
    8.2.1 理论视角 ………………………………………… 205
    8.2.2 方法视角 ………………………………………… 208
    8.2.3 实践视角 ………………………………………… 209
  8.3 功能语篇分析研究展望 …………………………… 211

参考文献 ……………………………………………………… 215

术语表 ………………………………………………………… 251

图 目 录

图1-1 语言（符号）和社会维度下的语篇分析路径 ····································· 4
图2-1 功能语篇分析研究文献历年分布情况（1966—1999年）············· 11
图2-2 功能语篇分析研究文献国际期刊刊文情况（1966—1999年）······ 12
图2-3 功能语篇分析研究国内期刊刊文情况（1966—1999年）············ 12
图2-4 国际功能语篇分析研究的关键词可视化图谱······························ 13
图2-5 国内功能语篇分析研究的关键词可视化图谱······························ 17
图2-6 国际功能语篇分析研究的作者、机构、国家或地区可视化图谱···· 21
图2-7 国内功能语篇分析研究的作者、机构可视化图谱······················· 22
图3-1 功能语篇分析研究历时分布（2000—2009年）························· 33
图3-2 功能语篇分析研究的国际刊文情况（2000—2009年）··············· 34
图3-3 功能语篇分析研究的国内刊文情况（2000—2009年）··············· 34
图3-4 国际功能语篇分析研究高被引文献可视化图谱·························· 35
图3-5 国内功能语篇分析研究高被引文献可视化图谱·························· 38
图3-6 国际功能语篇分析研究的作者、机构、国家或地区可视化图谱··· 41
图3-7 国内功能语篇分析研究的作者和机构可视化图谱······················· 42
图3-8 国际功能语篇分析研究高被引作者可视化图谱·························· 44
图3-9 国内功能语篇分析研究的高被引作者可视化图谱······················· 45
图3-10 国际功能语篇分析的关键词可视化图谱································· 47
图3-11 国内功能语篇分析研究的关键词可视化图谱··························· 52
图4-1 功能语篇分析研究历时分布（2010—2019年）························· 71
图4-2 功能语篇分析研究国际期刊刊文情况（2010—2019年）··········· 72
图4-3 功能语篇分析研究国内期刊刊文情况（2010—2019年）··········· 72
图4-4 国际功能语篇分析研究高被引文献可视化图谱·························· 73
图4-5 国内功能语篇分析研究高被引文献可视化图谱·························· 75

图 4-6	国际功能语篇分析研究作者、机构、国家或地区可视化图谱	77
图 4-7	国内功能语篇分析研究作者、机构、国家或地区可视化图谱	79
图 4-8	国际功能语篇分析研究高被引作者可视化图谱	80
图 4-9	国内功能语篇分析研究高被引作者可视化图谱	81
图 4-10	国际功能语篇分析的关键词可视化图谱	83
图 4-11	国内功能语篇分析的关键词可视化图谱	86
图 5-1	语言和语境间的体现与被体现关系	107
图 5-2	语态系统	114
图 5-3	语法隐喻的功能模式	133
图 5-4	语法隐喻的功能层次模式	134
图 5-5	语法隐喻的功能层次语义模式	135
图 5-6	语言与语境的对应关系	141
图 5-7	语域作为语言与语境关系的中介变量	142
图 5-8	语类、语域与语言的关系	142
图 5-9	文化、语义和情景间的关系	149

表 目 录

表 2-1　国际功能语篇分析研究的关键词共现频次 …………… 14
表 2-2　国际功能语篇分析研究的关键词中介中心度 …………… 15
表 2-3　国内功能语篇分析研究的关键词共现频次 …………… 18
表 2-4　国内功能语篇分析研究的关键词中介中心度 …………… 19
表 3-1　国际功能语篇分析研究高被引文献 …………… 35
表 3-2　国内功能语篇分析研究高被引文献 …………… 38
表 3-3　国际功能语篇分析研究高被引作者 …………… 44
表 3-4　国内功能语篇分析研究高被引作者 …………… 46
表 3-5　国际功能语篇分析研究关键词共现频次（2000—2009 年）…… 47
表 3-6　国际功能语篇分析研究的关键词中介中心度 …………… 48
表 3-7　国内功能语篇分析研究的关键词共现频次 …………… 53
表 3-8　国内功能语篇分析研究的关键词中介中心度 …………… 54
表 4-1　国际功能语篇分析研究高被引文献 …………… 73
表 4-2　国内功能语篇分析研究高被引文献 …………… 75
表 4-3　国际功能语篇分析研究高被引作者 …………… 80
表 4-4　国内功能语篇分析研究高被引作者 …………… 82
表 4-5　国际功能语篇分析研究的关键词共现频次（2010—2019 年）…… 84
表 4-6　国际功能语篇分析研究的关键词中介中心度 …………… 85
表 4-7　国内功能语篇分析研究的关键词共现频次 …………… 87
表 4-8　国内功能语篇分析研究的关键词中介中心度 …………… 88
表 5-1　语言层次关系 …………… 106
表 5-2　交换关系下的言语功能 …………… 115
表 6-1　功能语篇分析研究方法的来源期刊及发文量 …………… 160
表 6-2　国外功能语篇分析的主流研究方法（2010—2019 年）…… 162

表 6-3　国内功能语篇分析的主流研究方法（2010—2019 年）……………163
表 6-4　国内外功能语篇分析研究中的语料类型……………………………168
表 6-5　国内外功能语篇分析研究中的自然语料来源………………………168
表 6-6　国内外刊物中的日常话语语料………………………………………169
表 6-7　国内外刊物中的机构话语语料………………………………………171
表 6-8　国内外刊物中的社会语篇语料………………………………………172
表 6-9　国内外刊物中的诱发语料……………………………………………174

第 1 章
绪 论

1.1 语篇分析概述
1.1.1 何谓语篇及语篇分析

对语言篇章层次的探讨,自古有之。相关研究最早可追溯至古希腊罗马的修辞学传统。约公元前 5 世纪,古希腊一些被称为"智者"(sophist)的人在周游希腊各地途中,对当地青年传授修辞、论辩和公共演讲方面的知识时,就知道用华丽的辞藻对语篇进行巧妙安排,试图达到说服对方的效果。然而,语篇相关的科学研究直到 20 世纪初才进入语言学研究视野,其中影响较大的是布拉格学派的功能句子观、哥本哈根学派的语符学理论,以及伦敦学派的语境理论。

诚如孔子在《正名篇》中所言,"名不正言不顺"。语篇研究"得名而言顺"则是 20 世纪中叶的事。美国结构主义语言学家哈里斯(Z. Harris)于 1952 年在《语言》(*Language*)杂志上发表题为《语篇分析》("Discourse Analysis")的论文,该文首次提出"语篇"(discourse)这一术语(Harris, 1952)。尽管其阐述的语篇分布分析法还不尽如人意,但该文写作的意旨极大地引发了学界的兴趣,即"一个是如何在句子范围之外继续使用描写语言学分析单句的方法;另一个是如何把文化与语言联系起来,把非语言行为与语言行为联系起来"(姜望琪,2011:14)。

由于哈里斯在该文中并没有给出语篇的清晰定义,而且他还混用了 discourse 和 text，使得语篇的正名又一度陷入"待正名"的状态。那么，discourse 是否就是 text？有学者明确表示两者不同，比如布朗和尤尔（Brown & Yule, 1983）将 discourse 视为过程（discourse-as-process），主要关注词、短语和句子在交际过程中对言者和听者表达的意义和实现的意图，因而是动态的；text 则被视为成品（text-as-product），是语言作为交际工具这一动态过程中的记录结果，在分析中不考虑其动态生成和理解过程，因而是静态的。克里斯特尔（Crystal, 2008）则认为 discourse 是一个言语行为单位，是任何可识别的言语事件的集合；text 指的是记录下来以供分析和描写的语言片段，具有明确的交际功能，并表现出衔接、连贯以及用于界定组篇性的信息（informativeness）特征。由此可见，一般而言，discourse 是指一段长于句子的连续语言，特别是口头语言；text 可以是书面材料，也可以是（经过转写的）口头材料。

但也有一些学者认为没有必要将它们严格区分。比如，韩礼德（Halliday, 2011）将 text 与 discourse 视为同一个事物在不同视角下的观察结果，因此可以互相定义，即 text 是作为语言过程（的产品）的 discourse；discourse 是社会文化语境中的 text。马修斯（Matthews, 2006）认为 text 最初专指书面语，后来扩展到包括任何连贯的言语片段，与同样存在某种扩展的 discourse 等同。胡壮麟则提出，话语（discourse）和篇章（text）的差异只表现在实际使用中具有地域色彩。美国学者喜欢用"话语"这个词，与之配套的就是"话语分析"（discourse analysis），而欧洲学者更喜欢用"篇章"的说法，相应的就是"篇章语言学"（textlinguistics）。"语篇语言学"或者"语篇分析"这两种说法实际上谈的是同一个内容，因此除特殊情况需要区分"话语"或者"篇章"外，用"语篇"统称这两个名称更为合适（胡壮麟，1994）。

当前，学界的一种普遍做法是将 discourse 与 text 作统一处理，并将对其所做的分析视为"语篇分析"。比如，据劳特里奇《语言与语言学词典》的解释（Hadumod, 1998），语篇分析可概括为对语篇进行的各种分析的总称。该分析与篇章分析同义，主要关注诸如衔接、连贯等语言组织形式，也关注言语行为的制约规则。语篇分析不仅将语篇作为一种静态的产品,如篇章语言学,也探讨话语双方在构建话语过程中体现出的语篇动态特征,如功能语言学、心理语言学、认知科学研究等。

不难看出,自从哈里斯最初基于形容词与名词搭配分布的探讨以来,语篇分析,无论从其理论内涵还是研究视野来看,都发生了根本改变。可以说,语篇分析自20世纪70年代起,已成为一门新的跨学科分支学科,吸引了来自人类学、社会语言学(言语民族志)、人工智能、认知科学、语言哲学(言语行为理论)、心理语言学、语言社会学(话语分析)、修辞(文体风格)以及篇章语言学等领域的学者的广泛关注(Hadumod,1998)。

1.1.2 语言和社会维度下的语篇分析路径

作为跨学科的语篇分析,要想厘清其研究路径并非易事。一是语篇分析的学科属性尚未有定论;二是语篇分析的步骤和方法也是见仁见智(黄国文,1988)。目前,学界已有诸如多模态语篇分析、批评话语分析、积极话语分析、功能语篇分析、生态话语分析、生态批评话语分析、和谐话语分析、多模态批评话语分析等路径。以下根据黄国文、徐珺(2006)提出的语篇分析路径的语言和社会维度,对语篇分析的路径进行扼要阐述。

所谓语篇分析路径的语言和社会维度,是指基于语言问题最终仍然是社会问题这一事实,将语篇置于以语言与社会为维度构成的连续体之中,从而对语篇分析的路径进行考察。约翰逊和约翰逊(Johnson & Johnson,1998)主张根据不同的目标、研究方法、理论来源、研究重点等把语篇分析划分为三种研究路径:英美学派、福柯学派、批评话语分析学派。而这三种路径正好体现了语言与社会两个维度,即福柯学派的话语分析(Foucault,1970)可视为语言与社会连续体的顶端,英美学派的语篇分析(Pennycook,1994)可视为起点,批评话语分析学派的语篇或话语分析(Fairclough,1989)可视为介于两者之间。这是因为话语分析涉及语言现象外的社会意识形态、权力等因素,语篇或话语分析虽然接近话语分析的研究目标,但在方法上大多采用系统功能语法理论，与语言现象的结合较为紧密。

英美学派的语篇分析主要关注语言与社会的关系，且对语言本身的关注更多。这是因为，英美学派语篇分析的主要代表韩礼德（Halliday, 1985，1994）强调语篇分析无法绕开对语言的研究，并明确指出其语言研究的宗旨在于为语篇分析提供切实的语言分析路径。在韩礼德的这一思想指导下，格雷戈里（M. Gregory）、韩茹凯（R. Hasan）、赫德尔斯顿（R. D. Huddleston）、哈德森（R. A. Hudson）、斯宾塞（J. Spencer）等系统功能语言学家就句子的主位结构、英语的及物性、语言的功能、语调的功能、口语与书面语的差别、语言与社会的关系、语言与机器翻译等课题展开了广泛讨论，并以专著和论文等形式产出了大量的语篇分析研究成果（朱永生，2003）。在国内，学者们以敏锐的学术洞察力，充分认识到功能语法用于语篇分析的强大解释力，也纷纷开始语篇分析研究，如胡壮麟（1994）、钟书能（1992）等。

同时，由于语言模态本身也在向声音、图像等多模态符号进行拓展，可将语言和社会维度改进为语言（符号）和社会维度。这不仅可以关照语篇分析所关涉的语言和社会事实，而且还可为目前纷繁复杂的语篇分析提供分类依据。有关多模态语篇分析、批评话语分析、积极话语分析、功能语篇分析、生态话语分析、和谐话语分析等语篇分析类型之间的关系，国内学者（如何伟、魏榕，2018；黄国文，2018）已有讨论，此处不再赘述。据此，可把语篇分析范式大致做如下分类，以明晰各种范式的研究取向（见图1-1）。

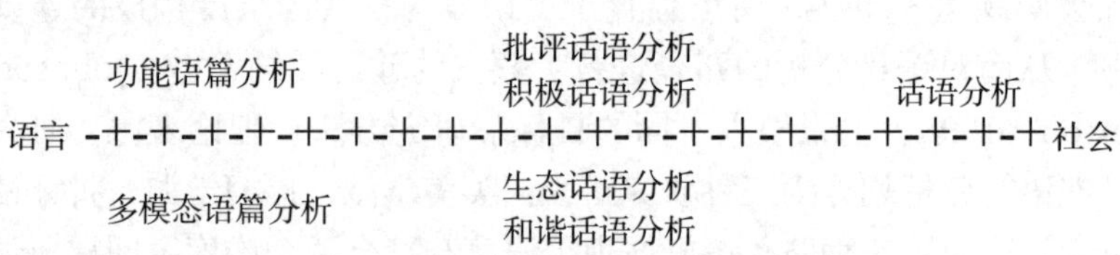

```
              功能语篇分析        批评话语分析
                              积极话语分析              话语分析
语言 -+-+-+-+-+-+-+-+-+-+-+-+-+-+-+-+-+-+-+-+-+-+-+ 社会
              多模态语篇分析      生态话语分析
                              和谐话语分析
```

图1-1　语言（符号）和社会维度下的语篇分析路径[1]

从语言（符号）维度来看，功能语篇分析和多模态话语分析均以系统功能语言学为理论基础，关注的重点应是语言（符号），主要探讨意

---

[1] 主要类别以黄国文、徐珺（2006：4）的分类为基础，但有所区别。

义是怎样通过语言（符号）体现的。事实上，多模态语篇分析是功能语篇分析在语言模态上的拓展。其中，"视觉语法"的再现意义、互动意义和构篇意义正是系统功能语言学三大元功能的再语境化。从某种程度上讲，多模态语篇就是功能语篇分析。但多模态作为一种体现社会意义的符号，其本身又是作为研究对象的。显然，参照语言（符号）维度进行语篇分析时，就必须将多模态视为研究对象。

  从语言（符号）和社会并重维度来看，批评话语分析、积极话语分析、生态话语分析、和谐话语分析均属这一范畴。批评话语分析是通过语言的解读，揭示意识形态和权力之间的关系。积极话语分析是马丁（J. Martin）于1999年在英国伯明翰国际功能语言学大会上提出的，旨在已然现实基础上构建一种实现和平语言学的未然现实，从本质上讲仍属于批评语篇分析范畴。值得注意的是，积极话语分析对文本的阐释与批评话语分析不同，不分话语实践和社会实践，主要基于情景语境和文化语境进行（何伟、魏榕，2018）。生态话语分析以生态语言学为框架，强调分析者"生态观"（ecological view）的重要性（Stibbe，2015），而生态观具有强烈的社会性，并与其生长环境、受教育程度、所处的社会制度等密切相关，甚至出现"同一个事件，分析者不同的生态观，就会得出不同的结论"（黄国文、赵蕊华，2017：592）。和谐话语分析是黄国文基于生态话语分析提出的本地化语篇分析理论，该理论"将中国政治、经济和社会发展与历史文化因素相结合，突出语言系统与自然生态系统的和谐，也突出话语在特定文化语境中的和谐"（黄国文、赵蕊华，2017：589），必然与生态话语分析在语篇分析的语言（符号）维度上具有共性。

  社会维度下的话语分析主要指福柯（M. Foucault）的话语分析理论。之所以将其归于这一维度，是因为一方面福柯的重点不是语言使用本身，而是基于话语来讨论并揭示意识形态和权力关系、话语秩序等社会维度的问题；另一方面福柯所谓的话语并非是进行单独分析的语篇或一组符号（Foucault，1997）。

1.2 功能语篇分析研究的目标、范围及阶段划分

1.2.1 功能语篇分析与系统功能语言学

如上所述，功能语篇分析属于语篇分析的语言（符号）维度。具体来讲，功能语篇分析是指基于系统功能语言学理论的语篇分析（黄国文，2001a，2002a），更多地关注语言分析，并以此关注语言与社会的关系。可以说，功能语篇分析体现了系统功能语言学的理论精髓。系统功能语言学的理论观点在功能语篇分析中均能得到体现，比如，语境观、层次观、示例观、语义观等。一方面，功能语篇分析是系统功能语言学理论在语篇分析中的应用；另一方面，功能语篇分析所获得的规律性发现也是系统功能语言学理论的重要组成部分。

尽管系统功能语言学内容丰富、理论繁多，但就其根本而言，语篇分析可以说是其终极目标。系统功能语言学的目的是"构建一个可用于语篇分析的语法框架"（Halliday，1994/2000：F41），因此系统功能语言学研究的基本单位虽是小句，但其研究目标定位却在语篇分析上（Eggins，2004），且一以贯之。系统功能语言学理论还未成型时的一些初创思想，如韩礼德（Halliday，1961）在《语法理论的范畴》一文中以四个语法范畴（单位、结构、类别、系统）和三个阶（级阶、说明阶、精密阶）构建的体现范畴以及范畴间关系的分析框架，不久便被应用于语篇分析（如 Sinclair，1966，1968；Short，1982）。

后来，系统功能语言学陆续提出的元功能理论、衔接与连贯理论、语域理论、语类理论、评价系统等不断用于语篇分析（见 Lauerbach，2004；Ryder，1999；Trautman，1999）。一直以来，系统功能语言学秉承开放的态度，不断吸收其他学科的知识，丰富和壮大其理论疆域，如多模态理论、合法化语码理论等。这些理论也不断融入功能语篇分析。

近年来，麦蒂森（C. Matthiessen）在系统功能语言学作为一种适用语言学的视角下，将功能语篇分析视为系统功能学者一直致力发展的

语篇分析的一般模式（a general approach to discourse analysis），且认为这种语篇分析模式是适用语言学的一部分，具有适用性并体现社会责任。正是由于系统功能语言学致力于构建一种体现适用性和社会责任的语言学理论，麦蒂森（Matthiessen，2012）进而将功能语篇分析称为"适用语篇分析"（appliable discourse analysis）。

1.2.2 功能语篇分析的目标和范围

与其他语篇分析一样，功能语篇分析也具有一定目标和范围。韩礼德（Halliday，1994，2000）通过对语篇分析的各种目的进行分析后，提炼出语篇分析至少有两大目标：一是较低层次的理解目标（理解语篇如何做到和为什么能做到是其所是），这一目标的实现相对容易，只要对语法进行分析即可；二是较高层次的评估目标（评估语篇是有效的抑或无效的），这一目标的实现不仅需要理解语篇本身，而且还要关涉语篇相关的情景语境和文化语境以及语篇和语境之间的关系。

语篇分析的范围因目标不同和研究取向不同，会有不同的表现。就韩礼德（Halliday，1994/2000）提出的理解目标和评估目标而言，黄国文（2001a，2002a）全面勾勒了功能语篇分析的全貌。其中，功能语篇分析的范围大致分为文化语境、情景语境以及语言三个维度。当然，功能语篇分析所依赖的理论是系统功能语言学，而系统功能语言学兼容并包，不断吸收新的内容，使得语篇分析的范围不再囿于文化语境、情景语境和语言三个维度。比如，马丁（Martin，1986）关注语言、意识形态和权力关系，对系统功能语言学的层次观进行了拓展，将意识形态视为文化语境的上一层单位。

1.2.3 功能语篇分析研究的阶段划分

为了审视功能语篇分析研究的发展和深化情况，有必要对其发展历程作一简要概述。一般而言，在划分某一研究的发展历程时，大致有两种做法：一是以某一标志性事件或成果作为分段标准；二是以成果集中反映的区间作为划分标准。

由于确定功能语篇分析研究的标志性成果仍难达成一致意见，且在未确定时间区间的情况下难以明晰成果的集聚效应，本研究则以整年时间作为划分阶段，并通过提炼该阶段研究内容的独特性来概括这一阶段的主要特征，进而参照各个阶段的特征把握功能语篇分析研究的整体发展情况。同时，在主要内容特征的提炼上，主要参照各个阶段国内外研究的整体情况。另外，在阶段划分时，主要着眼反映功能语篇分析研究的新发展，特别是最近20年该领域的发展情况。

为此，我们将功能语篇分析研究的历程分为三个阶段：20世纪期间功能语篇分析研究（1966—1999年）、21世纪初功能语篇分析研究（2000—2009年）、近十年功能语篇分析研究（2010—2019年）。整体来看，20世纪期间是以元功能理论为主的语篇分析研究阶段（见第2章）；21世纪初是以语域、语类、评价系统和多模态理论为主的语篇分析研究阶段（见第3章）；近十年是以合法化语码理论和身份构建、多元识读为主的语篇分析研究阶段（见第4章）。

第 2 章
20 世纪期间功能语篇分析研究回顾

2.1 引言

功能语篇分析研究根植于系统功能语言学，从某种程度上讲，其发展可以说是与系统功能语言学的发展同步的。本章主要回顾 20 世纪期间（1966—1999 年）功能语篇分析研究的整体情况及其主要特点。前者主要聚焦功能语篇分析研究成果的刊发量、研究机构、研究主题等；后者则主要探讨功能语篇分析研究的人员队伍、理论更新、学术成果和学术会议等。

2.2 20 世纪期间功能语篇分析研究概述

为了全面了解 20 世纪期间功能语篇分析的整体研究情况，笔者拟基于 CiteSpace[1] 可视化工具展开研究。CiteSpace 软件具有将文本文献数据转化为交互式可视化网络的功能，即通过分隔成不同"时间分区"（time slicing）的一系列连续数据构建起整个网络模型。这样一来，CiteSpace 能可视化分析学术文献以发现研究趋势和模式（Chen，2006；Chen et al.，2010），进而有效捕捉潜在的研究热点（Chen et al.，2010）。同时，CiteSpace 软件还可支持 VOSviewer 等多种类型的

---

1 版本号 5.3.R4

文献计量研究，绘制诸如合作图谱、共现图谱、共引图谱和耦合图谱等种类不同的可视化图谱类型，多维度可视化揭示研究对象的特征。

本研究数据包括国外和国内两部分：国外部分来源于国际科技文献数据库（Web of Science）核心合集中的 SSCI 和 A&HCI 两大子数据库（http:// webofknowledge.com/）；国内部分来源于国内最大的学术资源数据库中国知网（以下简称 CNKI）全文数据库（https://www.cnki.net/）。数据类型包括学术期刊和学位（硕士、博士）论文。学术期刊因其特有的专业性和学术性，往往作为衡量某一学科发展的重要指标（廖彩荣、翁贞林，2011）。学位论文大多是经过盲审的原始研究成果，一般都带有原创性且具有一定的学术价值（邱均平、王曰芬，2008）。

2.2.1 研究成果刊发情况

在 SSCI 和 A&HCI 两大子数据库中，检索策略为：主题 = "discourse analysis" OR "text analysis"、文献类型 = "Article" AND "Review"、文献类别 = "Linguistics"、语言 = "English"。根据文献梳理，辛克莱（J. Sinclair）发表在福勒（R. Fowler）主编的《语言和文体论文集》一书中的《诗歌拆解分析》（Sinclair，1966）一文，是第一篇基于系统功能语言学的阶和范畴框架进行语篇分析的论文，因此，笔者将时间区间设置为"1966—1999"。为保证研究的相关性，本研究对数据进行逐条筛选和数据去噪，剔除不相关的文献。数据经过去噪处理后，最终得到 46 条文献。在 CNKI 数据库中，为保持与国外文献的检索时间一致，检索时间也设定为"1966—1999"，并分别使用主题词"语篇分析""话语分析""篇章分析"进行检索。为保证相关性，本研究基于第 1 章有关功能语篇研究的界定对数据进行二次筛选和数据去噪，剔除不相关的文献，最终得到 79 篇期刊文献。

我们将 SSCI/A&HCI 来源和 CNKI 来源的功能语篇分析研究的相关文献按照发表时间进行统计分析，由远及近绘制折线图（见图 2-1）。统计显示，1966 至 1999 年，功能语篇分析研究的国际论文发表总体呈上升趋势，其中，1999 年是峰值，高达 21 篇，是上一年的 7 倍。功

第 2 章　20 世纪期间功能语篇分析研究回顾

能语篇分析研究的国内论文发表也在总体上呈逐年持续上升趋势，自 1997 高达 16 篇后出现小幅回落，随后于 1999 达到峰值，达 23 篇，是上一年的 2 倍。

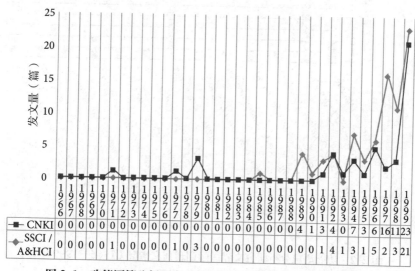

图 2-1　功能语篇分析研究文献历年分布情况（1966—1999 年）

　　功能语篇分析相关研究刊发载体的统计结果表明了国内外对功能语篇分析研究的关注状况。基于 WOS 中的 SSCI 和 A&HCI 数据，以及 CNKI 数据，借助语料库检索软件 AntConc 检索期刊发文代码（CNKI 为 JF，WOS 为 SO），期刊发文结果如下：国际方面，功能语篇分析研究在 13 本语言类刊物上发文共计 26 篇（见图 2-2），其他期刊发文 20 篇。其中，《语用学》（Journal of Pragmatics）和《应用语言学》（Applied Linguistics）两本期刊发文最多，分别为 7 篇和 6 篇。从刊物名称反映的主题来看，功能语篇分析研究主要分布在应用语言学、语用学、交流障碍、神经语言学四大领域。

　　国内期刊发文统计表明，功能语篇分析研究在 16 本语言类刊物上发文共计 56 篇（见图 2-3），其他刊物发文 23 篇。其中，发文较多的刊物依次为：《外国语》《山东外语教学》《外语教学与研究》《外语研究》《外语与外语教学》《外语学刊》，分别发文 14 篇、6 篇、5 篇、5 篇、4 篇、4 篇。这些刊物都是外语类权威刊物，功能语篇分析研究成果在这些刊物上发表，充分表明了学界对功能语篇分析研究的重视。

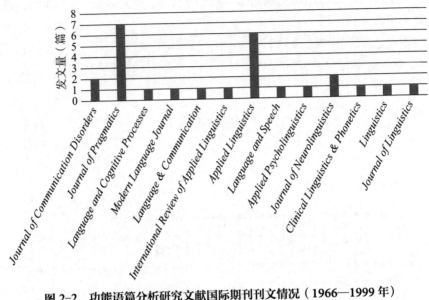

图 2-2 功能语篇分析研究文献国际期刊刊文情况（1966—1999 年）

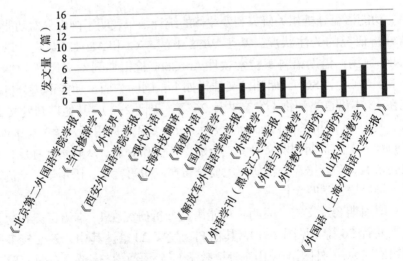

图 2-3 功能语篇分析研究国内期刊刊文情况（1966—1999 年）

2.2.2 研究主题

将 SSCI 和 A&HCI 来源期刊的文献数据导入 CiteSpace 软件,对相关参数进行设置:在"时间分区"(time slicing)选择 1966—1999 年;"年分区"(years per slice)选择时间分区为"1",即每一年为一个时间分区;"节点"(node type)选择"关键词"(keyword)。在"网络连接"中,"强度"选择"余弦算法"(cosine),"范围"选择"区内"(within slice)。在"筛选标准"(selection criterion)中,每个时间切片选择"top 50",即选择每个时间分区内的前 50 篇文献数据,"阈值"为 2,即图谱中出现的文献的频次都不少于 2 次。"图谱修剪"(pruning)采用"最小生成树算法"(minimum spanning tree),"可视化方式"选择默认的"静态方式"(static)。运行 CiteSpace 软件,我们得到 1966—1999 年国际功能语篇分析研究的关键词可视化图谱(见图 2-4)。

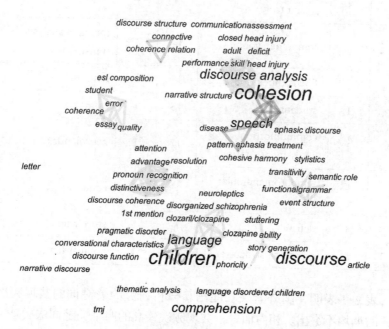

图 2-4　国际功能语篇分析研究的关键词可视化图谱

通过调用 CiteSpace，导出关键词共现频次和中介中心度数据表，可以明晰图谱内关键词的共现频次和中介中心度。为了准确把握关键词的热点分布情况，可将泛指性术语如"语篇分析"（discourse analysis）删掉，同时对一些同指性术语进行合并处理，最后得到国际功能语篇分析研究文献中共现频次最高的 20 个关键词和中介中心度在 0.02 以上的关键词（见表 2-1 和表 2-2）。

表 2-1 国际功能语篇分析研究的关键词共现频次

序号	频次	关键词	序号	频次	关键词
1	4	children / language disordered children	11	1	head injury / disorganized schizophrenia
2	3	cohesion / coherence / discourse coherence	12	1	clozapine
3	3	narrative / narrative structure	13	1	stylistics
4	2	comprehension	14	1	thematic analysis / transitivity
5	1	ESL composition	15	1	letter
6	1	student	16	1	essay
7	1	communication assessment / rating	17	1	neuroleptics
8	1	temporomandibular joint	18	1	adult
9	1	deficit	19	1	stuttering
10	1	discourse structure	20	1	popular fiction

表 2-1 表明，国外有关功能语篇分析研究的关键词的共现频次在这一时期均不突出。相对而言，共现频次最高的四个关键词依次是：儿童或语言障碍儿童（children / language disordered children）、衔接与

第2章　20世纪期间功能语篇分析研究回顾

连贯（cohesion / coherence / discourse coherence）、叙事或叙事结构（narrative / narrative structure）、语篇理解（comprehension）。共现频次高，说明学界对这些研究话题的聚焦度高。因此，这些共现频次高的关键词应是这一时期功能语篇分析研究的热点。

表2-2　国际功能语篇分析研究的关键词中介中心度

序号	频次	中介中心度	关键词	序号	频次	中介中心度	关键词
1	1	0.15	stuttering	5	1	0.05	temporomandibular joint
2	2	0.12	comprehension	6	1	0.04	skill
3	2	0.1	narrative	7	1	0.02	student
4	2	0.09	thematic analysis / transitivity				

表2-2显示，中介中心度在0.1以上的关键词依次为：口吃（stuttering）、语篇理解（comprehension）、叙事语篇（narrative）。一般而言，中介中心度高的关键词并不一定就是共现频次高的关键词。然而，表2-2显示的关键词与表2-1所反映的共现频次较高的关键词基本一致，关键词的这种共现频次和中介中心度的双高现象，表明这些关键词相对其他关键词而言，更应是该研究阶段的功能语篇分析研究热点。

综合以上图表，我们从理论基础、语篇类型、研究对象三方面对这一阶段的功能语篇分析研究的上述研究热点进行分析。

理论基础主要涉及衔接、连贯、元功能等系统功能语言学理论在语篇分析中的应用。（1）衔接一直是语篇分析研究的重要组成部分，这是因为衔接在组篇功能中起着重要作用。韩礼德和韩茹凯（Halliday & Hasan，1976）将衔接分为词汇衔接和语法衔接两类，但相对来讲，这一阶段以词汇衔接研究为主。比如，埃尔希亚布（ElShiyab，1997）讨论了词汇衔接在不同类型的阿拉伯语篇中的作用，以及这些衔接手段如何构建语篇以及语篇内的结构等。（2）与衔接一样，连贯也是语篇分析研究的重要内容。衔接不一定构成语篇，但语篇一定是连贯的。因此，在讨论衔接时，往往涉及连贯。比如，莱尔和塔尔克斯特拉（Leer & Turkstra, 1999）以6名头部受伤的青少年为研究对象，并以6名生病住院但头部未受伤的青少年为对照组，比较两组受试产出语篇中的衔接和连贯情况。研究发现，两组受试在对自己的经历的回忆任务中比在对当时发生的事的回忆任务中使用衔接和连贯的效果好，但两组之间没有显著性差异。（3）及物性是体现概念元功能的重要手段，主要通过对过程、参与者、环境成分的分析，探讨经验的构建情况。比如，莫滕森（Mortensen, 1992）通过对阿尔茨海默症病人话语的及物性分析，发现病人缺少用于体现参与者成分和环境成分的名词词组，这种缺失常表现在病人话语的重复和话语的不完整性。

　　语篇类型反映了语篇分析的适用范围。功能语篇分析一开始主要是用于文学语篇的分析（如Sinclair, 1966），后来语篇分析的类型逐步扩展到非文学语篇。表2-1的关键词共现频次显示，功能语篇分析主要涉及书信、叙述语篇、病理语篇、通俗小说、学术语篇等语篇类型。比如，奥斯特曼等（Ostermann et al., 1999）分析了颞下颌紊乱（temporomandibular disorders）患者写给北美患者帮扶组织—颞下颌关节联合会的信，讨论颞下颌紊乱患者如何在信函语篇中构建自己的主体身份。特劳特曼等（Trautman et al., 1999）通过对比正常儿童和患口吃症的儿童在语篇衔接和复杂叙事方面的能力差异，发现两者在语篇衔接运用和复杂叙事方面无显著性差异，差异在于口吃症患者说话时的结巴频次较高。戈斯登（Gosden, 1993）探讨学术论文作者如何通过对非标记主位，即语法主语的选择进行语篇构建，并认为语篇的主语改变正是这类语篇的语类特征。

　　这一时期语篇分析的研究对象主要以学生和语言障碍相关的患者为主。前者主要考察学生的作文语篇能力情况；后者则主要聚焦颞下颌关节紊乱患者、口吃患者、头部创伤患者、精神分裂症患者等。比如，蒋奕（Chiang, 1999）提出一个基于衔接和连贯理论创建的评价模型，用来衡量学生在二语写作中的语篇特征，发现老师对学生作文的评分主要依赖语篇特征，特别是通过衔接来衡量学生作文的综合水平。费恩（Fine, 1995）则基于衔接手段常被用作精神分裂症患者以及其他精神

第 2 章 20 世纪期间功能语篇分析研究回顾

综合征患者语篇的分析工具这一事实，将衔接手段视为实现语域一致性的成分，并按照语篇分析的语境标准和信度标准，论证了衔接手段的确可作为精神分裂症患者语篇分析的研究工具。这一研究为衔接手段在精神分裂症患者语篇分析研究中找到了科学依据。

将 CNKI 来源的文献数据导入 CiteSpace 软件，相关参数设置与将 SSCI 和 A&HCI 来源期刊的文献数据导入 CiteSpace 软件时相同。运行 CiteSpace 软件，我们得到 1966—1999 年国内功能语篇分析研究的关键词可视化图谱。

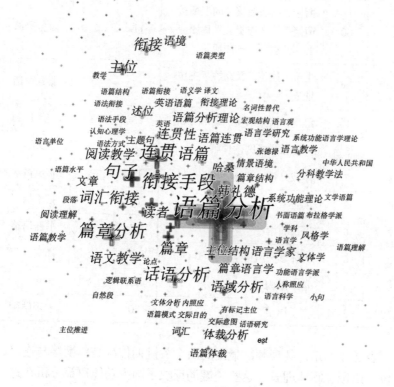

图 2-5 国内功能语篇分析研究的关键词可视化图谱

通过调用 CiteSpace，导出关键词共现频次和中介中心度数据表，可明晰图谱内关键词的共现频次和中介中心度。为了准确把握关键词的研究热点分布情况，将泛指性术语如"系统功能语法""语篇分析"删掉，同时对一些同指性术语进行合并处理，最后得到国内功能语篇分析研究频次最高的 20 个关键词和中介中心度值在 0.1 以上的 10 个关键词（见表 2-3 和表 2-4）。

表 2-3　国内功能语篇分析研究的关键词共现频次

序号	频次	关键词	序号	频次	关键词
1	60	衔接/语法衔接/词汇衔接/衔接手段/连贯/人称照应/名词性替代/内照应	11	2	商务语篇
2	19	主位/述位/及物性/主位推进	12	2	课堂对话
3	13	语境/情景语境/语域分析	13	2	交际目的
4	8	阅读教学/阅读理解	14	2	语义学
5	7	体裁分析/文体分析	15	2	布拉格学派
6	6	读者	16	2	张德禄
7	6	语篇教学	17	2	书面语篇
8	6	文体学/风格学	18	2	译文
9	5	篇章结构	19	2	小句
10	2	文学语篇	20	2	宏观结构

表 2-3 显示，共现频次最高的四个关键词依次是：衔接与连贯、主述位、语域、阅读理解。这些关键词反映了国内功能语篇分析在这一阶段的研究热点。

第 2 章 20 世纪期间功能语篇分析研究回顾

表 2-4 国内功能语篇分析研究的关键词中介中心度

序号	中介中心度	关键词	序号	中介中心度	关键词
1	0.65	词汇衔接/衔接模式/连贯/连贯性	6	0.26	韩礼德
2	0.33	主位/述位	7	0.12	散文体
3	0.32	读者	8	0.11	篇章语言学
4	0.31	语篇结构/语篇模式	9	0.11	译文
5	0.28	阅读技能/阅读理解	10	0.11	语言实践

表 2-4 显示，中介中心度在 0.2 以上的关键词依次为：词汇衔接/衔接模式、主述位、读者、语篇结构/语篇模式、阅读技能、韩礼德。如前所述，中介中心度高的关键词并非就是共现频次高的关键词。然而，对比表 2-3 和表 2-4 可以发现，衔接、连贯、主述位、阅读理解等共现频次和中介中心度均高的关键词，相对其他关键词，更能体现这一时期国内功能语篇分析的研究热点。

综合以上图表并参照探讨国外功能语篇分析研究热点时提及的理论基础、语篇类型、研究对象三个维度，发现国内功能语篇分析研究在上述三个维度上具有独特的特点，体现了国内功能语篇分析研究在这一时期的研究热点。

其一，理论运用方面比国外更为全面，不仅聚焦衔接、连贯、体裁分析、及物性、主位分析等，还探讨了语域分析、语境、主位推进等功能语篇分析话题。比如，孙晓乐（1996）根据韩礼德和韩茹凯的观点，围绕"衔接"与"连贯"的实现手段、特点及相互关系等进行了讨论。苗兴伟（1998）立足衔接与连贯的术语来源、定义和区分等问题，梳理了学界有关衔接与连贯间关系的不同观点，并提出了自己的见解与看法。秦秀白（1997）就体裁的概念和功用展开讨论，指出语篇模式受体裁及其体现的交际功能制约。郎天万（1996）在指出主位结构的运用囿于小句平面导致其受限这一事实的基础上，探讨名词组、动词组、复句、句间和段落间的主述位关系，并探讨主位在语篇分析中的实用价值和存在问题。庞继贤（1993）在探讨语篇体裁分析理论与语域分析、话语分析之间异同的基础上，指出语域分析难以揭示话语交际本质的根源在于其注重言语形式的分析。朱永生（1995b）探讨了语篇分析中的主位推进模式体现情况，指出主位推进模式的探讨在反映话题发展的方式、揭示体裁相同语篇具有相似主位推进模式，以及明晰主位推进模式受体裁影响等方面具有一定的实践意义。

其二，语篇类型较国外研究整体而言，较为单一，多分布在课堂对话、商务语篇、文学语篇。其中，语篇分析在教学上的研究较国外研究更丰富，既涉及语篇教学，也涉及更为具体的阅读教学。但是，相对输入性的阅读理解而言，对产生性的写作教学研究不多。这一时期语篇教学研究较为突出的有李宣松（1997）、赵红（1997）。李宣松（1997）采用体裁分析的方法，分析了推销书信和索赔书信两种体裁，以说明语篇的目的因素对语篇内容结构和语言技巧的制约作用。赵红（1997）通过探讨韩茹凯的"语类结构潜势"理论，对该理论在语篇教学中的应用提出了自己的看法，认为让学生认识某种情景下的语境构型有助于学生对语篇结构的理解，进而增强阅读理解能力和对语篇发展的预测能力。

其三，就研究对象而言，相对国外多以病理语篇为研究对象，国内语篇分析研究涉及的研究对象还较单一，仅仅为学生。例如，路扬（1996）讨论了受韩礼德的功能语言学理论影响产生的伯明翰学派的话语分析法及其在此基础上修订产生的波顿（Burton）模式和艾米（Amy）模式。魏静姝（1996）指出传统的阅读教学往往集中在辨认词义、分析语法结构、阐释难句、理解练习等语言的表层结构方面，缺乏借助语篇分析，特别是利用语篇的衔接手段等语言的深层结构方面达到对语篇的整体理解。

2.2.3 主要学者及研究团队

将 SSCI 和 A&HCI 来源的文献数据导入 CiteSpace 可视化软件，节点选择"作者和研究机构"，"阈值"为 1，即图谱中出现的作者、研究机构、国家或地区，频次都不少于 1 次，其他参数的设置与 2.2.2 小节

第 2 章 20 世纪期间功能语篇分析研究回顾

相同。运行软件，我们得到国际功能语篇分析研究作者、机构、国家或地区的网络图谱。

图谱节点大小表示发文频次的高低，节点圈越大，发文量就越大。从发文作者来看，这一阶段的整体发文量都不大，除阿姆斯特朗（E. M. Armstrong）发表2篇论文外，其他作者均只发表1篇，如戈登（P. C. Gordon）、勒杜（K. Ledoux）、林德曼（S. Lindemann）、奥斯特尔曼（A. C. Ostermann）、斯金托（L. F. Scinto）、史密斯（C. S. Smith）、特普（J. C. Turp）。阿姆斯特朗毕业于澳大利亚麦考瑞大学（Macquarie University），后任职于澳大利亚皇家王子艾尔夫莱德医院语言病理研究中心，主要致力于研究失语征患者话语。

图 2-6 国际功能语篇分析研究的作者、机构、国家或地区可视化图谱

从发文机构来看，这一阶段的发文较分散，团队效应还未显现，大多数机构只发文1篇，如美国爱达荷州立大学（Idaho State University）、英国爱丁堡大学（University of Edinburgh）、澳大利亚麦考瑞大学等。从发文的国家或地区来看，发文较多的是美国、澳大利亚、西班牙，分别发文6篇、2篇、2篇。

将CNKI来源的文献数据导入CiteSpace可视化软件，节点选择"作者和研究机构"，"阈值"为1，参数的其他设置与2.2.2小节相同。运行软件，我们得到国内功能语篇分析研究作者、机构的网络图谱。

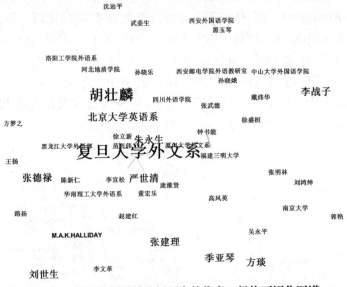

图2-7　国内功能语篇分析研究的作者、机构可视化图谱

就研究者而言，胡壮麟发文4篇，在所有研究者中发文量最大。发文在2篇及以上的学者有：方琰、季亚琴、李战子、严世清、张德禄、张建理、朱永生。胡壮麟分别以《语篇分析任重道远》（1998）、《系统功能语言学近况》（1998）、《第16届国际系统语法大会介绍》（1989）以及《九十年代的语篇分析》（1992）为题，对国内外的功能语篇分析情况做了综合阐述，特别是《语篇分析任重道远》和《九十年代的语篇分析》两篇论文，一方面指出语篇分析方兴未艾，一方面为90年代的语篇分析研究现状做了全面勾画。

就研究团队来看，复旦大学团队在功能语篇分析方面发文最多。复旦大学主要以朱永生为领军人物，其团队成员有苗兴伟、严世清，研究成果主要表现在语篇衔接和连贯方面，如朱永生的《衔接理论的发展与完善》（1995a）、苗兴伟的《论衔接与连贯的关系》（1998）、严世清和董宏乐的《语篇连贯的新视角》（1999）。

2.2.4　学术会议

学术会议不但有利于学者之间的学术成果交流、思想碰撞，也对青年学者的学术成长起到至关重要的作用。因此，一个学科的发展与壮大往往需要学术会议的支撑，功能语篇分析研究也不例外。这里主要从国际学术会议和国内学术会议两个方面进行介绍。

在国际会议方面，功能语篇分析相关的会议，从 1974 年到 1981 年都叫"系统工作坊"（the Systemic Workshop），且会议地点都在英国。1982 年会议首次在英国以外的加拿大多伦多召开，因此会议由"系统工作坊"改名为"国际系统工作坊"（the International Systemic Workshop），此后该会议名称保持了六年时间，直至 1987 年。随着参会学者的增加，工作坊则变为以大会主旨报告的方式进行，这样一来，1988 年召开的会议就基于其本质特点改名为"国际系统大会"（the International Systemic Congress）。后来，为了反映系统功能语言学的功能特点，1992 年召开的会议又改名为"国际系统功能语言学大会"（International Systemic Functional Congress），并沿用至今。

在国内，我国早期的功能语篇分析研究成果交流主要依托"系统功能语法研讨会"进行。这一学术会议最早由北京大学胡壮麟发起，首届会议于 1989 年 8 月 3 日至 5 日在北京大学召开，随后每两年举办一次。至 1999 年，共举办六次（第 2 届于 1991 年 7 月在苏州大学举办；第 3 届于 1993 年 6 月由杭州大学举办；第 4 届于 1995 年 7 月在北京大学举办；第 5 届于 1997 年 7 月在重庆大学举办；第 6 届于 1999 年 8 月在复旦大学举办）。其中，第 4 届研讨会与第 22 届国际系统功能语言学大会合并召开。此外，在第 6 届会议召开时，"系统功能语法研讨会"改名为"全国功能语言学研讨会"。

这些会议尽管是系统功能语法理论方面的会议，但也涉及功能语篇分析研究成果的分享。同时，国内学者越来越认识到语篇分析的重要性，为了扩大语篇分析研究成果的交流，杭州大学（现浙江大学）的任绍曾于 1991 年 5 月发起"全国话语分析研讨会"。会议发起的第二年，即 1992 年召开了第 2 届会议，并决定每两年开一次，正好与系统功能语法研讨会错开年份召开。第 3 届于 1994 年 10 月在解放军外国语学院(现中国人民解放军战略支援部队信息工程大学)召开;第4届于1996年6月在西南师范大学(现西南大学)召开。本应于1998年召开的第5届全国话语分析研讨会,由于1997年召开了国际话语分析研讨会,从而提前至1997年10月在澳门大学与"国际话语分析研讨会"合并召开。这样一来,第6届会议两年后于1999年8月在中山大学召开。

2.3　20世纪期间功能语篇分析研究的主要特点

以上我们从成果情况、成果作者、研究主题以及学术会议等方面概述了20世纪期间功能语篇分析研究的整体情况。接下来,我们基于上述研究,探讨一下这一时期功能语篇分析研究的主要特点。

2.3.1　研究队伍的壮大

在阶和范畴语法阶段,韩礼德在《现代汉语的语法范畴》(Halliday, 1956)和《语法理论的范畴》(Halliday, 1961)中初步建立了一个处理语言单位的关系,并体现了范畴以及范畴间关系的分析框架,即四范畴(单位、结构、类别、系统)和三阶(级阶、说明阶、精密阶)语法框架,为功能语篇分析提供了分析工具。与后期的系统语法和功能语法相比,这些分析工具还远不成熟,但并不妨碍其应用于语篇分析,如辛克莱(Sinclair, 1966, 1968)。

后来,韩礼德基于其提出的系统功能思想,对英国作家戈尔丁(W. Golding)的小说《先锋者》(*Initiator*)进行分析(Halliday, 1971),这一语篇分析随即成为话语分析样板。随后有学者基于韩礼德的这一分析框架,对其他语篇进行分析。例如,肯尼迪(Kennedy, 1976)分析了康拉德(J. Conrad)的《秘密特工》(*The Secret Agent*)和乔伊斯(J. Joyce)的《都柏林人》(*Dubliners*),肖特(Short, 1976)对斯坦贝克(J. Steinbeck)的小说《老鼠和人类》(*Of Mice and Men*)进行了分析,波顿(Burton, 1982)分析了普拉斯(S. Plath)的《钟形罩》(*The Bell Jar*)。

第 2 章　20 世纪期间功能语篇分析研究回顾

由于 1976 年韩礼德从伦敦大学学院到悉尼大学任职，悉尼大学日渐成为系统功能语言学研究重镇。一方面，韩礼德接收其他国家的学生来悉尼大学攻读学位；另一方面，由于系统功能语言学在世界范围的影响加大，悉尼大学成为其他国家学者访学和交流的首选地之一。正因如此，功能语篇分析的队伍开始扩展到美国、中国等地。这段时期这一研究领域较为活跃的有：美国的弗里斯（P. H. Fries）、英国的巴特利特（T. Bartlett），澳大利亚的韩礼德、阿姆斯特朗、韩茹凯、马丁、麦蒂森，中国的方琰、胡壮麟、黄国文、任绍曾、杨信彰、张德禄、朱永生等。

2.3.2　理论不断更新

可以说，功能语篇分析的理论更新一直存在于语篇分析的研究过程，并主要表现在以下方面：首先，解决情景如何影响语言、语言与情景之间存在怎样的关系这两个重要问题，并构建了一个体现范畴以及范畴间关系的分析框架，即四范畴（单位、结构、类别、系统）和三阶（级阶、说明阶、精密阶）分析框架。尽管这一分析框架还比较粗略，但问世后不久便被应用于语篇分析（如 Sinclair, 1966, 1968）。

其次，由于阶与范畴主要涉及语法的表层，而当时看重语言底层的生成语法处于主导地位，韩礼德的这一思路并不被看好。为此，一方面，韩礼德（Halliday, 1966）在《深层语法札记》一文中对系统进行了深入探讨。为了加强对语言系统的研究，韩礼德将语言视为一种意义潜势，而把人们日常所见到的书面语或口头语视为这种意义潜势在语言中的具体体现。韩礼德不同意索绪尔所谓语言是一套合乎语法的句子的集合这一观点，认为语言应该用意义的有规则的源泉——意义潜势——来解释，从而将语言系统解释成一种可进行语义选择的网络，且系统以意义潜势的方式存在于语义层、词汇语法和音系（字系）层等语言的各个层次（胡壮麟等，2008）。

但另一方面，也是更重要的一方面，对语言的描写，必然需要从解释角度讨论语言何以如此，即系统选择的原因，这就催生了功能的思考。韩礼德（Halliday, 1967a, 1967b, 1968）以《英语中的及物性和主位札记》为题发表的论文，长达 125 页，分三期以连载形式在英国语言学会刊《语言学杂志》(*Journal of Linguistics*)刊发，首次对语言的功能进行了详细阐释。该文主要讨论了体现概念功能的及物性和体现语篇功能的主述位系统，尽管对人际功能的探讨不是重点，但在第二部分也涉及体现人际功能的语气。在 1970 年的《从英语的情态和语气看语言功能的多样性》(Halliday, 1970a)一文中，韩礼德对人际功能做了重点讨论。

同年，在《语言结构和语言功能》(Halliday, 1970b)一文中，韩礼德对功能部分又做了新的阐发。该文从功能角度解释了语言为何是其所是（language is as it is），主张语言的本质取决于人类对其的需求以及与它应承担的功能密切相关。一方面，功能理论原本是来自语言学领域外的，如马林诺夫斯基（B. K. Malinowski）的人类学和布勒（K. Bühler）的心理学。这些理论从人种志学和心理学视角考察语言的功能，其范畴的设立也不以语言为基础（Halliday, 1970a）。当然，如果只是从语言外部对语言功能进行解释，不分析语言结构，这解决不了什么问题；另一方面，也不能通过简单罗列语言的用法来解释语言，因为这种列举可以是无休止的（Halliday, 1970b）。因此，韩礼德主张从语言学习入手，考察语言的多功能性是如何反映到语言系统中的。同时，他还主张语法系统的特定形式与语言要满足的社会和个体需要密切相关，从而走出了同时观察语言结构和语言功能的研究路子。此外，他主张通过对语言选择组成的网络与语言的某些基本功能进行对应分析，从而抽象出概念功能、人际功能和语篇功能。

另外，韩礼德和韩茹凯合著的《英语中的衔接》(Halliday & Hasan, 1976)一书，较为全面地描写了语言内衔接和语言外衔接方式以及后来发展出的语篇的连贯研究，极大地拓展了语篇功能的作用范围。在他们看来，衔接是一种语义关系，体现为语篇的一个语义单位。后来，在《语言·语境·语篇——社会符号学视角下的语言面面观》(Halliday & Hasan, 1985/1989)一书中，韩茹凯进一步将衔接拓展为结构衔接与非结构衔接。前者包括平行对称结构、主述位结构、新旧信息结构；后者又进一步分为成分关系衔接和有机关系衔接两类。其中，成分关系衔接包括指称、替代、省略和词汇衔接；有机关系包括连接关系、相邻对、延续关系等。同时，韩礼德的《语言功能探索》(Halliday, 1973)和

第 2 章　20 世纪期间功能语篇分析研究回顾

《作为社会符号学的语言：语言和意义的社会阐释》（Halliday，1978）为语言的功能探讨打下了厚实的基础，同时也对社会与语言的关系进行了深入阐释。

需要指出的是，尽管《功能语法导论》（Halliday，1985）为语篇分析提供了工具，但还只能算作是在韩礼德通过对语篇分析的各种目的进行分析后，提炼出语篇分析至少有两大目标中的第一个目标，即理解目标——理解语篇如何做到和为什么能做到是其所是。这一目标的实现相对容易，只要对语法进行分析即可。相对理解目标，另一个较高层次的目标，即评估目标——用于评估语篇是有效的抑或无效的，实现难度要大得多。这是因为，这一目标的实现不仅需要理解语篇本身，而且还要关涉语篇相关的情景语境和文化语境，以及语篇和语境之间的关系。

为了有效实现第二个目标，与《功能语法导论》同年出版的《语言、语境和语篇——社会符号学视角下的语言面面观》（Halliday & Hasan，1985）详细讨论了与情景语境和文化语境相关的语域和语类，明确了语言在系统中的选择受情景语境的语域变量调变，并受文化语境的语类结构制约，从而为语篇分析的两大目标，特别是评估目标的实现找到了操作途径，称得上是《功能语法导论》在语篇分析方面的有益补充。可以说，至此，韩礼德建立语篇分析理论的任务已基本完成。功能语法作为基于功能构建的意义潜势系统选择的基础，语篇生成过程就是意义的选择和组织过程，并由语言形式体现，因此是众多文体学研究的理论基础（Butler，1985）。同时，因系统功能语法的强大分析能力，还被诸如批评语言学借鉴，用于语篇分析，并形成后来的批评话语分析。

最后，马丁、韩茹凯、麦蒂森进一步拓展了系统功能语言学理论。马丁在《英语语篇：系统与结构》（Martin，1992）一书中立足功能语言学的三大元功能思想，将词汇语法和语篇语义进行劳动分工，区分创义的小句资源与语篇资源，将韩礼德的语义层拓展为语篇语义层。同时，马丁受批评话语分析有关语言、话语实践和社会实践探讨语言、意识形态和权力关系的启发，拓展了文化语境，提出文化语境的上一层级——意识系统。马丁还对韩茹凯的语类结构潜势理论进行了拓展，将语类视为有目的有步骤的过程。另外，韩礼德和麦蒂森在《通过经验构建意义》（Halliday & Matthiessen，1999）一书中对概念功能进行了深入描写，创造性地提出概念基（ideation base）这一多维度弹性语义空间，旨在弥补以往文献有关现实世界的具体构建过程阐释不清的不足，使现实的构建过程可基于概念基进行明晰化处理。

2.3.3 功能语篇分析的专著和论文集增多

除了2.2.1小节提及的期刊发文情况，这一时期有关功能语篇分析研究的专著和论文集也不少。国外较为有名的著作有：《语篇如何运作》（Derewianka，1990）、《系统功能语言学入门》（Eggins，1994）、《摘要和提炼摘要取向的语篇理论》（Gibson，1993）、《功能语法导论》（Halliday，1985，1994/2000）、《语篇政治：语篇与社会动态》（Lemke，1995）、《语言教师的语篇分析》（McCarthy，1991）、《作为语篇的语言：语言教学视角》（McCarthy & Carter，1994）、《英语语篇：系统与结构》（Martin，1992）、《读懂科学：科学话语的批判性和功能性视角》（Martin & Veel，1997）、《语篇生成和系统功能语言学：来自英语和日语的证据》（Matthiessen & Bateman，1991）、《医学语篇变体：专家叙述和记者叙述中的图式、主位和衔接》（Nwogu，1990）、《基于问题解决的系统语篇生成》（Patten，1988）、《英语语篇中的语调功能》（Tench，1991）、《作为实践的社会符号学：语篇和社会意义的生成》（Thibault，1991）。

较有名的论文集有：《功能语篇分析：21世纪国际系统工作坊论文集》（Benson & Greaves，1988）、《语篇与社会中的意义：功能视角》（Fries & Gregory，1995）、《语域分析：理论与实践》（Ghadessy，1993）、《英语语篇中的主位推进》（Ghadessy，1995）、《主语与主位：功能语篇视角》（Hasan & Fries，1995）、《语篇描述：基金募捐语篇的多维语言特征分析》（Mann & Thompson，1992）、《语言、语篇与语境：文体学论文集》（Toolan，1992）。

这一阶段国内有关功能语篇分析的研究成果也相当丰富。专著有：《语篇的衔接与连贯》（胡壮麟，1994）、《语篇分析概要》（黄国文，1988）、《西方文体学论纲》（刘世生，1997）、《英汉语篇对比》（杨信彰，

1995)、《功能文体学》(张德禄,1998a)。

论文集主要依托会议论文编辑而成,如《语言系统与功能》(胡壮麟,1990)、《功能语言学在中国的进展》(胡壮麟、方琰,1997)、《语言·系统·结构》(任绍曾,1995)、《语言的功能——系统、语用和认知》(余渭深等,1998)、《语言·语篇·语境》(朱永生,1993)。

2.3.4 学术活动成效显著

这一期间,大型学术会议多达37场次,其中,国外25场、国内12场。这些学术会议有效拓展了研究者的学术视野,极大地促进了学者们之间的国际合作。由于语篇分析是系统功能语言学的重要组成部分,这些会议也较多地涉及语篇分析的研究。比如,1992年7月13日至18日在澳大利亚麦考瑞大学举行的第19届国际系统功能语言学大会,麦考瑞大学英语与语言学系主任兼澳大利亚英语教学和科研中心主任坎德林(C. N. Candlin)作了题为《语篇、系统语言学及社会变化》("Discourse, Systemics and Social Change")的主旨报告。除主旨报告外,分组会议(strand session)和专题讨论会(thematic session)也涉及语篇分析研究(方琰,1993)。1993年7月19日至23日,在加拿大维多利亚大学(University of Victoria)召开的第19届国际系统功能语言学大会上,在仅有的三场主旨报告中,就有两场涉及语篇分析的体裁问题。比如,哈佛大学教育学院卡兹登(C. Cazden)的《系统语言学:巴赫金和语言人类学中的体裁问题》、悉尼大学语言学系马丁的《决定体裁的语境:社会过程在功能语言学中的模式化》。在专题讨论会上,格雷戈里和艾斯普(E. Asp)作了题为《形式、功能和语篇》的小组报告;同时,在五个分组会上宣读的82篇论文中,与语篇相关的论文就有25篇(胡壮麟,1993)。1996年7月15日至19日,在澳大利亚悉尼召开的第23届国际系统功能语言学大会上,马丁作了《获取人际意义:构建语篇价值》("Getting Interpersonal: Construing Value in Text")的主旨报告,讨论了语篇中的评价系统问题。

如前所述,学术会议是学术成果交流和展示的重要舞台,同时也是学术传承的重要载体。后一点主要体现在会议论文集的出版上，同时这也是国内功能语篇分析研究学术活动成效的生动体现。"系统功能语法研讨会"每届会议后均出版论文集，如《语言系统与功能》（胡壮麟，1990）、《功能语言学在中国的进展》（胡壮麟、方琰，1997）、《语言·系统·结构》（任绍曾，1995）、《语言的功能——系统、语用和认知》（余渭深等，1998）、《语言·语篇·语境》（朱永生，1993）。

当然，参加"全国话语分析研讨会"的专家学者并非都是功能语篇分析研究的专家学者。正如黄国文（2009）所讲，虽然"全国话语分析研讨会"与"系统功能语法研讨会"两个会议名称不一，但所探讨的问题大同小异，都是围绕系统功能语言学理论及其应用进行。重要的一点是，这两个会议的核心参加者是同一批中国学者。因此，功能语篇分析在这些会议中均有不同体现。比如，第2届全国系统功能语法研讨会在苏州大学召开后结集而成论文集《语言·语篇·语境》（朱永生，1993），其中的22篇论文中涉及功能语篇分析的就有5篇，约占1/4，如《语篇、语境和预测》（龙日金、陈浩东）、《两篇中文的主位分析》（彭望蘅）、《〈夜幕下的大军〉的叙事结构》（任绍曾）、《关于英语语篇主述结构的两个问题》（王慧芳）、《系统功能语法与语篇的深层意义》（杨信彰）。

2.4 小结

整体来看，20世纪期间是功能语篇分析从萌芽走向成熟的重要时期。这一时期无论是研究成果的数量和质量、研究主题的丰富性，还是研究队伍的壮大，都显示出功能语篇分析正在成为系统功能语言学研究领域的新的学术增长点。这一时期的功能语篇分析研究主要体现了四个特点：一是研究队伍从英国、澳大利亚等功能语篇分析的主阵地，逐渐扩大到包括美国、中国等其他国家；二是理论范式从最初的阶与范畴，扩展到系统功能语法理论。同时，马丁将语义功能从小句层面拓展到语篇语义层面，极大地扩充了功能语篇分析的作用范围；三是功能语篇分析研究的专著和论文集成果如雨后春笋般出现，在学界产生了良好的学术影响；四是成效显著的各类学术活动有效拓展了研究者的学术视野，极大地促进了学者们之间的国际合作。

第 3 章
21 世纪初功能语篇分析研究概述

3.1 引言

相对 20 世纪的功能语篇分析研究，21 世纪前十年的功能语篇分析研究迎来了前所未有的发展机遇。一是系统功能语法理论研究的阵营和队伍壮大，使得系统功能语法理论研究不断走向深入，为功能语篇分析研究提供了坚实的理论指导；二是关于语篇分析本身的理论研究在不断完善和细化，可供语篇分析的语篇类型也在不断增多，这些变化极大地增强了语篇分析研究的解释力，并拓展了语篇分析研究的适用范围，语篇分析研究的重要性也得到越来越多学者的认可。

为了全面了解 21 世纪初功能语篇分析的整体研究情况，我们一方面基于 CiteSpace 可视化工具从期刊发文量、期刊发文分布、作者和机构情况、关键词共现频次、高被引作者和文献等角度展开探讨；另一方面，通过爬梳国际系统功能语言学官网、中国国家图书馆、国内外著名出版机构及知名大学官网，概述这一时期出版的专著、论文集等研究成果和学术会议等。其中，用于 CiteSpace 可视化工具的国外数据主要来源于 Web of Science 核心合集中的 SSCI 和 A&HCI 数据库；国内数据来源于国内最大的学术资源数据库 CNKI。由于 CNKI 数据库不提供引文数据，为此，我们从中文社会科学引文索引（以下简称 CSSCI）数据库采集数据，以全面反映这一时期国内功能语篇分析研究的高被引文献和高被引作者情况。

3.2 21世纪初功能语篇分析研究概述

3.2.1 研究成果刊发情况

我们对21世纪初功能语篇分析研究的发文量及刊发载体的检索从三方面展开：一是在SSCI和A&HCI两大子数据库中，检索策略为：主题＝"discourse analysis"OR"text analysis"、文献类型＝"Article"AND"Review"、文献类别＝"Linguistics"、语言＝"English"、时间设置为"2000—2009"。为保证相关性，我们对数据进行逐条筛选和数据去噪，剔除不相关的文献。经过去噪处理后，我们最终得到23篇文献。二是在CNKI数据库中，将时间设定为"2000—2009"，并分别使用主题词"语篇分析""话语分析""篇章分析"进行检索。我们对数据进行二次筛选和数据去噪，剔除不相关的文献后最终得到693篇文献。三是在CSSCI数据库中，将时间设定为"2000—2009"，分别使用主题词"语篇分析""话语分析""篇章分析"进行检索。经过对数据进行二次筛选和数据去噪，我们最终得到147篇期刊文献。

将SSCI/A&HCI、CNKI、CSSCI三大数据库来源的功能语篇分析研究的相关文献按照发表时间进行统计分析，由远及近绘制折线图（见图3-1）。统计显示，2000至2009年，功能语篇分析研究的国际论文发表不多，但总体仍呈上升趋势，2008年是峰值，数量高达7篇，是上一年的3倍多。功能语篇分析研究的国内论文发表无论在CNKI数据库还是在CSSCI数据库，总体上也呈上升趋势。CNKI数据库中，自2006年高达96篇后出现回落，随后于2008年达到峰值，共178篇，接近上一年的6倍；CSSCI数据库中，2007年达到峰值，共47篇。

功能语篇分析相关研究刊发载体的统计结果表明了国内外学界对功能语篇分析研究的关注状况。基于CNKI和Web of Science中的SSCI和A&HCI数据，借助语料库检索软件AntConc检索期刊发文代码（CNKI为JF，Web of Science为SO），我们对检索结果进行整理，计算出期刊发文的最终统计结果。

第3章 21世纪初功能语篇分析研究概述

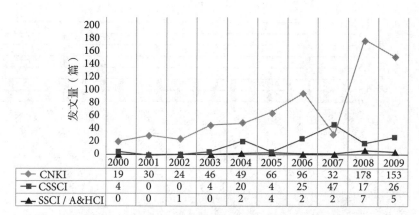

图 3-1 功能语篇分析研究历时分布（2000—2009 年）

国外期刊发文统计显示，功能语篇分析研究在 19 种语言类刊物上发文共计 23 篇（见图 3-2）。其中，《语篇和话语》(*Text & Talk*)、《语用学》(*Pragmatics*)、《话语与社会》(*Discourse & Society*) 三种期刊发文均在 2 篇及以上。从刊物名称反映的主题来看，这一时期功能语篇分析研究主要分布在语用学、应用语言学、病理语言学、语言教学、计算机辅助学习、城市景观、翻译、语料库语言学、传播学九大领域。

国内期刊发文统计表明，功能语篇分析研究在 21 种语言类刊物上发文共计 85 篇（见图 3-3），其他刊物发文 608 篇。其中，发文较多的刊物依次为：《外语教学》《外语与外语教学》《山东外语教学》《四川外语学院学报》《英语研究》《外语研究》《中国外语》，分别发文 16 篇、16 篇、9 篇、5 篇、5 篇、5 篇、5 篇。

将 Web of Science 核心合集中 SSCI 和 A&HCI 来源文献数据导入 CiteSpace 可视化软件，节点选择"被引文献"（cited reference），其他参数设置与 2.2.2 小节相同。运行 CiteSpace 可视化软件，我们得到 2000—2009 年国际功能语篇分析研究高被引文献的可视化图谱（见图 3-4）。

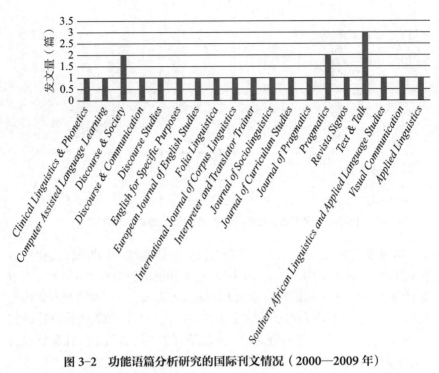

图 3-2 功能语篇分析研究的国际刊文情况（2000—2009 年）

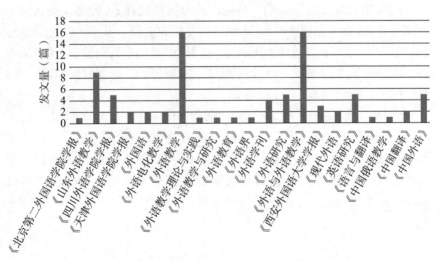

图 3-3 功能语篇分析研究的国内刊文情况（2000—2009 年）

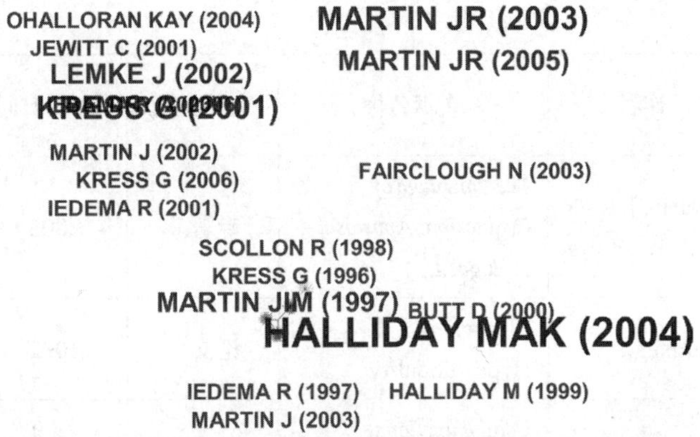

第3章 21世纪初功能语篇分析研究概述

OHALLORAN KAY (2004)　　**MARTIN JR (2003)**
JEWITT C (2001)　　　　　　MARTIN JR (2005)
　LEMKE J (2002)
KRESS G (2001)
　MARTIN J (2002)
　　KRESS G (2006)　　　　FAIRCLOUGH N (2003)
　IEDEMA R (2001)
　　　　SCOLLON R (1998)
　　　　　KRESS G (1996)
　　MARTIN JIM (1997)　BUTT D (2000)
HALLIDAY MAK (2004)
　　　IEDEMA R (1997)　HALLIDAY M (1999)
　　　MARTIN J (2003)

图 3-4　国际功能语篇分析研究高被引文献可视化图谱

图中文献显示的粗细和字号的大小反映了被引文献的引用频次高低。为了明晰图 3-4 中有关高被引作者的具体数据情况，通过调用数据，我们筛选出被引频次在 2 次及以上的文献，见表 3-1 中的结果。

表 3-1　国际功能语篇分析研究高被引文献

序号	作者	文献名称	文献类别	出版时间	被引频次
1	Halliday, M. A. K. & C. M. I. M. Matthieseen	Introduction to Functional Grammar	专著	1994/ 2000/ 2004	23
2	Kress, G. & T. van Leeuwen	Multimodal Discourse: The Modes and Media of Contemporary Communication	专著	2001	4
3	Martin, J. R. & D. Rose	Working with Discourse: Meaning Beyond the Clause	专著	2003	6
4	Christie, F. & J. R. Martin	Genre and Institutions: Social Processes in the Workplace and School	论文集	1997	3

（续表）

序号	作者	文献名称	文献类别	出版时间	被引频次
5	Martin, J. R. & P. R. R. White	*The Language of Evaluation: Appraisal in English*	专著	2005	3
6	Lemke, J.	"Travels in Hypermodality"	论文	2002	3
7	Butt et al.	*Using Functional Grammar: An Explorer's Guide*	专著	2000	2
8	Baldry, A. & P. J. Thibault	*Multimodal Transcription and Text Analysis: A Multimedia Toolkit and Coursebook*	专著	2006	2
9	Iedema, R.	"The Language of Administration: Organizing Human Activity in Formal Institutions"	论文集章节	1997	2
10	Scollon, R.	*Mediated Discourse As Social Interaction: The Study of News Discourse*	专著	1998	2
11	Iedema, R.	"Multimodality, Resemiotization: Extending the Analysis of Discourse As Multi-Semiotic Practice"	论文	2003	2

第 3 章 21 世纪初功能语篇分析研究概述

（续表）

序号	作者	文献名称	文献类别	出版时间	被引频次
12	Iedema, R.	"Analyzing Film and Television: A Social Semiotic Account of Hospital: An Unhealthy Business"	论文集章节	2001a	2
13	O'Halloran, K.	*Multimodal Discourse Analysis: Systemic-Functional Perspectives*	专著	2004	2
14	Kress, G. & T. van Leeuwen	*Reading Images: The Grammar of Visual Design*	专著	1996	6
15	Halliday, M. A. K. & C. M. I. M. Matthiessen	*Construing Experience Through Meaning: A Language-Based Approach to Cognition*	专著	1999	2
17	Martin, J. R.	"Fair Trade: Negotiating Meaning in Multimodal Texts"	论文集章节	2002	2
18	Fairclough, N.	*Analysing Discourse: Textual Analysis for Social Research*	专著	2003	2

将 CSSCI 来源的文献数据导入 CiteSpace 软件，按 2.2.2 小节所示对相关参数进行设置，但节点选择"被引文献"。运行 CiteSpace 软件，我们得到 2000—2009 年国内功能语篇分析研究高被引文献的可视化图谱（见图 3-5）。[1]

---

[1] CiteSpace 在节点"被引文献"中无法呈现专著类文献，但这一数据可在节点"被引期刊"（cited journal）中获取。为此，在考察国内功能语篇分析研究的被引文献时，我们整合了被引文献和被引期刊两类数据。

朱永生 (2007)
李战子 (2003)
胡壮麟 (2007)

朱永生 (2003)
顾日国 (2007)

王振华 (2006)

黄国文 (2002)
黄国文 (2002)
张美芳 (2002) 徐珺 (2002)
黄国文 (2002)

徐艳萍 (2005)

黄国文 (2003) 黄国文 (2002)
徐珺 (2003) 张美芳 (2001)
MUNDAY J (2001) 黄国文 (2001)

图 3-5　国内功能语篇分析研究高被引文献可视化图谱

如前所述，图中文献显示的粗细和字号的大小反映了被引文献的引用频次高低。通过调用数据，我们可以明晰图 3-5 中有关高被引作者的具体数据情况，其中，被引频次在 3 次及以上的文献有 27 条，详见表 3-2。

表 3-2　国内功能语篇分析研究高被引文献

序号	作者	文献名称	文献类别	出版时间	被引频次
1	Halliday, M. A. K. & C. M. I. M. Matthieseen	Introduction to Functional Grammar	专著	1994/2000/2004	18
2	黄国文	《语篇分析概要》	专著	1988	12
3	胡壮麟	《语篇的衔接与连贯》	专著	1994	10
4	朱永生、严世清	《系统功能语言学多维思考》	专著	2001	9
5	Thompson, G	Introducing Functional Grammar	专著	1996	8

第3章 21世纪初功能语篇分析研究概述

（续表）

序号	作者	文献名称	文献类别	出版时间	被引频次
6	Halliday, M. A. K. & R.Hasan	Cohesion in English	专著	1976	6
7	胡壮麟等	《系统功能语法概论》	专著	1989	5
8	黄国文	《功能语言学分析对翻译研究的启示》	论文	2002c	5
9	Kress, G. & T. van Leeuwen	Multimodal Discourse: The Modes and Media of Contemporary Communication	专著	2001	7
10	黄国文	《语篇分析的理论与实践——广告语篇研究》	专著	2001b	4
11	黄国文	《英语语言问题研究》	专著	1999	4
12	Martin, J. R. & D. Rose	Working with Discourse: Meaning Beyond the Clause	专著	2003	4
13	Halliday, M. A. K.	Language As Social Semiotic: The Social Interpretation of Language and Meaning	专著	1978	4
14	胡壮麟	《社会符号学研究中的多模态化》	论文	2007	4
15	Eggins, S.	An Introduction to Systemic Functional Linguistics	专著	1994	3
16	Schiffrin, D.	Approaches to Discourse	专著	1994	3

（续表）

序号	作者	文献名称	文献类别	出版时间	被引频次
17	O'Toole, M.	Language of Displayed Art	专著	1994	3
18	Swales, J. M.	Genre Analysis: English in Academic and Research Settings	专著	1990	3
19	胡壮麟等	《系统功能语言学概论》	专著	2005	3
20	Martin, J. R.	English Text: System and Structure	专著	1992	3
21	Kress, G. & T. van Leuwen	Reading Images: The Grammar of Visual Design	专著	1996	3
22	李战子	《话语的人际意义研究》	专著	2002	3
23	张德禄、刘汝山	《语篇连贯与衔接理论的发展及应用》	专著	2003	3
24	李战子	《多模式话语的社会符号学分析》	论文	2003	3
25	张美芳、黄国文	《语篇语言学与翻译研究》	论文	2002	3
26	朱永生	《话语分析五十年：回顾与展望》	论文	2003	3

3.2.2 成果作者、机构及高被引情况

将 SSCI 和 A&HCI 来源的文献数据导入 CiteSpace 可视化软件，节点选择"作者和研究机构"，"阈值"为 1，其他的参数设置与 2.2.2 小节相同。运行软件，我们得到国际功能语篇分析研究作者、机构、国家或地区的网络图谱。

图 3-6　国际功能语篇分析研究的作者、机构、国家或地区可视化图谱

网络图谱的节点大小表示频次的高低，即节点圈最大的发文量最高。图 3-6 从发文作者、发文机构和发文国家或地区三个维度，勾画了这一时期国际功能语篇分析研究的发表情况。

从发文的国家或地区来看，排名靠前的是英国、澳大利亚、中国、美国、奥地利，分别发文 5 篇、4 篇、3 篇、2 篇、2 篇。尽管这一时期的整体发文数量不高，但这一结果表明英国和澳大利亚是功能语言学研究的重镇，与此相关的功能语篇分析自然是其研究重点。值得

注意的是，中国学者在功能语篇分析研究的国际发表方面已开始崭露头角。

从发文机构来看，这一时期的发文较分散，多数机构只发文1篇，如澳大利亚悉尼大学、英国加的夫大学（Cardiff University）、新加坡国立大学（National University Singapore）、中国香港理工大学（Hong Kong Polytechnic University）、澳大利亚麦考瑞大学等。除了上述具有功能语篇分析研究传统的大学外，一些新兴研究机构已开始加入这一研究阵营，如马来西亚沙捞越大学（University Malaysia Sarawak）、奥地利萨尔茨堡大学（Salzburg University）。

从发文作者来看，这一阶段的整体发文量都不大，除马丁发表3篇论文外，其他学者均只发表了1篇论文，如福雷（G. Forey）、奥汉洛兰（K. O'Halloran）、卫道真（J. Webster）等。马丁的3篇论文均立足于其创建的评价系统，分别讨论了评价资源在构建社会化中的作用、名词化作为评价资源的作用以及叙事语类借助评价资源组织时间概念（Martin，2004，2008a，2008b）。

将CNKI来源的文献数据导入CiteSpace可视化软件，节点选择"作者和研究机构"，"阈值"为1，其他的参数设置与2.2.2小节相同。运行软件，我们得到国内功能语篇分析研究的作者和机构的网络图谱。

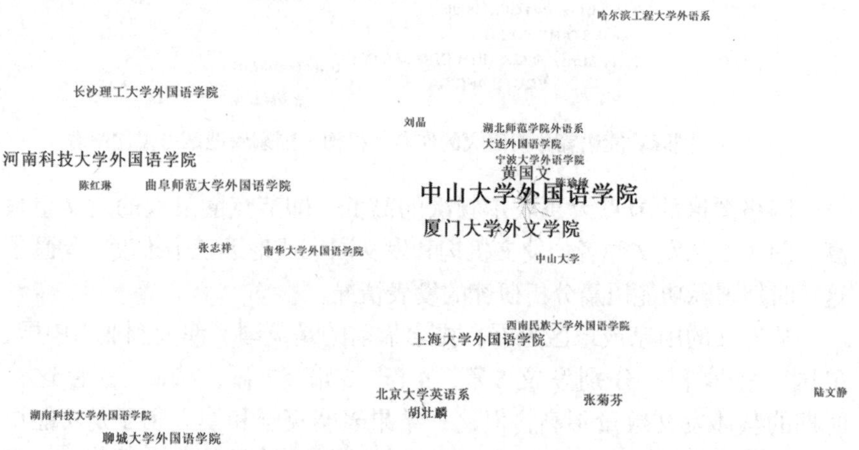

图 3-7 国内功能语篇分析研究的作者和机构可视化图谱

第3章　21世纪初功能语篇分析研究概述

就国内有关功能语篇分析研究的情况来看，这一阶段主要形成了中山大学、厦门大学、河南科技大学、上海大学、曲阜师范大学五个团队。其中，以中山大学团队和厦门大学团队的研究成果最为突出，分别发文20篇和9篇。中山大学发文量达到突变值程度，其值为2.91。中山大学以黄国文为领军人物，其团队成员有常晨光、陈瑜敏、张美芳、曾蕾、朱其智等，研究主要聚焦"投射"的功能与语义分析方法在语篇教学中的作用、功能语言学在翻译中的应用、语法隐喻的语篇分析等方向。厦门大学团队以杨信彰为领军人物，团队成员包括辛志英、李力、纪玉华等，研究主要聚焦及物性理论在语篇分析中的应用和多模态话语分析，比如，李力的《及物性理论应用在辨识个人语型上的可行性》（2004）、辛志英的《话语分析的新发展——多模态话语分析》（2008）、杨信彰的《多模态语篇分析与系统功能语言学》（2009）。

就研究者个体而言，黄国文发文6篇，在所有研究者中发文量最多。其次是张德禄，发文4篇。发文在3篇及以上的学者有：陈红琳、李涛、连颖、陆文静、徐珺、张菊芬。黄国文（2001a，2002a）分别以"功能语篇分析纵横谈""功能语篇分析面面观"为主题，探讨了功能语篇分析的目标、研究范围、理论假设、步骤等，全面勾画了功能语篇分析理论的整体情况，并指出系统功能语法是一种操作性强、应用性强的语篇分析理论。张德禄（2005）则主要立足微观研究，探讨语篇衔接中的形式与意义，创见性地提出根据语篇中出现的衔接机制来预测语篇连贯以及连贯的程度。

将SSCI和A&HCI来源的文献数据导入CiteSpace可视化软件，节点选择"被引作者"（cited author），其他的参数设置与2.2.2小节相同。运行CiteSpace可视化软件，我们得到2000—2009年期间国际功能语篇分析研究的被引作者可视化图谱。

为了进一步明晰图3-8中有关高被引作者的具体数据情况，通过调用数据，我们筛选出被引频次为4次及以上的作者，见表3-3。

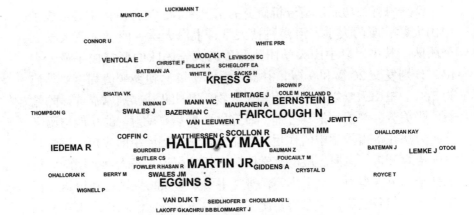

图 3-8 国际功能语篇分析研究高被引作者可视化图谱

表 3-3 国际功能语篇分析研究高被引作者

序号	高被引作者	被引频次
1	Halliday, M. A. K.	32
2	Martin, J. R.	24
3	Eggins, S.	9
4	Fairclough, N.	9
5	Kress, G.	7
6	Bernstein, B.	6
7	Matthiessen, C. M. I. M.	6
8	Iedema, R.	5
9	O'Halloran, K.	5
10	Bakhtin, M. M.	4
11	Heritage, J. C.	4
12	Lemke, J.	4
13	Scollon, R.	4

第3章 21世纪初功能语篇分析研究概述

将CSSCI来源的文献数据导入CiteSpace可视化软件，按2.2.2小节所示对相关参数进行设置，节点选择"被引作者"。运行CiteSpace可视化软件，我们得到2000—2009年国内功能语篇分析研究的被引作者可视化图谱。

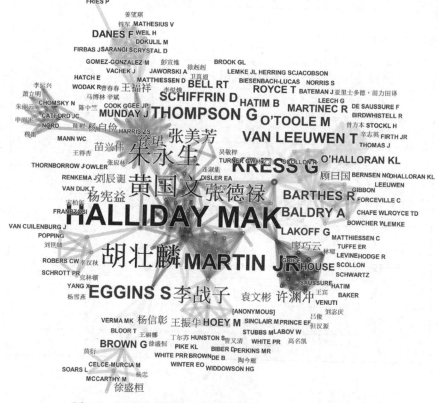

图3-9 国内功能语篇分析研究的高被引作者可视化图谱

如前所述，图中的节点大小反映了该作者的被引情况，但要明晰有关高被引作者的具体数据情况，还需要通过调用数据得以实现。这里，通过调用数据筛选出被引频次为3次及以上的作者，见表3-4。

表 3-4　国内功能语篇分析研究高被引作者

序号	高被引作者	被引频次
1	Halliday, M. A. K.	27
2	胡壮麟	19
3	黄国文	16
4	朱永生	14
5	Martin, J. R.	11
6	Kress, G.	8
7	张德禄	8
8	李战子	7
9	Eggins, S.	6
10	Thompson, G.	5
11	张美芳	5
12	T. van Leeuwen	4
13	Swales, J. M.	3
14	杨宪益	3
15	徐珺	3

3.2.3　研究主题

将 SSCI 和 A&HCI 来源的文献数据导入 CiteSpace 可视化软件，按 2.2.2 小节所示对相关参数进行设置，节点选择"关键词"。运行软件，我们得到 2000—2009 年国际功能语篇分析的关键词可视化图谱。

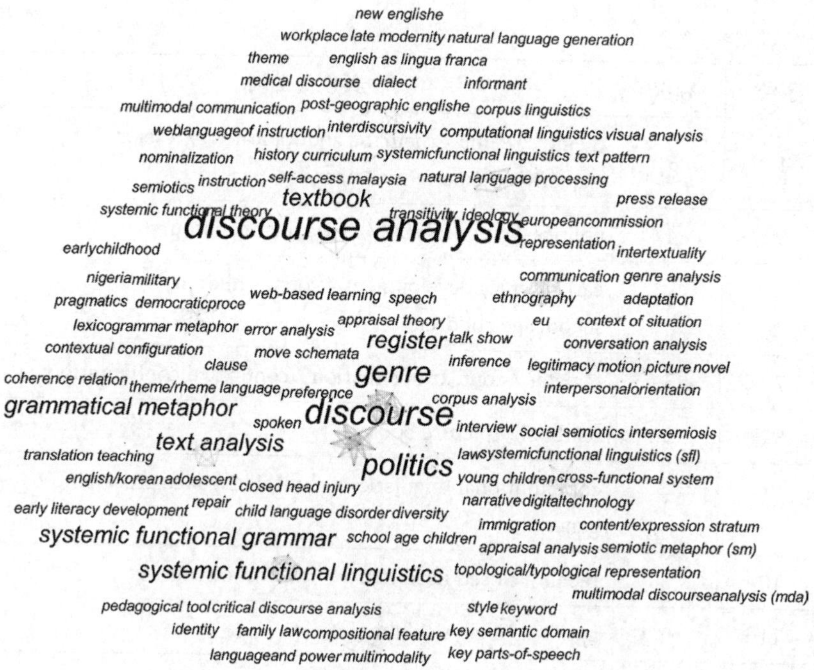

第3章 21世纪初功能语篇分析研究概述

图 3-10 国际功能语篇分析的关键词可视化图谱

为了明晰图谱内关键词的共现频次和中介中心度的具体情况，通过调用 CiteSpace 导出关键词共现频次和中介中心度数据表。同时，为了准确把握关键词的热点分布情况，删去"系统功能语法"（Systemic Functional Grammar）、"语篇分析"（discourse analysis）、"语篇"（discourse）等泛指性术语，并对一些同指性术语进行合并处理，最后得到国际功能语篇研究文献中频次最高的 13 个关键词和中介中心度排名前三的关键词（见表 3-5 和表 3-6）。

表 3-5 国际功能语篇分析研究关键词共现频次（2000—2009 年）

序号	频次	共现关键词
1	5	genre / genre analysis
2	5	grammatical metaphor / nominalization / semiotic metaphor
3	5	multimodality / representation / intersemiosis / visual analysis

47

（续表）

序号	频次	共现关键词
4	5	theme / rheme / thematic and topical progression / transitivity/experiential meaning
5	4	politics / press release / bureaucratic discourse
6	3	early literacy development / young children / school age children
7	3	register / context of situation / contextual configuration
8	3	textbook / picture book
9	3	computational linguistics / natural language processing / generation
10	3	repair / closed head injury / medical discourse
11	2	appraisal analysis / theory
12	2	web-based learning / self-access
13	2	corpus linguistics / corpus analysis

表3-5显示，共现频次最高的四个关键词依次是：语类或语类分析（genre / genre analysis）、语法隐喻或名词化（grammatical metaphor / nominalization / semiotic metaphor）、多模态话语分析（multimodality）、元功能（theme / rheme / transitivity / experiential meaning）。这充分说明，上述关键词是这一阶段国际功能语篇分析研究的热点。

表3-6 国际功能语篇分析研究的关键词中介中心度

序号	中介中心度	共现关键词
1	0.12	politics
2	0.05	textbook
3	0.01	genre

第3章 21世纪初功能语篇分析研究概述

表3-6显示,中介中心度在0.01以上的关键词依次为:政治语篇(politics)(0.12)、课本(textbook)(0.05)、语类(genre)(0.01)。如前所述,中介中心度高的关键词并非就是共现频次高的关键词。然而,对比表3-6和表3-7,我们发现政治语篇、课本、语类等关键词属于共现频次和中介中心度均高的双高现象。这充分表明,相对其他关键词而言,这些关键词更应是这一阶段国际功能语篇分析的研究热点。

综合以上图表,我们再从理论基础、语篇类型、研究对象、研究方法四方面对这一阶段国际功能语篇分析的研究热点做简要分析。

理论基础方面主要表现为语类、语法隐喻、评价系统、多模态、语域、元功能等理论在语篇分析中的运用。(1)语类分析是文化语境层的一个重要概念,在系统功能语言学中最具代表的语类理论是韩茹凯的语类结构潜势和马丁的纲要式语类理论。事实上,语篇往往是多个语类的结合体,是一种混合语类(hybrid genre)。比如,劳尔巴赫(Lauerbach, 2004)认为访谈是一种混合语类。他以英国广播公司(BBC)和英国独立电视台(ITV)访谈者话语风格为研究对象,发现前者倾向于认为访谈对象对政治访谈充满争议和对抗的期望,因而偏好提问和人际制约;后者则将访谈对象视为人与人间的情感交流对象,因而访谈中充满人情味,而不大喜欢提问。格鲁伯和蒙蒂格尔(Gruber & Muntigl, 2005)将语域和语类理论(register & genre theory)与修辞结构理论(rhetorical structure theory)视为一枚硬币的两面,指出这两种路径在语篇组织方式上有着极大的不同:前者将语篇视为目标取向的阶段性互动过程,整体上呈现为线性结构实体;后者则将语篇视为层级性结构实体,其中有的成分被前景化、有的成分为主背景。因此,作者主张这两种路径可进行互补,进而为语篇分析和语篇语言学研究提供新的思路。(2)语法隐喻体现了词汇语法和语义之间的一种张力,主要表现为概念语法隐喻和人际语法隐喻。马丁(Martin, 2008)讨论了名词化这一概念语法隐喻,认为名词化和概念语法隐喻在构建知识、提供评价资源、帮助信息传递等方面具有重要作用。同时,他认为不同学科采用语法隐喻以一种互补的方式在构建语篇,且这些语篇从根本上依赖语法隐喻这一资源而存在。(3)多模态是基于系统语言学理论对语言模态的拓展,旨在从多维度揭示意义的生成过程。比如，奥汉洛兰（O'Halloran，2008）主要基于纸质课本中的文字和图像资源，提出基于元功能理论的多模态分析综合框架，同时聚焦模态间相互作用的机制，并以一则广告的概念意义分析为个案，探讨语言和图像结合时意义的生成过程，特别是跨语言和图像的隐喻意义的生成过程。（4）语域指一种功能变体，一直是国际功能语篇分析研究的热点之一。达拉莫拉（Daramola，2008）基于1993年尼日利亚三个独立政权共存这一事实，认为政权动荡的这一时期的政治话语尤其值得研究。他以这一时期的一些国家报纸为语料，基于功能符号学话语分析方法对一些政治宣言、回应和评论进行探讨，旨在分析这些由不同经济、社会文化、政治事件生成的话语的语言特征，并立足政权更替时有关 child 在不同语境构型中的不同用法，比如，在旧政权退位时将临时政府视为"忧患中诞生"（a child of circumstance），在新政权就职时将其视为"必然产物"（a child of necessity）。（5）主位通常被视为考察信息流动的重要指标，主位的不同选择往往意味着构建不同的意义。福雷（Forey，2004）分析了两个职场语篇样本，并将分析结果与 12 名商务从业人员和 15 名英语教师对其的解读作对照，结果不但证实了主位在职场语篇的确起作用，且发现语篇解读的差异主要来自语篇自身附带的人际意义的影响。（6）评价系统是马丁对系统功能语言学人际功能的拓展。盖尔兹（Gales，2009）以评价系统为框架探讨移民法的语言特征，并聚焦多样性（diversity）一词，探讨移民法生成的政治语境，特别是其围绕意识形态多样性的矛盾立场的产生过程，同时揭示了潜在的有关多样性的判断资源如何互动以及如何形成随后产生的法律语言的。（7）及物性常用来探讨经验功能，是描述外界体验和内心经验的重要手段。麦克马纳斯（McManus，2009）以患者信息传单语言为语料，探讨大众对药品的态度以及这种态度的历时变化情况。研究发现，在各个样本中及物性选择逐渐表现出独特的世界观（world-view），且这种选择对更广的社会文化语境构建和独特意识形态投射产生一定的影响。同时，不同历时阶段所表现出来的不同及物性模式反映了西方文化对药品态度的改变。

语篇类型主要集中在政治语篇和教学语篇方面。（1）政治语篇。比如，林德霍姆（Lindholm，2008）基于语类分析框架，探讨欧洲委员

第3章　21世纪初功能语篇分析研究概述

会（European Commission）新闻发布会新闻稿语篇的语篇模式，认为这一语篇模式主要包括开场白（introduction）、引述（quotation）、互文参照（intertextual references）三部分。作者同时认为，这一语篇模式适用于一般的新闻发布会新闻稿语篇。（2）教学语篇。比如，孔（Kong, 2009）探讨了语言学习网站对自主学习的作用，发现相比传统的纸质教材，网络学习语篇在小句和词汇密度方面更高，更多地使用个性化代词"I"和"you"，而教科书较多地使用权力词汇"we"。此外，网络语篇更多地使用参与策略（involvement strategies）、祈使结构和情态动词等，并体现出更强的互动性。（3）其他语篇类型。除了常见的政治语篇和教学语篇，国外功能语篇分析研究在语篇类型方面不断有所开拓。比如，关注语言障碍儿童的语篇能力，似乎是国外功能语篇分析研究的重要领域之一，参见里戈多-麦克纳（Rigaudeau-McKenna, 2005）的研究。

研究对象主要涉及儿童和语言障碍患者。（1）儿童。布里奇（Britsch, 2005）考察了3名儿童在故事讲解中的语言、图像、手势、体态等使用情况，以考察儿童在社会叙事活动中宣称权力的复杂策略。研究发现，这些儿童的即兴叙事常综合运用色彩、大小、图片位置、语言的音段和超音段特征、书面语特征、手势、沉默等手段，对语篇进行有效组织。（2）语言障碍患者。里戈多-麦克纳（Rigaudeau-McKenna, 2005）以头部受伤、但仍处于正常发育阶段的儿童和青少年产生的语篇为语料，在系统功能语言学框架下探讨语言障碍患者语言运用情况，特别是小句复合体的掌握情况。

研究方法主要为建模法和语料库方法两种。（1）建模法。卡斯特尔（Castel, 2006）指出，自然语言生成（natural language generation）项目的最终目标是为学术论文摘要的多样化特征建模，并用这个模型来开发学术论文摘要撰写的辅助工具。这一模型借用加的夫语法（the Cardiff Grammar）的语篇—句子产生机制，并在此基础上探讨了学术论文摘要中的高级层次（如语类和语域）和低级层次（如词汇语法）的语言特征，最后讨论自然语言从语类到语义，再到形式的生成过程。（2）语料库方法。盖尔兹（Gales, 2009）以语料库工具探讨移民法的语言特征，并聚焦多样性一词（diversity）。该研究的语料来自美国政府有关立法听证会、议会讨论、委员会报告、总统演讲等。为说明语料选择的切实性，他将自建语料库中的多样性出现频次与英国国家语料库（British National Corpus）中的多样性出现频次进行对比，借助检索工具 MonoConc Pro 检索发现自建语料库中多样性一词出现 402 次，标准化处理后达到每千词 1.79 次，远超英国国家语料库中的每千词 0.014 次。随后，盖尔兹通过考察多样性一词与其他词的搭配频次，探讨跨小句间多样性一词的语义韵和语言特征。在此基础上，他借用评价系统有关多样性的判断资源的使用情况，探讨移民法生成的政治语境。

将 CNKI 来源的文献数据导入 CiteSpace 软件，节点选择"关键词"，"阈值"设为 2，其他参数按 2.2.2 小节所示设置。运行 CiteSpace 软件，我们得到 2000—2009 年国内功能语篇分析研究的关键词可视化图谱。

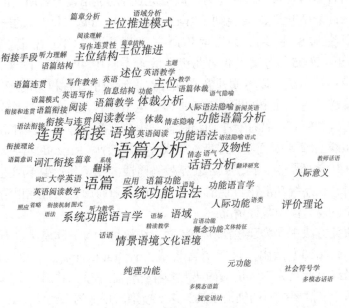

图 3-11　国内功能语篇分析研究的关键词可视化图谱

通过调用 CiteSpace 导出关键词共现频次和中介中心度数据表，可以明晰国内功能语篇分析研究的关键词共现频次和中介中心度。同时，为了准确把握关键词的热点分布情况，将泛指性术语，如"系统功能语法""语篇分析"删除，并对一些同指性术语进行合并处理，最后得到

第 3 章　21 世纪初功能语篇分析研究概述

国内功能语篇分析研究文献中频次最高的 14 个关键词和中介中心度值在 0.1 以上的 12 个关键词（见表 3-7、表 3-8）。

表 3-7　国内功能语篇分析研究的关键词共现频次

序号	频次	共现关键词
1	221	衔接 / 连贯 / 衔接与连贯 / 词汇衔接 / 衔接手段 / 连贯性 / 替代 / 省略
2	148	及物性 / 人际功能 / 人际意义 / 主位 / 主位推进 / 模式 / 主位结构 / 述位
3	88	语境 / 语域 / 语域分析 / 情景语境 / 语旨
4	60	体裁 / 分析 / 文化语境 / 语篇结构潜势 / 语篇模式 / 体裁教学法
5	48	阅读 / 阅读教学 / 英语阅读教学 / 阅读理解
6	31	多模态 / 话语 / 分析 / 视觉语法 / 多模态语篇分析
7	20	翻译 / 翻译研究 / 教学 / 古诗英译 / 功能对等
8	20	评价理论 / 介入
9	14	语篇教学 / 英语教学
10	12	人际语法隐喻 / 情态隐喻 / 语气隐喻
11	12	写作 / 写作教学 / 英语写作
12	10	听力教学 / 理解
13	4	政治辩论 / 政治演讲
14	2	商务英语

表 3-7 显示，共现频次最高的 10 个关键词依次是：衔接或连贯、元功能（及物性等）、语域、体裁、阅读、多模态、翻译、评价、语篇教学、语法隐喻（人际语法隐喻等）。上述关键词的共现频次均在 10 次以上，这充分说明这些关键词是这一阶段国内功能语篇分析研究的热点。

表 3-8 国内功能语篇分析研究的关键词中介中心度

序号	中介中心度	共现关键词
1	1.52	概念功能 / 人际意义 / 人际功能 / 语气 / 主位 / 主位结构 / 主位推进 / 主位推进程序 / 模式
2	1.12	体裁 / 体裁分析 / 语篇结构潜势 / 语类 / 文化语境 / 语篇模式
3	0.94	阅读 / 英语阅读 / 理解语篇
4	0.92	情景语境 / 语场 / 语域 / 语域分析
5	0.76	衔接 / 连贯 / 衔接与连贯 / 词汇衔接 / 语篇衔接 / 语篇连贯 / 语法衔接 / 省略 / 替代
6	0.67	听力理解 / 听力教学
7	0.49	翻译 / 翻译教学 / 翻译研究 / 古诗英译
8	0.39	英语教学 / 写作教学
9	0.29	语篇教学
10	0.26	多模态 / 多模态话语 / 多模态语篇 / 视觉语法
11	0.11	大学英语
12	0.1	人际语法隐喻 / 情态隐喻

表 3-8 显示，中介中心度在 0.5 以上的关键词依次为：元功能（概念功能等）、体裁、阅读、语域、衔接或连贯、听力。

通过对比表 3-7 和表 3-8，我们发现元功能、体裁、阅读、衔接或连贯等关键词属于共现频次和中介中心度的双高现象，这充分表明相对其他关键词而言，这些关键词更应是这一时期国内功能语篇分析研究的热点议题。

综合以上图表，我们将从理论基础、语篇类型、研究对象和研究方法四个方面对这一阶段国内功能语篇分析研究的上述热点进行简要探讨。

首先，相对前一时期的国内功能语篇分析研究，这一时期在理论基

第3章 21世纪初功能语篇分析研究概述

础方面无论是研究的深度和广度都有了较大的提升,特别是在语法隐喻和多模态方面较前一时期有了新的突破和发展。与国外这一时期的功能语篇分析研究相比,这一时期国内的相关研究还较为滞后,如国内这一时期的关键词共现频次最高的仍是前一时期关注的诸如衔接与连贯、主述位等研究话题,而国外这一时期最为热门的研究话题却是语类或体裁、语法隐喻、多模态等。具体来看,这一时期国内功能语篇分析研究的理论基础涉及衔接和连贯、元功能、体裁或语类、语域、多模态、评价系统、语法隐喻七大方面。(1)衔接和连贯。张德禄(2005)指出语篇衔接作为一种谋篇意义,既可在语篇内部将概念意义和人际意义结合起来讨论,也可在语篇外部与语境结合起来讨论。因此,他主张根据衔接来研究连贯,并认为借助语境不但可以通过衔接预测连贯,而且还能刻画连贯的程度。周红云(2006)基于系统功能语言学的语篇分析框架,指出衔接机制具有语篇谋篇作用,同时讨论了衔接特性所固有的成分依赖观点。罗林泉(2006)以课文《草原日出》(*A Sunrise on the Veld*)为例,讨论了语法、词汇衔接手段。他指出,对文章进行语篇分析并与母语对比仍是行之有效的英语教学方法。(2)元功能。马静(2001)基于主述位理论对全国大学英语四六级作文评分样卷进行分析,发现主位推进模式有助于促进语义的衔接和连贯。该研究对教学中推行基于主位推进模式的语篇分析具有一定的借鉴作用。潘艳兰和刘秀明(2009)拓宽了主位推进的讨论范围,将其用于维吾尔语的讨论。该文基于系统功能语法,讨论了维吾尔语篇章中主位推进的具体体现情况。申连云(2004)根据翻译的对等理论思想提出人际功能等值这一概念,旨在为翻译评价提供一个参照。他认为,翻译活动中通过词汇、句法等语言资源的选择和操纵,也是在作者与译者之间建立和保持一种社会人际关系。(3)体裁或语类。李奇和折鸿雁(2003)对体裁,特别是与之相关的教学法的原则和理论基础进行了探讨,并就其在我国外语教学活动中的可行性做了有益探索。(4)语域。魏纪东(2001)通过对诸如共现限制、语域冲突和变异特性等语域本身表现出的特性和诸如情景转换、语域融合等语境与语域之间表现出的特性的探讨,强调语域理论在语篇分析中的地位和作用,指出完整的语篇意义必须结合语言内语境和语言外语境分析。(5)多模态。张德禄(2009a)提出了包含文化、语境、意义、形式、媒体五个层面的系统及其次级范畴的多模态话语分析综合理论框架。其中，框架中各个模态之间构成互补性和非互补性两大类关系，且非语言模态的语法结构同样可以体现概念意义、人际意义和谋篇意义。朱永生（2007）立足目前语篇分析忽视诸如图像、声音、颜色、动漫等非语言符号在表征意义中的作用这一事实，探讨了多模态话语的缘起、定义、性质、内容、方法和意义等，为学界全面勾勒了多模态话语分析的理论基础与研究方法。(6)评价系统。朱永生（2009）指出评价理论不应忽视概念意义的评价功能及其隐性表现方式，主张应加强这方面研究，并与人际角度的显性评价形成互补，以进一步完善评价理论。(7)语法隐喻。常晨光（2001）对语气隐喻和情态隐喻两个主要人际隐喻类型进行探讨，并以实例形式探讨这两种人际语法隐喻如何在语篇中构建人际意义以及如何体现人际关系。周大军（2003）立足人际语法隐喻中的情态隐喻，从语法形式、情态取向以及情态量值等方面展开讨论，认为显性主观和显性客观表现出的人际语法隐喻可以产生特殊语篇效果，并认为这种效果的产生是情态隐喻对语篇的制约所致。

其次，语篇类型方面较前一时期的国内研究有了新的发展，语篇类型越发丰富。较国外这一时期的研究来看，国内功能语篇分析研究在语篇类型方面仍较单一，停留在一些可称为通用语篇的范畴。具体来看，这一时期的语篇类型主要表现为教学语篇、政治语篇、商务语篇、广告语篇。(1)教学语篇。主要表现在听力语篇、阅读语篇、写作语篇、翻译语篇等方面。胡壮麟（2001）主张语篇分析应在阅读、写作、翻译、文体学、语法等教学活动中给予体现，为明确语篇分析在外语教学中的地位和作用做了清晰表述。任晓涛和许家金（2002）探讨了语篇分析在改进听力教学中的作用，并结合实例对语篇分析在帮助学生克服听力障碍进而提高听力理解水平方面的作用进行了印证。张新军和杨慧（2002）主张大学英语阅读教学应有效结合主位理论，认为主位理论有助于学生提高阅读速度、掌握字面之外的意义，从而提高文本的理解能力。李杰和钟永平（2003）基于主位是信息的起点、交际的出发点这一事实，主张语篇理解无须借助烦琐的主位推进模式，认为语篇内容的理解只需利用主位序列提取宏观主位和超句主位便可实现。沈伟栋（2000）指出翻译可以借鉴语篇分析的一些策略，可从主位推进、衔

第3章　21世纪初功能语篇分析研究概述

接连贯、问题—解决模式及宏观语篇结构四个方面进行，并认为这四种角度有助于提高翻译质量。唐述宗（2002）基于个人翻译实践中的例句，参照美国语言学家朱斯（M. Joos）所提出的五种文体正式程度，认为文体与翻译之间的确存在相互制约关系。张美芳（2001）倡导功能语言学的翻译路径，认为基于语篇体裁和语域变体理论，翻译中有关"对等"与"非对等"问题可以得到很好地解释。从语篇体裁和语域变体两方面结合英汉翻译中的问题进行分析，黄国文（2004）创见性地从六个方面勾勒了翻译研究的功能语言学路径，并通过实例对该路径的可能性和可行性进行了印证。他认为翻译的功能语言学路径对翻译的文学研究和文学批评路径形成有益补充，均应受到学界重视。（2）政治语篇。李晓康（2009）以美国前总统布什的十篇反恐演讲语篇为语料，基于评价理论探讨政治语篇中蕴含的态度意义，揭示体现态度意义的词汇，特别是判断性词汇在帮助布什构建美国主导的全球性反恐战争计划中的重要作用。（3）商务语篇。王宏俐和郭继荣（2006）通过自建语料库，提炼出商务促销类语篇的基本特点，认为体裁分析和交际目的具有相互制约作用，且语境差异往往导致同一体裁之间存在差异。（4）广告语篇。唐韧（2004）从语篇类型、形式对等、主位连贯、语用对等和词汇特性等维度，尝试性构建了一个具有实证主义倾向的翻译质量评估模式，并借助广告语篇分析对该模式的效度进行了检测。

再次，从研究对象来看，较上一时期，这一时期的变化并不明显，仍以接受外语教学的学生为主要研究对象。较国外这一时期的研究来看，国内功能语篇分析研究的对象仍较单一，对一些关注度小，但具有典型性的研究对象的关注不足。比如，根据第二次全国残疾人抽样调查的数据，2006年中国人口中约有127万人有严重的语言障碍。至于一般的语言障碍病患，据石定栩和杨洋（2020）推断，中国的语言障碍儿童占儿童总数的比例估计达到10%—20%。在我国这样的人口大国，这一数目不可小觑。遗憾的是，目前国内功能语篇分析的研究学者对语言障碍儿童的研究太少。研究者的这一缺席与系统功能语言学强调的社会责任明显不符。

最后，从研究方法上看，较上一时期，这一时期的国内功能语篇分析研究有了新的变化。但是，较国外这一时期的研究来看，国内功能语篇分析研究在研究方法上，还有一定的差距。比如，国内的功能语篇分析研究仍以思辨法、综述与评介、质性方法为主，缺少能够反映变量之间严密关系的量化研究或质性与量化研究结合的混合方法。在语料的收集上，也往往采用现成的、易获取的静态型语料，对不易获取，或获取后不易处理的动态型语料类型少有涉及，因而在语篇分析所应能揭示的问题或领域方面的广度和深度均显不足。当然，这一时期也有学者运用语料库方法进行功能语篇分析研究。比如，杨信彰（2006）借助小型语料库方法，探讨了不同类型语篇中的名词化结构的分布情况，并将这种分布与语体结合起来讨论。

3.2.4 学术会议

2000年至2009年间，国内外系统功能语言学领域共举办了19场次的学术会议。其中，国际功能语言学大会十场，如第27届于2000年在澳大利亚墨尔本大学（University of Melbourne）举办（F. Christie为组织者），第28届于2001年在加拿大卡尔顿大学（Carleton University）举办（L. Young为组织者），第29届于2002年在英国利物浦大学（University of Liverpool）举办（G. Thompson为组织者），第30届于2003年在印度英语和外语学院（Central Institute of English and Foreign Languages）举办（Prakasam, V., Akella, R. D. & B. Mallikarjun为组织者），第31届于2004年在日本同志社大学（Doshisha University）举办（Tatsuki, M., Kakehi, H. & W. Bowcher为组织者），第32届于2005在澳大利亚悉尼大学举办（J. Martin为组织者），第33届于2006年在巴西圣保罗天主教大学（Pontifical Catholic University of Sao Paulo）举办（L. Barbara为组织者），第34届于2007年在丹麦南丹麦大学（University of Southern Denmark）举办（U. H. Petersen为组织者），第35届于2008年在澳大利亚麦考瑞大学举办（C. M. I. M. Matthiessen为组织者），第36届于2009年在中国清华大学（Tsinghua University）举办（方琰为组织者）。

国内会议共计九场，包括五场全国功能语言学研讨会（每两年一届）和四场全国语篇分析研讨会。全国功能语言学研讨会：第 7 届于 2001 年 7 月在东北师范大学召开，第 8 届于 2003 年 9 月在燕山大学召开，第 9 届于 2005 年 10 月在河南大学召开，第 10 届于 2007 年 4 月在江西师范大学召开，第 11 届于 2009 年 7 月在清华大学召开。其中，第 11 届与第 36 届国际功能语言学大会合并召开。全国语篇分析研讨会源自任绍曾先生发起的"全国话语分析研讨会"，该研讨会从第 7 届起改名为"全国语篇分析研讨会"。这一期间举办了四届全国语篇分析研讨会：第 7 届于 2000 年 10 月在湘潭师范学院（现湖南科技大学）召开，第 8 届于 2002 年 5 月在苏州大学召开，第 9 届于 2006 年 10 月在绍兴文理学院召开，第 10 届于 2008 年 8 月在厦门大学召开。

3.3 21 世纪初功能语篇分析研究的主要特点

3.3.1 研究团队的形成与壮大

正如韩礼德（Halliday，1985，1994/2000）所言，系统功能语法的初衷是为了实现语篇分析。因此，在系统功能语言学学术圈里，越来越多的学者开始注重对语篇分析的研究，并形成各种学术显示度高的研究团队。就研究团队形成的领军人物来看，这一段时间主要形成了以马丁为代表的国外研究团队和以黄国文为代表的国内研究团队。他们均主要聚焦功能语篇分析研究，提出了新的学术思想，推动了功能语篇分析研究的发展。

马丁一改系统功能语言学长期以来过度关注小句的做法，提出语篇语义思想，并集中反映在其《英语语篇：系统与结构》（Martin，1992）一书中。后来，马丁的语篇语义思想在其《语篇研究：跨越小句的意义》（Martin & Rose，2003，2007）中得到了继承和发展。随后，马丁将《语篇研究：跨越小句的意义》一书的评价视角，以专著《语言评价：英语中的评价资源》（Martin & White，2005）的形式进行了深入阐发，极大地拓展了功能语篇分析研究的作用空间。

马丁在语篇语义方面的辛勤耕耘，培养了大量的语篇语义研究人才。就对中国学者的培养来讲,也许是考虑到其老师韩礼德与中国的关系,马丁或是接收中国学生攻读学位,或是接受来自中国的访问学者,传播和发展其语篇语义、评价思想。比如,上海交通大学王振华就曾是马丁在悉尼大学的学生。王振华(2001)将评价系统评介到中国后,评价系统在中国的研究可谓如火如荼。据刘世铸(2010)统计,2003年至2009年的短短七年间,国内在主要学术期刊发表评价系统相关的研究成果多达174篇。同时,王振华(2009)还创见性地提出"一个范式、两个脉络、三种功能、四种语义、五个视角"的语篇语义研究路径。

黄国文开始系统地研究功能语篇分析应始于20世纪末,由湖南教育出版社出版了《语篇分析概要》(1988)。尽管黄国文在功能句法方面成果卓著,但功能语篇分析研究是其一直的研究方向。黄国文(2001a,2002a)早在21世纪初就曾分别以"功能语篇分析纵横谈""功能语篇分析面面观"为题,探讨了功能语篇分析的目标、研究范围、理论假设、步骤等,全面勾画了功能语篇分析理论的整体情况。在此期间,黄国文出版了《语篇分析的理论与实践——广告语篇研究》(2001b)。该书以广告语篇为语料,将功能语篇分析研究进行了广告语篇的实践。这对向来以文学语篇进行功能语篇分析的研究来说,是一个有意义的尝试。另外,黄国文团队还将功能语篇分析用于翻译领域,产出了大量成果。比如,《翻译研究的语言学探索》(黄国文,2006)一书基于功能语言学理论构建了古诗词英译的功能语言学分析框架,开辟了中国古诗词英汉语篇分析的功能语言学途径。张美芳和黄国文(2002c)通过比较语篇语言学与传统语言学,揭示了语篇语言学的独特特点,并从研究范围、研究重点以及研究方法探讨其与翻译的契合之处,为翻译研究开拓了新的路径。在黄国文的推动下,2003年4月15日中山大学成立了功能语言学研究所,系统功能语言学创始人韩礼德和韩茹凯夫妇于成立当天出席了开幕式。黄国文依托中山大学功能语言学研究所培养了大量的功能语篇分析研究人才。

结合前文基于 CiteSpace 可视化软件得出的高被引文献与高被引作者的结果,国外功能语篇分析研究方面涌现出以鲍德里(A. Baldry)、巴特(D. Butt)、克瑞斯(G. Kress)、伊德玛(R. Iedema)、莱姆基(J.

第 3 章 21 世纪初功能语篇分析研究概述

Lemke)、奥汉洛兰、蒂博(P. J. Thibault)、范勒文(T. van Leeuwen)等学者。这些学者多以多模态语篇分析为研究方向,取得了不错的成绩,如《多模态篇章转录与分析》(Baldry & Thibault, 2006)、《电影和电视语篇分析》(Iedema, 2001a)、《多模态和再符号化:作为多元符号实践的语篇分析》(Iedema, 2003)、《多模态语篇:当代传播学中的模式和媒介》(Kress & van Leeuwen, 2001)、《超模态语篇中的意义生成》(Lemke, 2002)、《多模态语篇分析:系统功能视角》(O'Halloran, 2004)。

国内功能语篇分析研究方面,胡壮麟、李战子、张德禄、朱永生等人的研究成果影响也很大。比如,胡壮麟的《社会符号学研究中的多模态化》(2007a)和李战子的《多模式话语的社会符号学分析》(2003)是这一阶段国内多模态语篇分析研究方面的杰出成果。前者通过区分多模态符号学和多媒体符号学,强调人类进入了以社会符号学为特征的多模态化的新世纪,多模态识读能力培养应提上议事日程;后者系统介绍了克瑞斯和范勒文(Kress & van Leeuwen, 1996)的多模态话语的社会符号学分析模式,为国内学者了解这一新的研究成果起到了重要引介作用。朱永生的《话语分析五十年:回顾与展望》(2003)一文将语篇分析研究概括为萌芽、起步和成熟三个阶段,并就每个阶段存在的不足及其原因进行了探讨,最后指出了语篇分析今后的发展趋势。张德禄和刘汝山的《语篇连贯与衔接理论的发展及应用》(2003)一书围绕理论探讨、语篇连贯的外部因素、语篇连贯的衔接机制这一内部条件以及语篇连贯与衔接理论的应用四方面,深入揭示了语篇连贯与衔接理论在语篇构建中的重要作用,加深了学界对语篇连贯与衔接理论的认识。

3.3.2 研究成果丰硕

尽管这个时期的研究成果仍以元功能、语类、语域研究为主,但以评价系统和多模态理论为代表的新理论为功能语篇分析注入了新的活力。评价系统发端于 1991—1994 年间澳大利亚悉尼大学马丁团队有关新南威尔士州的中学语文水平的研究工作。后来，马丁与怀特（P. White）、伊德玛和罗泽里（J. Rothery）一起将该研究发展成为"评价系统"（王振华，2001）。这方面的研究成果主要有《语篇研究：跨越小句的意义》（Martin & Rose, 2003）、《语言评价：英语中的评价资源》（Martin & White, 2005）以及《媒体语篇评价：基于新闻语料库的分析》（Bednarek, 2008）。王振华（2001）最早将这一理论介绍到国内，至此，在中国引发了评价系统研究热潮。国内评价系统方面的研究有的着眼于评价系统本体研究（如李发根，2006；张德禄，2006），有的探讨评价系统与译者的价值取向问题（如张美芳，2002），更多的是将评价系统引入语篇分析研究，探讨语篇中的评价性手段、评价与文体的关系以及评价中的态度对衔接与连贯的影响等（如程微，2007；李战子，2006；杨信彰，2003）。

多模态理论最早由奥图尔（O'Toole）和克瑞斯提出，该理论突破意义探讨仅局限于语言符号这一语言学研究传统，将诸如声音、图像等非语言符号系统纳入意义探讨范围，是对语言符号讨论意义的一大拓展，在学界越来越受到重视。目前，学界在多模态研究方面产出了大量的成果，如《多模态与语类：多模态语篇的系统分析基础》（Bateman, 2008）、《阅读图像：视觉语法》（Kress, 1996）、《多模态语篇：当代传播学中的模式和媒介》（Kress & van Leeuwen, 2001）、《多模态语篇分析：系统功能视角》（O'Halloran, 2004）。后来，多模态研究开始关注教学语篇问题，如《多模态教学：科学课堂的修辞》（Kress et al., 2001）、《多模态符号学：教学语篇的功能分析》（Unsworth, 2008）等。其他较为有名的研究有《多模态篇章转录与分析》（Baldry & Thibault, 2006）、《电影和电视语篇分析》（Iedema, 2001a）、《多模态和再符号化：作为多元符号实践的语篇分析》（Iedema, 2003）、《艺术作品的语言》（O'Toole, 1994）、《多模态语篇分析的新趋势》（Royce & Bowcher, 2007）。

就国内的多模态语篇研究而言，21世纪初的十年间，国内学者看到了多模态语篇研究在阐释语篇意义上的优势，纷纷加入多模态语篇分析研究队伍，产出了大量的研究成果。这些成果有的专注于多模态理论本体研究（如胡壮麟，2007；李战子，2003；张德禄，2009；朱永生，2007），有的探讨多模态与系统功能语言学之间的关系（如杨信彰，

第 3 章 21 世纪初功能语篇分析研究概述

2009），有的着眼于多模态的应用（如胡壮麟、董佳，2006；王立非、文艳，2008；张德禄，2009b），有的介绍与阐发多模态语篇分析（如曲航，2009）。

除评价系统和多模态研究的成果外，就传统的一些研究主题而言，这一期间的研究成果也非常丰富。据我们对国际系统功能语言学官网有关功能语篇分析的专著和论文集统计，专著达到 120 部，论文集达到 55 部。同时，据我们对国内有关功能语篇分析的专著和论文集统计，专著达到 20 部，论文集达到 12 部，若加上北京大学出版社引进的《韩礼德文集》（十卷本）的话，论文集多达 22 部。

国外出版的专著和论文集中，较为有名的专著有《结构与功能：三大功能语言学理论导读》（Butler，2003）、《法语系统功能语言学：从语法到语篇》（Caffarel，2006）、《印度英语中的语域变体》（Chandrika，2009）、《课堂语篇分析：功能视角》（Christie，2005）、《语言、知识和教学法：功能语言学和社会视角》（Christie & Martin，2006）、《学校语篇》（Christie & Derewianka，2008）、《广告语篇分析》（Cook，2001）、《语篇类型和语篇性》（Forey & Thompson，2008）、《功能语法导论》（第三版）（Halliday & Matthiessen，2004）、《学术写作与语类：系统分析》（Ian，2008）、《国际媒体语篇》（Machin & van Leeuwen，2007）、《翻译语篇和语境：翻译研究与系统功能语言学》（Manfredi，2008）、《语类关系与文化映射》（Martin & Rose，2005）、《功能语法入门》（第二版）（Thompson，2004）、《交际冲突：新媒体语篇的多语个案研究》（Thomson & White，2008）。

较为有名的论文集有《语言类型学：功能视角》（Caffarel et al.，2004）、《韩礼德文集》（十卷本）（Halliday，2002，2003a，2003b，2003c，2005a，2005b，2006，2007a，2007b，2009a）、《康特组姆系统功能语言学指南》（Halliday & Webster，2009）、《韩茹凯文集》（两卷本）（Hasan，2005a，2005b）、《语言的动态语篇：功能视角》（Hasan et al.，2005）、《分析学术写作：语境化框架》（Ravelli & Ellis，2005）、《韩礼德论文精选》（Webster，2009）。

这一阶段国内有关功能语篇分析的研究成果虽不如国外丰富，但相对 20 世纪来说，还是有相当大的拓展。专著成果有《功能主义纵横谈》(胡壮麟，2000a)、《系统功能语言学概论》(胡壮麟等，2005)、《语篇分析理论与实践：广告语篇研究》(黄国文，2001b)、《翻译研究的语言学探索》(黄国文，2006)、《功能语篇分析》(黄国文、葛达西，2006)、《文化语境与语篇》(李国庆，2006)、《功能语法教程》(李美霞，2006)、《修辞结构成分与语篇结构类型》(李胜梅，2006)、《语法隐喻的功能——认知文体学研究》(刘承宇，2008)、《英汉语篇语用学研究》(苗兴伟、秦洪武，2010)、英汉语篇综合对比(彭宣维，2000)、《包装名词与语篇信息包装》(唐青叶，2006)、《语篇语言学》(唐青叶，2009)、《功能语境与专门用途英语语篇翻译研究》(谢建平，2008)、《系统功能语言学视角下的互文性》(杨增成，2012)、《语篇体裁分析：学术论文摘要的符号学意义》(于晖，2003)、《语言的功能与文体》(张德禄，2005)、《语篇分析学》(张应林，2006)、《语境动态研究》(朱永生，2005)等。

　　这一时期国内有关功能语篇分析研究的论文集主要来源有两种：一种是全国功能语言学研讨会、全国语篇分析研讨会和一些功能语言学相关的学术活动出版的论文集，如《功能语言学与语篇分析新论》(常晨光等，2008)、《语言·语言功能·语言教学》(黄国文，2002b)、《功能语言学的理论与应用》(黄国文等，2005)、《功能语言学与适用语言学》(黄国文等，2006)、《功能语言学与语篇分析研究(第一辑)》(黄国文，2009b)、《语篇与语言功能》(黄国文、王宗炎，2002)、《语法与语篇》(Ren et al.，2001)、《功能语言学与翻译研究》(王东风，2002)、《语言·功能·认知》(杨忠、张绍杰，2003)、《系统·功能·评价》(张克定等，2007)、《世纪之交论功能》(朱永生，2002)。

　　另一种是自2009年起由中山大学功能语言学研究所编辑出版的《功能语言学年度评论》，每年一册，由黄国文和常晨光任主编。据常晨光(2018)，《功能语言学年度评论》的面世，正是出于韩礼德先生有关中国应该将自己的研究向国外同行介绍出去的建议。尽管国内同行也不时有成果在国际期刊发表，但真正系统介绍中国的系统功能语言学和语篇分析的研究不多，《功能语言学年度评论》可以说是沟通国内外系统功能语言学和语篇分析研究的很好的学术交流平台。尤其值得提醒的是，北京大学出版社引进了《韩礼德文集》(十卷本)，每卷均由国内知名学者撰写导读，进一步丰富了国内功能语篇分析研究方面的成果。该十卷本由彭宣维组织国内学者翻译，由北京大学出版社于2015年韩礼德先生最后一次中国之行前出了全译本，对汉语界的语篇分析有极大的参考价值。

3.3.3 研究方法和工具的创新使用

功能语篇分析必然涉及语料的收集、分析以及数据统计等，这也就涉及研究方法和研究工具的问题。随着计算机技术的发展，语料的收集、分析以及数据统计越来越倾向于借助软件来实现。这一趋势或转变在学界已基本达成共识。比如，在第32届国际系统功能语法大会召开前，大会举办了为期一周的讲习班，而此次讲习班的内容就是麦蒂森对学员进行系统功能语法相关的软件使用培训（乐明，2006）。

就语料收集的方法来看，一般采取手工方式专注于某一单篇语料。尽管这一方法可以达到对所选语篇的精细化研究，但对大样本语篇以及基于大样本研究以揭示语篇的普遍性特征方面存在先天不足。随着计算机技术的发展，越来越多的学者借用语料库收集大样本的语篇，以弥补这一不足。比如，盖尔兹（Gales，2009）以语料库工具探讨移民法语言，并聚焦"多样性"（diversity）一词，同时探讨移民法生成的政治语境。杨信彰（2006）通过小型语料库方法，对不同类型语篇中的名词化结构的分布进行探讨，指出语体与名词化程度成正相关关系，但如果片面追求名词化结构以使语言简明，往往会歪曲甚至省略一些十分重要的信息，因此使用名词化结构需要考虑语篇的功能变体。

就语料的分析处理来看，奥唐纳（O'Donnell）开发的软件UAM CorpusTool可同时用于语料的分析和统计，大大减少了语料分析和统计方面的工作量。另外，对于多模态语篇的分析，鲍德里（A. Baldry）、蒂博、奥汉洛兰开发了多模态语料库管理平台，并在第32届国际系统功能语法大会的专题讨论会上，向与会学者就有关电视汽车广告媒体库、知名大学网页媒体库进行标注和检索方面的展示（乐明，2006）。相对而言，国内学者在用于功能语篇分析的软件开发方面，仍是一片空白。方琰(2010)曾在评述第 36 届国际系统功能语言学大会时不无遗憾地感叹道，在语言研究软件的开发方面，我们不仅远远落后于悉尼学派、加的夫学派、德国和美国西海岸学者，还被新加坡由奥汉洛兰牵头的软件开发团队抛在了后面。这一现实情况让我们不得不思考语篇分析研究的人才培养问题。语篇分析研究的人才培养，特别是硕博士培养，应该鼓励具有计算机科学背景的学生加入，否则，目前国内软件开发严重滞后的这一现状还将持续下去。

3.3.4 学术活动日渐丰富

如 3.2.4 小节所述，2000—2009 年，国内外系统功能语言学领域共举办了 19 场大型学术会议，其中，国际功能语言学大会十场，国内的全国功能语言学研讨会和全国语篇分析研讨会共计九场。尽管会议主题每年都在改变，但均涉及语篇分析的研究。比如，第 27 届国际系统功能语言学大会上，新加坡国立大学奥汉洛兰对数学文本的研究、意大利学者鲍德里等人对影像材料的分析、马爱德（E. McDonald）对音乐调性（tonality）的研究（马爱德、高一虹，2001）。第 32 届国际系统功能语言学大会的主题是"希望的话语：和平、和解、学习、改变"（Discourses of Hope: Peace-Reconciliation-Learning-Change），这本身就是语篇分析研究的主题。该届大会上，范勒文、马丁、麦蒂森等 9 位著名学者的大会主旨发言以及参会学者提交的 250 多篇论文均与功能语篇分析相关。比如，乔登斯（Jordens）基于语类理论探讨了医护语言培训在职业道德教育和医疗人文关怀中的作用；方琰和刘世生在系统功能语言学理论框架下，通过对《论语》进行语篇分析，阐明了儒家思想对构建和谐世界的现实意义（乐明，2006）。据国际系统功能语言学大会官网上的会议纪要，在清华大学召开的第 36 届国际系统功能语言学大会，共有 64 名国内外知名学者参会，其中包括韩礼德、鲍彻（W. Bowcher）、常晨光、方琰、福赛特（R. Fawcett）、韩茹凯、胡德（S. Hood）、黄国文、马丁、彭宣维、汤普森（G. Thompson）、于晖等。同时，此次会议有关语篇分析的论文占了会议论文的一半。其中，许多学

第 3 章　21 世纪初功能语篇分析研究概述

者通过分析不同语类的语篇，考察了投射、语境、衔接、主位、时态等语篇理论问题（方琰，2010）。比如，麦蒂森在题为《适用语篇分析——系统功能语言学在语篇分析中的应用潜力》的主旨报告中，首次提出"适用语篇分析"概念，并将其纳入语篇分析的整体框架下，探讨其与批评话语分析、积极话语分析、专业语篇分析、会话分析和多模态语篇分析等各类语篇分析的关系，进而对其特征、应用和挑战进行解析，以确立适用语篇分析研究的学术价值。汤普森在题为《标识语篇行为：跨语域的人际投射》的主旨报告中，分析了诸如"让步"或"陈述"等体现言语功能的次一级范畴在投射小句中的具体表现，并以学术写作和私人博客两种差异较大的语料为例，比较了这类资源的使用模式，并从语境的角度做出解释（庞玉厚等，2010）。

当然，上述学术会议主要是为系统功能语言学领域具有一定专业能力的学者搭建的学术交流平台，因而不利于没有研究基础的学生或语言爱好者加入。为此，每届国际系统功能语言学大会召开前一周都会举办讲习班，并由国际知名学者执教。国内系统功能语言学界也借鉴这一好的做法，为了培养后学，黄国文于 2001 年发起并举办了第 1 届系统功能语言学学术活动周。除第 1 届至第 3 届系统功能语言学学术活动周分别于 2001 年 12 月、2002 年 9 月、2003 年 4 月在中山大学举办外，其他几届都在国内的其他高校举办，从而将其发展为在全国具有一定影响力的学术讲坛。第 4 届于 2004 年 3 月在厦门大学举办、第 5 届于 2005 年 10 月在河南大学举办、第 6 届于 2006 年 4 月在北京师范大学举办、第 7 届于 2007 年 4 月在江西师范大学举办、第 8 届于 2008 年 3 月在北京科技大学举办、第 9 届于 2009 年 7 月在北京师范大学举办。这些活动周中的主讲教师包括国内外的知名专家，如韩礼德、程晓堂、方琰、福赛特、韩茹凯、胡壮麟、黄国文、姜望琪、李战子、刘世生、马丁、麦蒂森、彭宣维、任绍曾、田贵森、杨信彰、张德禄、朱永生等。除此之外，自 2006 年起，中山大学还发起了功能语言学与语篇分析高层论坛，旨在为国内学者了解国际系统功能语言学研究的前沿动态，并与国际系统功能语言学同行进行对话提供机会。

3.4 小结

整体来看,21世纪初功能语篇分析研究较20世纪该领域的研究而言,至少体现出四大特点:一是研究队伍的持续壮大。国内外主要形成了以马丁为代表的国外研究团队和以黄国文为代表的国内研究团队。此外,根据CiteSpace得出的高被引文献与高被引作者结果,鲍德里、巴特、胡壮麟、李战子、克瑞斯、伊德玛、莱姆基、奥汉洛兰、蒂博、范勒文、张德禄、朱永生等学者在功能语篇分析研究方面的影响力较大,并取得了不错的成绩。二是研究内容丰富,成果丰硕。这一时期的研究成果尽管仍以元功能、语类、语域研究为主,但以评价系统和多模态理论为代表的新理论为功能语篇分析注入了新的活力。期刊论文成果相对前一阶段也有较大进步:国际刊物发文23篇,国内刊物包括硕博士论文共计693篇。国际出版机构出版的专著达到120部,论文集达到55部;国内出版机构出版专著达到20部,论文集达到12部,加上北京大学出版社引进的《韩礼德文集》(十卷本)的话,多达22部。三是研究方法和工具不断创新。随着计算机技术的发展,越来越多的学者借用语料库收集大样本的语篇。同时,鲍德里、奥汉洛兰、蒂博开发了多模态语料库管理平台,极大地推动了多模态语篇分析研究的发展。与之相比,国内这方面还较滞后。四是日渐丰富的学术活动极大地扩大了系统功能语言学,乃至功能语篇分析研究的影响力。值得一提的是,国内外系统功能语言学会议召开前举行的系统功能语言学学术活动周,在培养新人、实现知识传承方面起了非常重要的作用,值得其他学科借鉴。

第 4 章
近十年功能语篇分析研究新进展

4.1 引言

经过 21 世纪初的快速发展后，功能语篇分析研究在近十年期间，无论是成果数量还是研究团队规模，理论构建还是研究实践，都有了进一步的发展。为了全面了解近十年功能语篇分析的整体研究情况，一方面基于 CiteSpace 可视化工具从期刊发文量、期刊发文分布、作者和机构情况、关键词共现频次、高被引作者和文献等角度展开探讨；另一方面，鉴于期刊发文情况无法关照这一时期的专著和论文集出版以及学术会议的举办这一事实，拟通过爬梳国际系统功能语言学官网、中国国家图书馆、国内外著名出版机构及知名大学官网，概述这一时期出版的专著、论文集等研究成果和举办的学术会议等。用于 CiteSpace 可视化工具的国外数据库和国内数据库与第 3 章相同。国外数据主要来源于 Web of Science 核心合集中的 SSCI 和 A&HCI 数据库；国内数据来源于国内最大的学术资源数据库 CNKI。由于 CNKI 数据库不提供引文数据，因此，我们从 CSSCI 数据库采集数据，以全面反映这一时期国内功能语篇分析研究的高被引文献和高被引作者情况。

4.2 近十年功能语篇分析研究概述

4.2.1 研究成果刊发情况

数据检索主要包括三个方面：一是 SSCI 和 A&HCI 两大子数据库，检索策略为：主题＝"discourse analysis"OR"text analysis"、文献类型＝"Article"AND"Review"、文献类别＝"Linguistics"、语言＝"English"、时间区间设置为"2010—2019"。为保证相关性，我们对数据进行了逐条筛选和数据去噪，剔除不相关的文献，最终得到文献 186 条。二是在 CNKI 数据库中，将时间设定为"2010—2019"，并分别使用主题词"语篇分析""话语分析""篇章分析"进行检索。对数据进行二次筛选和数据去噪后，最终得到文献记录 2 366 篇。三是在 CSSCI 数据库中，将时间设定为"2010—2019"，分别使用主题词"语篇分析""话语分析""篇章分析"进行检索，通过二次筛选和数据去噪，最终得到期刊文献记录 79 篇。

我们将 SSCI/A&HCI、CNKI 和 CSSCI 三种来源的功能语篇分析研究的相关文献按照发表时间进行统计分析，由远及近绘制折线图（见图 4-1）。统计显示，2010—2019 年，功能语篇分析研究的国际论文发表相对 2000—2009 年有了进一步增长，总体仍呈上升趋势，2016 年高达 35 篇，是前一年的 3 倍多，2019 年是峰值，高达 43 篇。功能语篇分析研究的国内论文发表也在总体上呈上升趋势。从 CNKI 的数据来看，2014 年达到峰值，高达 306 篇，随后出现小幅回落，在 2018 年又出现一个小高峰，达到 285 篇。从 CSSCI 的数据来看，功能语篇分析研究的发文量比较稳定，相对而言，2012 年、2018 年和 2019 年这三年的发文量较高，均达到 11 篇或 12 篇。然而，对比前一时期（2000—2009 年）的数据发现，2010—2019 年这一时期的 SSCI/A&HCI 和 CNKI 有关功能语篇分析研究的刊发量都有了较大增长。比如 SSCI/A&HCI 从 2016—2019 年每一年的发文量都远超前一时期十年的发文总量 23 篇，但在 CSSCI 数据库中这一时期的发文量相对前一时期而言，表现欠佳。

功能语篇分析相关研究刊发载体的统计结果在一定程度上反映了国内外学界对功能语篇分析研究的关注状况。基于 CNKI 和 WOS 中的

SSCI 以及 A&HCI 数据，借助语料库检索软件 AntConc 检索期刊发文代码（CNKI 为 JF，WOS 为 SO），对检索结果进行整理，并计算最终统计结果。

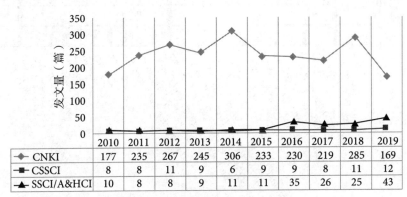

图 4-1　功能语篇分析研究历时分布（2010—2019 年）

国外期刊发文统计表明，功能语篇分析研究在 25 本语言类刊物上发文共计 120 篇（见图 4-2），其他刊物发文 66 篇。其中，《语篇和话语》(Text & Talk)、《学术用途英语》(Journal of English for Academic Purposes)、《社会符号学》(Social Semiotics)三本期刊发文最多，分别达到 23 篇、14 篇和 13 篇。从刊物名称反映的主题来看，功能语篇分析研究主要分布在语用学、应用语言学、病理语言学、语言测试、政治语篇、翻译、语料库语言学、文学、学术语篇、教学、传播学十一大领域。

国内期刊发文统计表明，功能语篇分析研究在 24 本语言类刊物上发文共计 123 篇（见图 4-3），其他刊物发文 2 243 篇。其中，发文较多的刊物为《外语学刊》《外语教学》《中国外语》，分别发文 17 篇、10 篇、10 篇。

将 2010—2019 年 Web of Science 核心合集中 SSCI 和 A&HCI 来源文献数据导入 CiteSpace 可视化软件，节点选择"被引文献"，其他参数设置与 2.2.2 小节相同。运行 CiteSpace 可视化软件，我们得到 2010—2019 年国际功能语篇分析研究的高被引文献的可视化图谱。

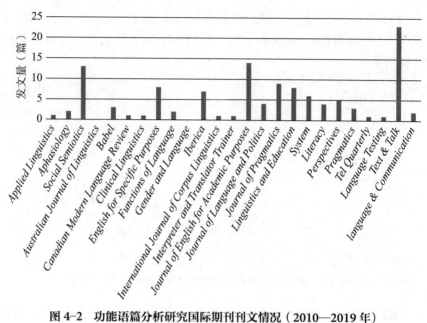

图 4-2　功能语篇分析研究国际期刊刊文情况（2010—2019 年）

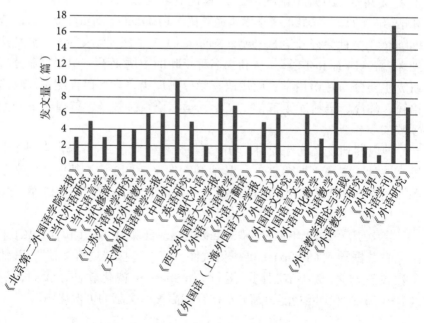

图 4-3　功能语篇分析研究国内期刊刊文情况（2010—2019 年）

第 4 章　近十年功能语篇分析研究新进展

```
                              ROSE D (2012)
                            MARTIN JW (2010)
                  FAIRCLOUGH N (2003) HALLIDAY MAK (2008)
                     LIM FV (2012)  MATTHIESSEN C (2007)
                   JEWITT C (2014)  MARTIN JR (2007)   ZAPPAVIGNA M (2008)
       QUEROL-JULIAN M (2011) HALLIDAY M (2004)    BEDNAREK M (2014)
       VALEIRAS-JURADO J (2018) MARTIN JR (2005)  OTOOLE M (2011) DAFOUZ-MILNE E (2008)
                 JURADO JV (2015)                  ZAPPAVIGNA M (2012)
                                                   CAPLE H (2018)
           LIARDET CL (2016)  HYLAND K (2009) MARTIN JR (2008)  KNIGHT N (2013)
              HYLAND K (2017)    OHALLORAN KL (2011) MARTIN JR (2008)
        HALLIDAY MAK (2014) HOOD S (2011) ZAPPAVIGNA M (2011)  COFFIN C (2012)
                LIARDET CL (2016)                 HAO J (2015) MILLER RT (2014)
     COFFIN C (2006)       KRESS GR (2010)        PAINTER C (2013)
                  NORRIS S (2011) HALLIDAY-MAK (2014)  LIU F (2018)
                   MORELL T (2015)                   CHRISTIE F (2012)
                  ZAPPAVIGNA M (2018) MACHIN D (2013) MATON K (2014)
                      MUNDAY J (2012) HOOD S (2010) MARTIN JR (2013)
                  OHALLORAN KL (2008)              MATON K (2016)
      HALLIDAY MAK (2013) MUNDAY J (2012) MARTIN J (2010) MATON K (2013)
                    SCOTT M (2008)  MATON K (2016)         MATON K (2014)
                   HUNSTON S (2008) MATON K (2016) HOOD S (2012) MATON K (2009)
                              KENDON A (2004) MATON K (2017) LIM JMH (2010)
                                              MACNAUGHT L (2013)
                                              MATRUGLIO E (2013)
```

图 4-4　国际功能语篇分析研究高被引文献可视化图谱

高被引可视化图谱中的节点圆圈代表文献被引的频次，圆圈越大，被引频次越高。为了明晰高被引文献的具体被引频次，我们通过调用文献被引的具体数据情况，筛选出被引频次为 5 次及以上的文献（详见表 4-1）。

表 4-1　国际功能语篇分析研究高被引文献

序号	作者	文献名称	文献类别	出版时间	被引频次
1	Halliday, M. A. K. & C. M. I. M. Matthiessen	*Introduction to Functional Grammar*	专著	2014	15
2	Kress, G.	*Multimodality: A Social Semiotic Approach to Contemporary Communication*	专著	2010	11
3	Martin, J. R. & P. R. R. White	*The Language of Evaluation: Appraisal in English*	专著	2005	9

（续表）

序号	作者	文献名称	文献类别	出版时间	被引频次
4	Maton, K.	*Knowledge and Knowers: Towards a Realist Sociology of Education*	专著	2014	8
5	Halliday, M. A. K. & C. M. I. M. Matthiessen	*Introduction to Functional Grammar*	专著	2004	7
6	Hood, S.	*Appraising Research: Evaluation in Academic Writing*	专著	2010	6
7	Maton, K.	*Knowledge-Building: Educational Studies in Legitimation Code Theory*	论文集	2016	6
8	Martin, J. et al.	"Historical Cosmologies: Epistemology and Axiology in Australian Secondary School History Discourse"	论文	2010	5

将 2010—2019 年 CSSCI 来源的文献数据导入 CiteSpace 可视化软件，节点选择"被引文献"，其他参数设置与 2.2.2 小节相同。运行 CiteSpace 可视化软件，我们得到 2010—2019 年国内功能语篇分析研究的高被引文献的可视化图谱。

如前所述，高被引文献可视化图谱通过节点圆圈的大小反映文献引用频次的大致情况。为了明晰图 4-5 有关高被引文献的具体数据情况，我们从 CiteSpace 可视化软件调用具体数据，筛选后得出被引频次为 5 次及以上的文献（见表 4-2）。

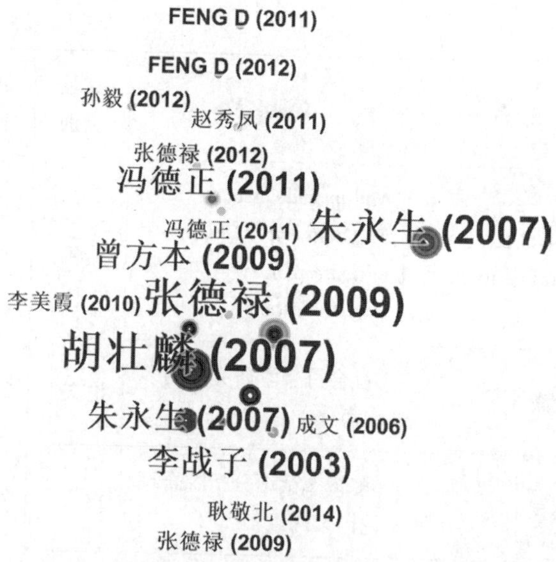

第 4 章 近十年功能语篇分析研究新进展

FENG D (2011)

FENG D (2012)

孙毅 (2012)　　赵秀凤 (2011)

张德禄 (2012)

冯德正 (2011)

冯德正 (2011) **朱永生 (2007)**

曾方本 (2009)

李美霞 (2010) **张德禄 (2009)**

胡壮麟 (2007)

朱永生 (2007)　成文 (2006)

李战子 (2003)

耿敬北 (2014)

张德禄 (2009)

图 4-5　国内功能语篇分析研究高被引文献可视化图谱

表 4-2　国内功能语篇分析研究高被引文献

序号	作者	文献名称	文献类别	出版时间	被引频次
1	Halliday, M. A. K. & C. M. I. M. Matthiessen	Introduction to Functional Grammar	专著	2004/2014	24
2	Kress, G. & T. van Leuwen	Reading Images: The Grammar of Visual Design	专著	1996	17
3	朱永生	《多模态话语分析的理论基础与研究方法》	论文	2007	12
4	Halliday, M. A. K. & R. Hasan.	Cohesion in English	专著	1976	11
5	O'Toole, M.	Language of Displayed Art	专著	1994	11

(续表)

序号	作者	文献名称	文献类别	出版时间	被引频次
6	Kress, G & T. van Leeuwen	Multimodal Discourse: The Modes and Media of Contemporary Communication	专著	2001	10
7	胡壮麟	《社会符号学研究中的多模态化》	论文	2007a	8
8	张德禄	《多模态话语分析综合理论框架探索》	论文	2009a	7
9	Martin, J. R & P. R. R. White	Language of Evaluation: Appraisal in English	专著	2005	6
10	Martin, J. R & D. Rose	Working with Discourse: Meaning beyond the Clause	专著	2003/2007	6
11	Martin, J. R.	English Text: System and Structure	专著	1992	6
12	Halliday, M. A. K.	Language as Social Semiotic: The Social Interpretation of Language and Meaning	专著	1978	6
13	Halliday, M. A. K. & R. Hasan	Language, Context and Text: Aspects of Language as a Socio-semantic Perspective.	专著	1985/1989	5
14	Martin, J. R. & D. Rose	Genre Relations: Mapping Culture	专著	2005	5

第4章 近十年功能语篇分析研究新进展

（续表）

序号	作者	文献名称	文献类别	出版时间	被引频次
15	T. van Leeuwen & C. Jewitt	Handbook of Visual Analysis	论文集	2001	5

4.2.2 成果作者、机构及高被引情况

将2010—2019年SSCI和A&HCI来源的文献数据导入CiteSpace可视化软件，节点选择"作者和研究机构"，"阈值"为1，参数的其他设置与2.2.2小节相同。运行软件，我们得到2010—2019年国际功能语篇分析研究作者、机构、国家或地区的网络图谱。

如前所述，网络图谱的节点大小表示频次的高低，即节点圈最大的发文量最高。图4-6从发文国家或地区、发文机构和发文作者三个维度勾画了这一时期功能语篇分析研究的国际发表情况。

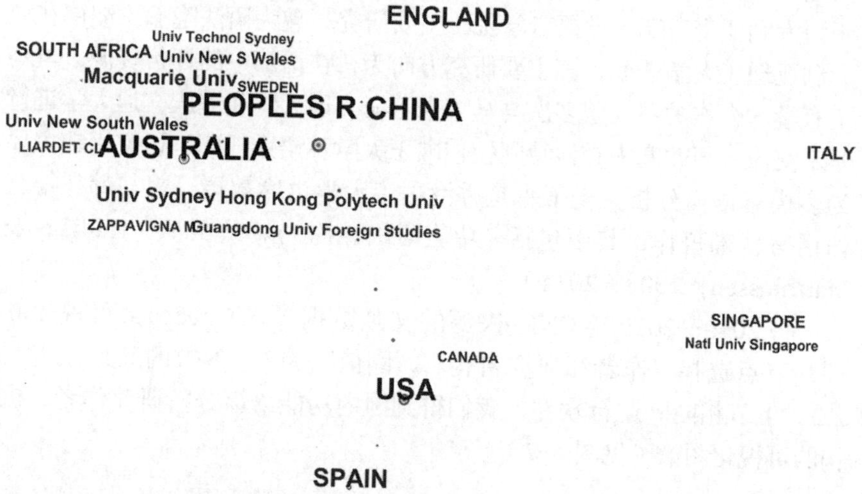

ENGLAND
SOUTH AFRICA Univ Technol Sydney
　　　　　　 Univ New S Wales
　Macquarie Univ SWEDEN
　　　　　　PEOPLES R CHINA
Univ New South Wales
LIARDET C AUSTRALIA　　　　　　　　　　　　　　ITALY
　　　Univ Sydney Hong Kong Polytech Univ
　　ZAPPAVIGNA M Guangdong Univ Foreign Studies

　　　　　　　　　　　　　　　　　　　　SINGAPORE
　　　　　　　　　　　　　　　　　　　　Natl Univ Singapore
　　　　　　　　　　　CANADA
　　　　　　　　　　　USA

　　　　　　　　SPAIN

图4-6　国际功能语篇分析研究作者、机构、国家或地区可视化图谱

从发文国家这一宏观维度来看，排名靠前的国家分别是澳大利亚、中国、美国、英国、西班牙、南非、意大利、新加坡。这些国家发文最少为 5 篇，而澳大利亚和中国则分别达到 38 篇和 37 篇。值得注意的是，中国发文的中介中心度值最高，达到 0.48，比排名第二的澳大利亚还高出 0.05。这充分说明中国学者在国际发表和影响力方面较前一时期都有了明显提高。

从发文机构来看，传统的功能语篇分析研究重镇依然表现不俗。比如，澳大利亚麦考瑞大学、澳大利亚悉尼大学、澳大利亚新南威尔士大学（The University of New South Wales）分别发文 10 篇、9 篇和 6 篇。中国香港理工大学、广东外语外贸大学也很抢眼，分别发文 7 篇和 5 篇。中国内地其他高校，如厦门大学、上海交通大学、复旦大学，中山大学也有发文。

从发文作者来看，这一阶段较 2000—2009 年在数量上和群体上都有很大改变。发文在 3 篇及以上的作者有：阿尤塞夫（H. S. Alyousef）、利亚尔特（C. L. Liardet）、胡德、麦蒂森、扎帕维格纳（M. Zappavigna）。其中，扎帕维格纳发文 4 篇。他就职于澳大利亚新南威尔士大学艺术和传媒学院，研究兴趣主要为多模态角度下的新媒体语言研究，并曾多次与悉尼大学著名语言学家马丁合作发文。利亚尔特就职于澳大利亚麦考瑞大学语言学院，主要研究兴趣为语法隐喻。胡德在澳大利亚理工大学任职，其主要研究方向为科技语篇中的评价资源，与马丁有学术合作关系，曾多次与马丁来上海交通大学和重庆交通大学进行学术交流。阿尤塞夫在沙特阿拉伯国王大学英语系任职，研究兴趣主要为多模态语篇分析。麦蒂森是香港理工大学讲席教授，曾与韩礼德合作撰写多部著作，其中包括《功能语法导论》第 3、4 版（Halliday & Matthiessen，2004，2014）。

将 2010—2019 年 CNKI 来源的文献数据导入 CiteSpace 可视化软件，节点选择"作者和研究机构"，"阈值"为 1，参数的其他设置与 2.2.2 小节相同。运行软件，我们得到国内功能语篇分析研究作者、机构的可视化图谱（见图 4-7）。

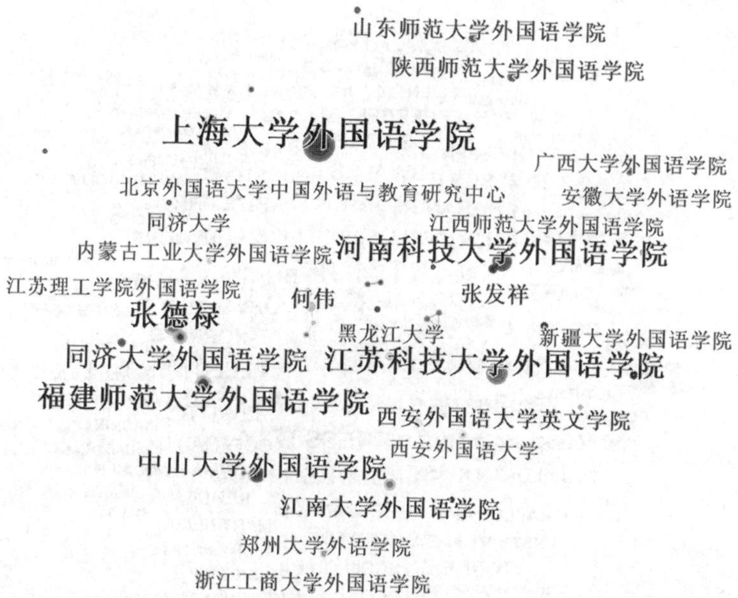

第4章 近十年功能语篇分析研究新进展

山东师范大学外国语学院
陕西师范大学外国语学院
上海大学外国语学院
广西大学外国语学院
北京外国语大学中国外语与教育研究中心　安徽大学外国语学院
同济大学　　江西师范大学外国语学院
内蒙古工业大学外国语学院　河南科技大学外国语学院
江苏理工学院外国语学院　何伟　张发祥
张德禄
黑龙江大学　新疆大学外国语学院
同济大学外国语学院　江苏科技大学外国语学院
福建师范大学外国语学院　西安外国语大学英文学院
西安外国语大学
中山大学外国语学院
江南大学外国语学院
郑州大学外语学院
浙江工商大学外国语学院

图 4-7　国内功能语篇分析研究作者、机构、国家或地区可视化图谱

图4-7从发文作者和发文机构两个维度，勾画了这一时期功能语篇分析研究的国内发表情况。就研究者而言，张德禄发文13篇，在所有研究者中发文量最多；其次是何伟，发文6篇。发文在4篇及以上的学者有：陈子娟、耿敬北、管乐、黄国文、姜望琪、刘悦明、孙毅、张发祥。

就研究机构来看，上海大学、江苏科技大学、河南科技大学、福建师范大学、中山大学、同济大学、江南大学、山东师范大学、陕西师范大学、西安外国语大学等机构发文最多。其中，上海大学发文量最高，多达20篇。

我们将2010—2019年SSCI和A&HCI来源的文献数据导入CiteSpace可视化软件，节点选择"被引作者"，"阈值"为1，参数的其他设置与2.2.2小节相同。运行软件，我们得到2010—2019年国际功能语篇分析研究高被引作者的可视化网络图谱。

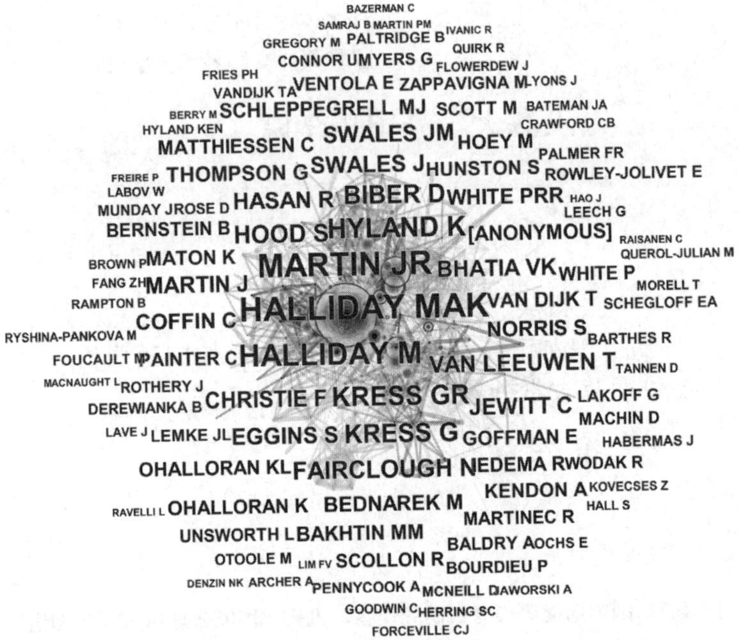

图 4-8　国际功能语篇分析研究高被引作者可视化图谱

如前所述，可视化图谱中节点圆圈大小反映了频次的高低，但无法反映具体的数据信息。因此，我们通过调用 CiteSpace 可视化软件中的具体数据，以明晰图 4-8 有关高被引作者的具体数据情况，并筛选出被引频次为 20 次及以上的文献（见表 4-3）。

表 4-3　国际功能语篇分析研究高被引作者

序号	作者	被引频次
1	Halliday, M. A. K.	158
2	Martin, J. R.	103
3	Kress, G.	67
4	Hyland, K.	43
5	Biber, D.	29

第 4 章　近十年功能语篇分析研究新进展

（续表）

序号	作者	被引频次
6	Hood, S.	26
7	O'Halloran, K. L.	25
8	Fairclough, N.	25
9	Hasan, R.	21

同样，为了获取 2010—2019 年国内功能语篇分析研究高被引作者的情况，将 2010—2019 年 CSSCI 来源的文献数据导入 CiteSpace 可视化软件，节点选择"被引作者"，"阈值"为 1，参数的其他设置与 2.2.2 小节相同。运行软件，我们得到 2010—2019 年国内功能语篇分析研究高被引作者的可视化网络图谱。

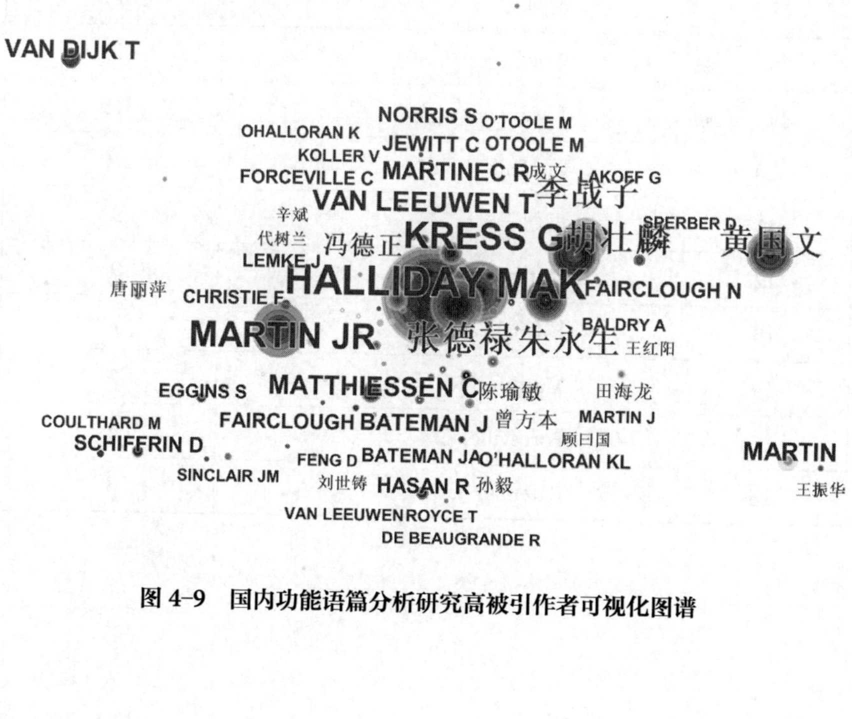

图 4-9　国内功能语篇分析研究高被引作者可视化图谱

尽管可视化图谱具有直观、生动的可视化效果,但无法反映高被引作者的具体频次,因此,我们通过调用 CiteSpace 可视化软件中有关高被引作者的具体数据,筛选出被引频次为 5 次及以上的被引作者(见表 4-4)。

表 4-4 国内功能语篇分析研究高被引作者

序号	作者	被引频次
1	Halliday, M. A. K.	40
2	Martin, J. R.	29
3	Kress, G.	24
4	张德禄	21
5	胡壮麟	21
6	李战子	19
7	黄国文	19
8	朱永生	18
9	T. van Leeuwen	15
10	van Dijk, T.	10
11	冯德正	9
12	Matthiessen, C. M. I. M.	9
13	杨信彰	7
14	Martinec, R.	7
15	Forceville, C.	6
16	Bateman, J.	6

4.2.3 研究主题

将 2010—2019 年 SSCI 和 A&HCI 来源的文献数据导入 CiteSpace 可视化软件，节点选择"关键词"，"阈值"为 2，参数的其他设置与 2.2.2 小节相同。运行软件，我们得到 2010—2019 年国际功能语篇分析研究的关键词分布的可视化网络图谱。

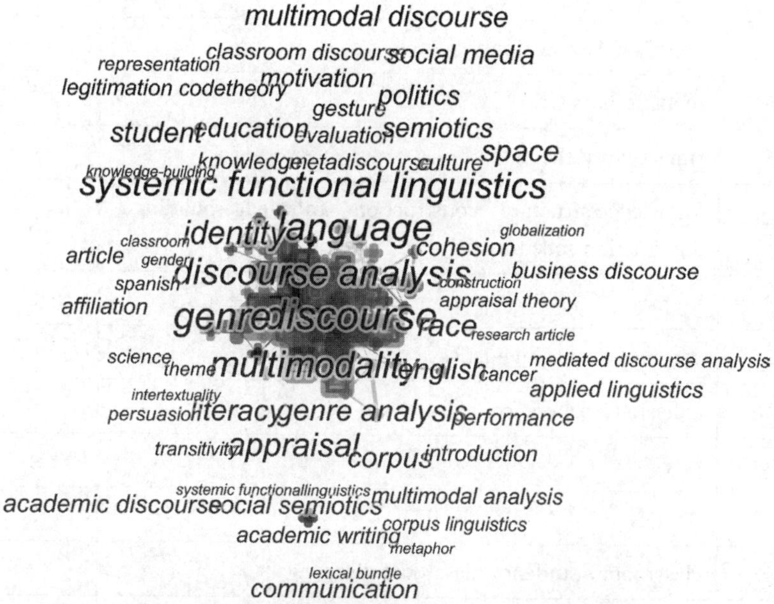

图 4-10　国际功能语篇分析的关键词可视化图谱

调用 CiteSpace 导出关键词共现频次和中介中心度数据表，可以明晰图谱内关键词的共现频次和中介中心度。同时，将泛指性术语如"系统功能语法"（systemic functional grammar）、"语篇分析"（discourse analysis）、"语篇"（discourse）删掉，对一些同指性术语进行合并处理，最后得到国外功能语篇分析研究文献的关键词频次最高的 20 个关键词和中介中心度排名前八的关键词（见表 4-5 和表 4-6），以准确把握国外功能语篇分析这一时期的研究热点。

表 4-5 国际功能语篇分析研究的关键词共现频次（2010—2019 年）

序号	关键词	共现频次
1	multimodality / multimodal discourse analysis / representation / multimodal analysis	32
2	genre / genre analysis	19
3	identity	10
4	appraisal / evaluation	10
5	metadiscourse	9
6	transitivity / theme	8
7	knowledge structure / construction / knowledge-building / legitimation code theory	8
8	literacy	6
9	corpus / corpus linguistics	6
10	cohesion / coherence	6
11	race	4
12	politics	3
13	classroom / student / classroom discourse	2
14	academic writing / academic discourse / research article	2
15	business discourse	2
16	mediated discourse analysis	2
17	affiliation	2
18	grammatical metaphor	2

表 4-5 显示，共现频次最高的五个关键词依次是：多模态话语分析（multimodality）、体裁或体裁分析（genre / genre analysis）、身份或身份构建（identity）、评价（appraisal/evaluation）、元话语

第 4 章　近十年功能语篇分析研究新进展

（metadiscourse）。这充分说明，这些关键词是这一阶段国外功能语篇分析研究的热点话题。

表 4-6 显示，中介中心度在 0.2 以上的关键词依次为：体裁或体裁分析（genre / genre analysis）、多模态话语分析（multimodality）、语料库或语料库语言学（corpus / corpus linguistics），以及身份或身份构建（identity）。

表 4-6　国际功能语篇分析研究的关键词中介中心度

序号	共现关键词	中介中心度值
1	genre / genre analysis	0.75
2	multimodality / multimodal discourse analysis / representation / multimodal analysis	0.58
3	corpus / corpus linguistics	0.29
4	identity	0.21
5	classroom / student / classroom discourse	0.19

对比表 4-5 和表 4-6 可以发现，体裁或体裁分析（genre / genre analysis）、多模态话语分析（multimodality），以及身份或身份构建（identity）属于共现频次和中介中心度均高的双高现象。这充分表明，相对其他关键词而言，上述关键词更应是这一时期国外功能语篇分析研究的热点话题。

相对前一时期而言，这一时期的国外功能语篇分析研究体现出两大特点：一是研究热点较前一时期相比既有保持也有摒弃。比如，多模态语篇分析和体裁分析仍是这一时期的研究热点，共现频次分别达到 32 次和 19 次，约占全部研究热点共现频次的 50%，中介中心度值分别为 0.75 和 0.58。一些话题如政治语篇、教材语篇等不再是热点话题。政治语篇不再是热点话题，可能与批评话语分析研究的兴起有关。批评话语分析旨在揭示语言背后的权力和意识形态关系，而这正与政治语篇相关。同时，教材语篇的研究正在被课堂语篇这种在线的、动态性的语篇形式所替代，特别是多模态研究范式对课堂语篇的研究提供了极大的便利，如胡德（Hood，2017）、利扎玛（Lizama，2017a，2017b）、玛特拉格利欧和韦尔（Matruglio & Vale，2019）、斯莱特和巴特勒（Slater & Butler，2015），详见第 7 章。

二是前一时期的一些研究热点的关注度更高，且产生了新的研究热点。这一时期"语料库"或"语料库语言学"这一关键词的共现频次是前一时期的三倍，中介中心度值达到 0.29。身份构建是这一时期国外功能语篇分析研究的全新话题，共现频次达 10 次，且中介中心度达到 0.21。身份构建研究不仅可通过语篇分析揭示社会个体和群体的身份认同问题，而且还可用于跨文化研究透射不同文化价值观，参见玛福福和班达（Mafofo & Banda，2014）、杨雪燕（Yang，2017）。

将 2010—2019 年 CNKI 来源的文献数据导入 CiteSpace 可视化软件，节点选择"关键词"，"阈值"为 2，参数的其他设置与 2.2.2 小节相同。运行软件，我们得到 2010—2019 年国内功能语篇分析研究的关键词分布的可视化图谱。

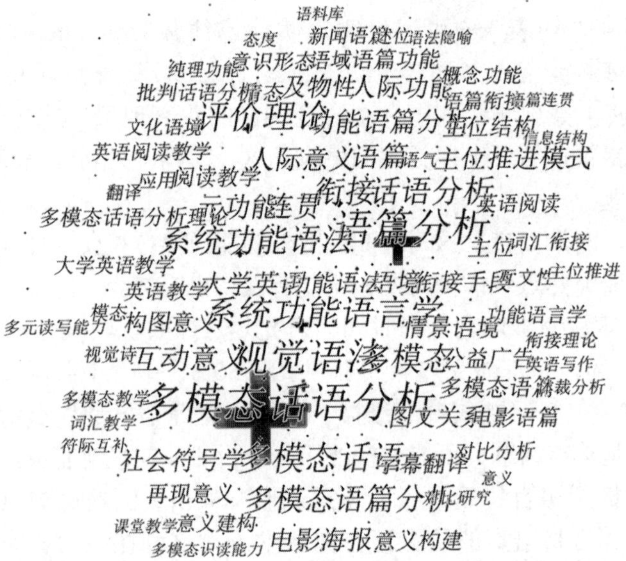

图 4-11　国内功能语篇分析的关键词可视化图谱

第 4 章 近十年功能语篇分析研究新进展

由于可视化图谱节点大小大致体现了关键词共现频次的情况，我们通过调用 CiteSpace 导出关键词共现频次和中介中心度数据表，明晰图谱内关键词的共现频次和中介中心度。同时，为了准确把握国内功能语篇分析研究这一时期的关键词热点分布情况，我们将泛指性术语如"系统功能语法""语篇分析"删掉，并对一些同指性术语进行合并处理，最后筛选出国内功能语篇分析研究文献中频次为 5 及以上的关键词和中介中心度值在 0.1 及以上的关键词（见表 4-7 和表 4-8）。

表 4-7　国内功能语篇分析研究的关键词共现频次

序号	共现关键词	共现频次
1	多模态话语分析/多模态话语/视觉语法/多模态语篇分析/互动意义/图文关系/构图意义/再现意义	1752
2	元功能/人际意义/主位/主位推进模式/及物性/信息结构/人际功能/概念功能/语篇功能	479
3	衔接/连贯/衔接手段/语篇衔接/词汇衔接	288
4	评价理论/态度资源/级差/介入	180
5	字幕翻译/电影语篇/电影海报	109
6	大学英语/大学英语教学	69
7	阅读教学/英语阅读/英语阅读教学	50
8	社会符号学	44
9	对比分析/对比研究	30
10	语域/语域理论	29
11	公益广告	29
12	文化语境/体裁分析	27
13	意识形态	22
14	多元读写能力/多模态识别能力	21
15	新闻语篇	17

（续表）

序号	共现关键词	频次
16	翻译	13
17	视觉诗	13
18	英语写作	12
19	词汇教学	12
20	课堂教学	11
21	语法隐喻	10
22	语料库	10
23	新闻报道	8
24	功能文体学	5

表4-7表明，共现频次最高的十个关键词依次是：多模态、元功能、衔接或连贯、评价系统、电影语篇、英语教学、英语阅读、社会符号学、对比分析、语域分析。上述关键词的共现频次均在20次以上，这充分说明这些关键词是这一阶段国内功能语篇分析研究的热点话题。

表4-8 国内功能语篇分析研究的关键词中介中心度

序号	共现关键词	中介中心度值
1	情态/语篇意义/元功能/主位推进模式/概念功能	1.7
2	多模态语篇/符际互补/图文关系	1.51
3	词汇衔接/语篇衔接	0.95
4	翻译/翻译策略	0.73
5	阅读教学/英语阅读	0.71
6	评价理论	0.4
7	新媒体	0.35

第 4 章　近十年功能语篇分析研究新进展

（续表）

序号	共现关键词	中介中心度值
8	电影语篇/字幕翻译	0.31
9	多模态识读能力	0.3
10	一带一路	0.3
11	情景语境/语域	0.27
12	《红楼梦》	0.24
13	意识形态	0.15
14	英语写作教学	0.12
15	社会符号学	0.11
16	多模态教学	0.11
17	就职演说	0.1

表 4-8 显示，中介中心度在 0.5 以上的关键词依次为：元功能、多模态、衔接与连贯、翻译、阅读。正如前文所言，中介中心度高的关键词并不一定就是共现频次高的关键词。对比表 4-7 和表 4-8 可以发现，元功能、多模态、衔接与连贯、阅读教学四类关键词的共现频次和中介中心度属于双高现象，这表明这些关键词相对其他关键词而言，更应是这一时期国内功能语篇分析研究的热点话题。

相对前一时期而言，这一时期的国内功能语篇分析研究体现出两大特点：一是语篇分析的适用性愈发明显，主要表现在教学语篇的分析上。这一时期发表的有关教学的语篇分析成果高达 119 篇，约为前一时期 80 篇的 1.5 倍。关于教学语篇的主题涵盖了教学的诸多方面，如英语教学、大学英语、阅读教学、英语阅读、多模态教学、英语写作、词汇教学。值得一提的是，随着多模态语篇分析研究的深入，多模态或多元识读能力的培养成为功能语篇分析的新的学术增长点。

二是语篇分析的类型较前一时期更为丰富。前一时期语篇类型主要集中在教学语篇、商务语篇、政治语篇、广告语篇这四类。这一时期除了上述语篇类型外，还出现了电影海报/电影语篇、新闻语篇、视觉诗、字幕等多种语篇类型。功能语篇分析应用于多种语篇类型，一方面反映了功能语篇分析理论的强大适用性，另一方面突出了国内功能语篇分析研究的进一步深入。

4.2.4 学术会议

除依托传统意义上的大型会议外，功能语篇分析研究成果的交流还呈现出以一些研究中心承办的小型研讨会议的新的态势。2010—2019年，国际系统功能语言学大会共举办十次：第 37 届于 2010 年在加拿大英属哥伦比亚大学（University of British Coumbia）召开（G. Williams 为组织者），第 38 届于 2011 年在葡萄牙里斯本大学（University of Lisbon）召开（C. Gouveia 为组织者），第 39 届于 2012 年在澳大利亚悉尼科技大学（University of Technology Sydney）召开（S. Hood 为组织者），第 40 届于 2013 年在中国中山大学（Sun Yat Sen University）召开（黄国文和常晨光为组织者），第 41 届于 2014 年在阿根廷库约国立大学（National University of Cuyo）召开（C. Boccia et al. 为组织者），第 42 届于 2015 年在德国亚琛工业大学（Aachen University）召开（S. Neumann et al. 为组织者），第 43 届于 2016 年在印度尼西亚教育大学（Indonesia University of Education）召开（E. Emila 为组织者），第 44 届于 2017 年在澳大利亚卧龙岗大学（University of Wollongong）召开（P. Jones 为组织者），第 45 届于 2018 年在美国波士顿学院（Boston College）召开（M. Brisk 为组织者），第 46 届于 2019 年在智利圣地亚哥天主教大学（Pontifical Catholic University of Santiago）召开（T. Oteiza 为组织者）。

值得注意的是，第 40 届国际系统功能语言学大会于 2013 年在我国中山大学举行，会议主题是"拓宽研究路径：语言与语言学中的互补"（Broadening the Path: Complementarities in Language and Linguistics）。本次大会与其他各届大会一样，无论在大会主旨发言还是小组发言，均涉及功能语篇分析方面的研究。比如，卫道真在题为《尼克松就职演说和辞职

第4章 近十年功能语篇分析研究新进展

演说的语篇分析》的主旨发言中，运用修辞结构理论探讨了美国前总统尼克松的三次演讲语篇的结构和组织情况。科隆比（C. Colombi）作的主旨发言题目为《多语种的加利福尼亚：媒体中的西班牙语》。该报告基于评价系统和多模态社会符号学分析框架，主要聚焦广告语篇中的语言接触和文化接触现象。国内学者张德禄在题为《多模态话语分析中的词汇语法和语篇》的主旨发言中，主要探讨了是否可以在语言以外的符号系统建立语法等多模态话语研究的理论问题。王振华和马玉蕾作了题为《一个主题、三种模态：音乐、歌词和舞蹈的耦合》的报告，对融音乐、歌词和舞蹈三种模态为一体的乐之舞，结合糅合理论（hybridization）进行了多模态话语分析（陈瑜敏、严小庆，2014）。

中国作为系统功能语言学的重镇之一，2010—2019年的学术活动非常丰富。全国功能语言学研讨会、全国语篇分析研讨会、中国系统功能语言学学术活动周三大传统学术活动开展得有声有色，活动形式多样、异彩纷呈。其中，中国功能语言学研讨会共举办五届。第12届全国功能语言学研讨会于2011年11月6日至9日在南京师范大学举办。澳大利亚悉尼大学的马丁、南京师范大学辛斌、同济大学张德禄、复旦大学朱永生等来自世界各地的系统功能语言学专家带来了共十六场精彩纷呈的学术讲座。第13届全国系统功能语言学研讨会于2013年7月15日至19日与第40届国际系统功能语言学大会在中山大学合并举办，大会主题发言人包括鲍彻、福赛特、韩茹凯、何伟、科隆比、拉波拉（R. J. Lapolla）、麦蒂森、斯坦纳（E. Steiner）、汤普森、卫道真、杨雪燕等国际国内著名学者。第14届全国功能语言学研讨会于2015年4月23日至26日在北京师范大学举行。会议期间举行了"韩礼德—韩茹凯语言及其他意义系统科学国际基金"（The Halliday-Hasan International Fund for the Science of Language and Other Systems of Meaning）成立仪式。大会主题发言人包括韩礼德、巴特、伯恩斯（H. Byrnes）、福赛特、方丹（L. Fontaine）、韩茹凯、胡壮麟、黄国文、科隆比、马丁、麦蒂森、斯格尔伯格（M. Schleppegrell）、塔克（E. Teich）、汤普森、斯坦纳、卫道真、威廉姆斯（G. Williams）、杨信彰、张德禄、朱永生。第15届全国功能语言学研讨会于2017年6月28日至7月2日在贵州师范大学举行。大会特邀了常晨光、胡春雨、刘承宇、刘毅、彭宣维、王振华、文旭、杨炳钧、杨信彰、于晖、曾蕾、张德禄12位专家作主旨报告。第16届功能语言学研讨会于2019年10月25日至27日在重庆西南大学举行。大会邀请了刘承宇、刘毅、曲英梅、王品、王勇、王振华、杨信彰、杨延宁、于晖、袁传有、张德禄11位专家作主旨报告。全国语篇分析研讨会在2010—2019年共举办了五届，即第12届至第16届，主办方分别为同济大学（2010年11月12日至14日）、内蒙古大学（2012年6月15日至19日）、长安大学（2014年9月19日至21日）、宁波大学（2016年10月28日至30日）、华东师范大学（2018年11月17日至18日）。其中，第16届会议的主题是：新时代背景下的语篇与话语分析。这一主题下设了一个讨论专题，即新时代背景下的话语与语篇分析暨韩礼德研究专题，突出了功能语言学的适用性和时代性特点。

中国系统功能语言学学术活动周在2010—2019年共举办了十届，即第10届到第19届。主办方分别为：华中师范大学和武汉工程大学（2010年4月6日至11日）、南京师范大学（2011年11月6日至9日）、国防科技大学（2012年）、中山大学（2013年7月8日至13日）、西南大学（11月17日至21日）、山东大学和山东师范大学（2015年12月18日至23日）、成都理工大学（2016年11月2日至6日）、华东师范大学（2017年11月11日至12日）、黑龙江大学（2018年8月29日至9月2日）、信息工程大学洛阳外国语学院（2019年3月29日至4月1日）。上述活动周的主办方多次邀请国内外知名专家作为主讲教师，为国内青年学者讲授功能语言学及功能语篇分析的前沿动态。

除了上述主要的学术会议外，由国内知名学者黄国文发起的功能语言学与语篇分析高层论坛，以及其他依托学校研究机构发起的会议，也对传播与交流学术思想，扩大功能语篇分析研究的学科影响起到了重要作用。2010年至2019年近十年间，功能语言学与语篇分析高层论坛就举办了共计22届，即第6届至第27届。其他依托研究机构发起的会议也在学术界日渐产生重要影响。比如，以王振华领衔的上海交通大学马丁适用语言学中心，除每年定期举办以功能语法、语篇语义和多模态语义为主题的三期培训班外，还经常不定期组织不同主题的功能语言学相关的学术会议。

4.3　近十年功能语篇分析研究的新进展

与 20 世纪初相比，近十年功能语篇分析研究，无论是从研究主题，还是从研究团队、人员队伍、学术平台的搭建以及新成果的涌现方面，都取得了长足进步，并主要表现为以下方面。

4.3.1　成果发表数量和质量均有所提高

综合对比 21 世纪初国内外功能语篇分析研究的成果产出情况，近十年功能语篇分析研究无论在发文的数量和质量，还是成果在发表期刊的分布均有所提升。

就国外功能语篇分析研究的成果发表来看，2000 年至 2009 年间共计发表 23 篇，而 2010 年至 2019 年间共计发表 186 篇，是前一阶段的约 9 倍之多。从期刊分布来看，2000 年至 2009 年间功能语篇分析研究的成果发表主要分布在《语用学》(*Pragmatics*)等 20 本语言类学术期刊，而 2010 年至 2019 年间的成果发表主要分布在《语篇与话语》(*Text & Talk*)等 25 本期刊，涵盖语用学、应用语言学、病理语言学、语言测试、政治语篇、翻译、语料库语言学、文学、学术语篇、教学、传播学等领域。期刊发表范围的扩大一方面体现了功能语篇分析研究的影响力进一步扩大；另一方面证实了功能语篇分析研究的强大适用性。

与之相比，国内在功能语篇分析研究的成果数量方面前后两个时期的差异更为明显。就 CNKI 的数据来看，2000 年至 2009 年共计发表 693 篇，而 2010 年至 2019 年共计发表 2 366 篇，是前一阶段的约 3 倍之多，多出 1 600 篇论文。然而，从 CSSCI 数据库的数据来看，国内功能语篇分析研究出现了一定程度的回落。2000 年至 2009 年共计发表 147 篇，而 2010 年至 2019 年共计发表 79 篇，约为前一阶段的二分之一。这种回落可能受到 CSSCI 期刊动态调整因素的影响。众所周知，外语类期刊数量较少，且每本期刊每期的刊文量也少。同时，近来由于有部分外语类刊物相继排除出 CSSCI 期刊，也会相应地导致 CSSCI 刊发功能语篇分析研究成果的减少。

除了期刊发文外，专著和论文集的新成果不断涌现，对这一时期的功能语篇分析研究也起了很大的作用。国外的专著和论文集主要聚焦于以下几方面的内容。

功能语篇分析本体研究，如《语篇分析：理论与实践》（Alba-Juez，2010）、《衔接：语篇视角》（Christiansen，2011）、《跨学科研究：功能语言学和社会学视角》（Christie & Maton，2011）、《系统功能语言学：探索选择》（Fontaine et al.，2013）、《篇章语言学：意义产生过程及原因》（Halliday & Webster，2013）、《评价的语类库路径：短语学与评价性语言》（Hunston，2010）、《对比语篇分析：功能和语料库视角》（Maite et al.，2013）、《短语分析：基于传播语言学分析语篇》（Malcolm，2010）、《英语口语语篇语法》（O'Grady，2010）、《语言中的选择：语篇分析的应用》（O'Grady et al.，2013）。

多模态研究，如《国际多模态语篇：文化和语言视角》（Bowcher，2012）、《儿童绘本的多模态分析：系统功能视角》（Moya-Guijarro，2014）、《多模态研究：议题与疆域》（O'Halloran & Bradley，2011）、《环境构建中的多模态：空间语篇分析》（Ravelli & McMurtrie，2016）、《意义的边界：多模态中的意义》（Shoshana et al.，2012）、《语篇意义生成：多模态和多语言功能视角》（Starc et al.，2015）。

知识建构和多元读写能力研究，如《识读能力与社会责任：多维视角》（Christie & Simpson，2010）、《物理语篇：通过语言、数学和图像构建知识》（Doran，2017）、《化学教科书中的知识构建：系统功能语言学视角》（Sriniwass，2010）。

学术语篇研究，如《评价研究：学术写作中的评价》（Hood，2010）、《学术写作与语类：系统分析》（Ian，2008）、《学术写作的功能语法》（Jones，2013）、《有效学术写作》（Thomson & Droga，2012）。

体裁研究，如《混合声音和协同改变：语境化的积极话语分析》（Bartlett，2012）、《系统功能语言学中的混杂：语法、语篇和语境》（Miller & Bayley，2016）、《跨学科语类：高等学校的学生写作》（Nesi & Gardner，2012）、《为写而学、为学而读：悉尼学派的语类、知识和教学法》（Rose & Martin，2012）。

新闻语篇，如《新闻语篇》（Bednarek & Caple，2012）。

第4章　近十年功能语篇分析研究新进展

电子语篇，如《虚拟电视语言：戏剧与身份》（Bednarek，2010）、《数字时代的系统功能语言学》（Gardner & Alsop，2016）、《电视电影语篇：电影和电视语言研究路径》（Piazza et al.，2011）。

医学语篇研究，如《语言障碍：医学环境下的语篇分析》（Asp & de Villiers，2010）。

课堂语篇研究，如《基于语篇的研究和教学：语言使用的社会符号学视角》（Mickan & Lopez，2017）、《外语课堂的功能语法》（Rodney & Lock，2010）、《作为过程的语篇构建：外语课堂语篇的动态分析》（Yang，2010）。

职场语篇研究，如《职场语篇》（Koester，2010）。

值得一提是，这一时期继21世纪初出版了《韩礼德文集》（十卷本）后，又出版了《21世纪的韩礼德》（Webster，2013）。同时，韩茹凯文集《语言作为系统和示例中的语境》（Webster，2016）和马丁汇编的《韩礼德访谈：语言转向自身》（Martin，2013）也在这一时期出版。另外，由国内学者方琰牵头主编的《发展中的系统功能语言学：理论与应用》（Fang & Webster，2014）一书在国际出版社埃奎诺克斯（Equinox）出版，该书收录的多篇论文涉及语篇分析。

国内这一时期在专著和论文集方面的成果也不少。专著方面有《跨学科视角的话语分析研究》（黑玉琴，2013）、《英语文体学理论与实践》（李佳，2011）、《英汉语篇语用学研究》（苗兴伟和秦洪武，2010）、《评价文体学》（彭宣维，2015）、《语篇分析入门》（辛志英，2019）、《系统功能语言学视角下的互文性》（杨增成，2012）、《语篇分析理论的发展及应用》（张德禄，2012a），等等。

与前一时期相比，这一时期出版的论文集成果非常丰富，包括以下几类：一是由黄国文、张敬源、常晨光、何伟策划的《功能语言学丛书》。该系列丛书共10册，由外语教学与研究出版社出版。其中，与功能语篇分析研究相关的论文集包括《功能语境研究》（常晨光、陈瑜敏，2011a）、《功能文体理论研究》（戴凡、吕戴蓉，2013）、《功能语言学通论》（黄国文、辛志英，2011）、《评价理论研究》（刘立华，2010）、《功能语篇分析研究》（彭漪、柴同文，2010）、《功能语言学与外语教学研究》（曾蕾、廖海青，2010）、《功能语言学与翻译研究》（张敬源，2010）。

二是上海交通大学王振华主编的《马丁文集》（八卷本）。其中，与功能语篇分析研究相关的有《系统功能语言学理论》（第一卷，彭宣维等导读）、《语篇语义研究》（第二卷，王振华等导读）、《语类研究》（第三卷，张德禄导读）、《语域研究》（第四卷，杨信彰导读）、《语篇分析》（第五卷，陈瑜敏、黄国文导读）。

三是全国功能语言学研究会和中国英汉语篇分析研究会会刊《功能语言学与语篇分析研究》陆续出版，包括第 2 辑（黄国文，2010a）、第 3 辑（黄国文，2011）、第 4 辑（黄国文，2012）、第 5 辑（黄国文，2013）、第 6 辑（黄国文，2019）。

四是黄国文组织编写的《功能语言学年度评论》，包括第 2 卷（黄国文、常晨光，2010）、第 3 卷（黄国文、常晨光，2011）、第 4 卷（黄国文、常晨光，2013）、第 5 卷（黄国文、常晨光，2014）、第 6 卷（黄国文、常晨光，2017）。另外，黄国文还组织出版了《系统功能语言学研究群言集》，包括第 1 辑（黄国文等，2010）、第 2 辑（黄国文等，2011）、第 3 辑（黄国文等，2013）。

4.3.2 研究团队和人员队伍持续壮大

图 4-1 显示，2010 年至 2019 年国内外期刊发文数据相对 21 世纪初期有了很大提高。这充分表明，功能语篇分析的研究团队和人员队伍在不断扩大。首先，以韩礼德、韩茹凯、马丁等为代表的国外前辈和以方琰、胡壮麟、黄国文、杨信彰、张德禄、朱永生等国内前辈的引领作用依然明显。一方面，这些前辈笔耕不辍，不断有新的研究成果产生。比如，张德禄几十年来致力于功能语法、语篇分析、多模态话语分析的研究并颇有建树（张淑杰、张德禄，2015），近十年来他的研究成果主要包括语篇结构的类型、层次及分析模式研究（何继红、张德禄，2016）、评价系统组篇机制研究（孙铭悦、张德禄，2015）、多模态话语分析研究（程瑞兰、张德禄，2017；冯德正等，2014；张德禄，2018；张德禄、郭恩华，2013；张德禄、袁艳艳，2011；张德禄、张时倩，2014）。

第 4 章 近十年功能语篇分析研究新进展

另一方面,他们有的还活跃在各个学术会议或讲习班。比如,马丁近年来在上海交通大学王振华发起的马丁适用语言学中心,多次对国内的博士生开办讲习班。方琰、张德禄、朱永生在第 16 届系统功能语言学学术活动周（2016 年 11 月 2 日至 6 日在成都理工大学举行）上分别为初级班学员讲解"语篇功能理论入门""人际功能理论入门""多模态理论入门"等课程,以培养后学。黄国文与何伟在外语教学与研究出版社的在线学习平台开办功能语言学讲座。

其次,在老一辈学人的引领下,以巴特利特、李战子、麦蒂森、苗兴伟、王振华、卫道真、杨雪燕等为代表的学人正成为该领域研究的中坚力量。近年来,麦蒂森在功能语言学理论框架拓展方面作了很大贡献,修订了《功能语法导论》第四版,并主张将功能语篇分析拓展为适用语篇分析,从而能让功能语篇分析真正承担起社会责任。卫道真近年来不但活跃于国内外的各种学术活动,特别是中山大学的功能语言学相关学术活动,而且还在继主编《韩礼德文集》（十卷本）后,又主编了《21 世纪的韩礼德》（Webster, 2013）。巴特利特的研究方向主要是语篇分析,笔者之一曾在英国加的夫大学访学时,就参与其课程修读。近年来,他出版或主编了多部语篇分析方面的论著,如《混合声音和协同改变:语境化的积极话语分析》（Bartlett, 2012）、《系统功能语言学:探索选择》（Fontaine et al., 2013）。

一方面,这些新生代学人通过带博士生队伍,传承与创新老一辈的学术成果,为功能语篇分析研究领域带来有生力量并注入新的活力。另一方面,这些学者年富力强、思维敏捷,更是国内外各个学术会议或讲习班的常客。比如,在近一两年,在马丁不在中心开课的情况下,上海交通大学王振华与中心其他教师一起将这一活动继续下来。同时,中心每年举办多场功能语言学研究或功能语篇分析研究相关的学术论坛,并为上海交通大学主办的《当代外语研究》期刊推荐优秀论文,为国内外培养了大量功能语言学领域的研究人才。同样,在第 16 届系统功能语言学学术活动周,杨雪燕和李战子分别为初级班学员讲授了"系统功能语言学在语篇分析中的应用研究入门"和"概念功能理论入门"等课程。

4.3.3 研究主题不断拓展

表 4-5 和表 4-7 显示，2010 年至 2019 年近十年间，功能语篇分析的研究主题基本覆盖了以往的研究主题。同时，从共现频次和中介中心度来看，国外研究主要涵盖体裁或体裁分析、多模态话语分析，以及身份或身份构建三大类主题；国内研究主要涵盖元功能、英语教学、衔接与连贯、公益广告四大类主题。因第 3 章已论述过上述部分主题，本小节主要对一些出现频次不高但却较为新颖的主题展开论述，主要聚焦以下四类。

第一，多模态语篇分析的主题无论是广度还是深度，较以前都有了很大的发展。从广度上讲，一方面，以前的研究基本停留在视觉这一种模态上。理论上讲，这只能算作是"语言 + 视觉"的双模态（Guijarro, 2008；O'Halloran, 2008）。近年来，多模态可谓实至名归，从视觉模态拓展到声音、触觉等五种感觉相关的模态。比如，莱昂斯（Lyons, 2018）基于数字媒体时代的文本交流对视觉、听觉、触觉等多模态调用的情况，探讨书面数字语篇中的多模态表征能力。彭剑娥（Peng, 2019）借助教室中声音和视频的运用，以及对老师的声音和表情的观察，考察了多模态教学如何促进学生在教室环境下运用英语交流的主动性。另一方面，多模态语篇的分析也不只局限于文学作品类语篇，而是拓展到课堂语篇（如 Lim, 2019）、翻译语篇（如 Chen, 2018；Hurtado, 2013）、语言景观（如 Anesa, 2019）等。从深度上讲，多模态的研究不再只是简单的介绍和评述，多模态研究已开始不断走向深入。一方面，学者们开始讨论多模态语篇分析框架构建问题及模态间的关系协调问题（如 Anesa, 2019；Toh, 2014）。另一方面，多模态语篇研究开始突破单纯的语篇分析，以多模态语篇分析为切入点，探讨学生的多模态识读能力的培养，大大拓展了其作用空间（如 Fraiberg, 2018）。

国内多模态研究的研究视角不如国外全面，但这一时期的成果也非常突出。比如，张德禄在多模态话语分析研究方面就发表了很多有影响力的成果，如《多模态话语分析在中国研究的现状、特点和发展趋势》（程瑞兰、张德禄，2017）、《多模态语篇分析的进展与前沿》（冯德正等，

第 4 章　近十年功能语篇分析研究新进展

2014)、《系统功能理论视阈下的多模态话语分析综合框架》(张德禄，2018)、《多模态话语分析的双重视角》(张德禄、郭恩华，2013)、《动态多模态话语的模态协同研究》(张德禄、袁艳艳，2011)、《多元读写能力培养模式探索》(张德禄、张时倩，2014)，等等。

第二，功能语篇分析引入合法化语码理论的一些成果，探讨语篇中的权力词汇、语义密度和语境强度等（如 Antia & Kamai, 2016; Hood, 2017; Lizama, 2017a; Moyano, 2019）。安蒂亚和卡迈（Antia & Kamai, 2016）借助及物性系统、合法化语码理论和语境敏感术语模型（context-specific term model）等理论基础，探讨了尼日利亚三种生物教材中的术语分类和定义差异，发现这些差异在一定程度上会障碍学生对科学知识的学习和学习任务的完成。胡德（Hood, 2017）基于系统功能语言学和合法语码化理论，分析健康领域的面授语篇知识意义的动态构建过程。该研究揭示了当下共享的可理解学习材料与较高难度材料之间的意义转换或意义构建的方式，他主张这种方式在将学生训练成该领域的专业人才方面具有一定作用。利萨马（Lizama, 2017a）综合系统功能语言学和合法语码化理论，提出一个分析课堂语篇中特殊语码（specialization codes）的模型，以用于探讨老师和学生互动对话中的知识构建问题。莫亚诺（Moyano, 2019）以评价系统为切入点，通过对微生物和社会学两个学科学术论文中的八个讨论部分进行分析，探讨如何通过语篇对比反映出的语篇语义特征来揭示不同学科的知识结构。

相对而言，国内在这一领域的研究起步较晚，但近年也产出了一些高显示度的成果。比如，合法化语码理论对伯恩斯坦（B. Bernstein）知识结构理论（knowledge structure theory）的传承与创新（朱永生，2014）、布尔迪厄（Bourdieu）文化再生产理论对梅唐（K. Maton）合法化语码理论的影响（朱永生，2015a）、伯恩斯坦的教育社会学理论对系统功能语言学的影响（朱永生，2011）、合法化语码理论与系统功能语言学的界面研究（罗载兵等，2017）、语义波概念改造成为系统功能语言学整个理论框架的有机组成部分（朱永生，2015b），以及语义波理论及其在教师课堂话语分析和建构中的作用（张德禄、覃玖英，2016），等等。

第三，基于功能语篇分析讨论身份构建问题。身份或形象构建一直属于批评语篇分析研究的范畴。但批评语篇分析的分析工具却来自系统功能语言学，这让功能分析研究者思考运用功能语篇分析手段来探讨身份或形象构建问题。比如，杨雪燕（Yang，2017）基于系统功能语言学理论，以电视节目《爸爸去哪了》中父亲给女儿的信为语料，通过将语料编码为言语功能（what is done）、陈述内容（what is said）、陈述内容的评价（how things said are evaluated）三个方面，探讨了语言使用中如何通过意义选择构建父亲身份。埃斯普尼和品塔瑞克（Espunya & Pintaric，2018）借助社会语言学中的身份概念和系统功能语言学中的评价系统，分析了两名工人的阶层角色在西班牙源语小说被翻译成英语目标语和克罗地亚语目标语之间的身份构建差异问题。玛福福和班达（Mafofo & Banda，2014）探讨了西开普敦大学如何通过视觉和语言符号等多模态语义选择，在其官网主页上重塑身份，让大学变得独特，具有竞争力、吸引力和学术实力，以获取更多的国内外学生青睐。

国内有关身份构建研究多从其他视角展开，聚焦功能语篇分析视角的还不多见。其中，较为突出的有蒋婷和杨霞（2018）、杨林秀（2015）。蒋婷和杨霞（2018）以18篇英汉法律学术论文为语料，基于介入系统对比英汉法律类学术论文中作者身份构建异同，发现研究者、观点持有者、评价者、信息提供者四种作者身份为英汉学术论文作者所共有。其中，英文论文中的身份构建方式更直接、开放，而在汉语论文中则更审慎、保守。杨林秀（2015）主要讨论了英文学术论文中的作者身份构建问题。该文以100篇英文学术论文为语料，从作者的可信度、作者的权威性和亲和力，以及作者的尊重和责任三个方面，探讨学术论文作者构建学术身份的言据性资源作用。该文为学术语篇的作者身份构建研究提供了新的视角。

第四，语料库语言学手段开始广泛应用于功能语篇分析。比如，李（Lee，2016）基于语类理论，运用语料库方法探讨学术用途英语（EAP）课堂不同阶段的语步运用情况，以及用于标记每一阶段语篇组织的词汇短语运用情况。布里兹（Breeze，2016a）以2011年卫报（*The Guardian*）中所有社论为封闭语料，分析其中的同意随即反驳模式（concede-counter patterns）在社论中的论辩作用。铃木和藤原（Suzuki & Fujiwara，2017）借助英国国家语料库中的语料以及问卷调查语料,探讨可能类情态副词的语用特征。

随着语料库方法的应用,语料检索软件的使用也日渐成为语篇分析研究的新的学术增长点,如语义标注工具 Wmatrix(Pang & Chen, 2018)、多模态标注工具 Taggetti(Hurtado & Gallego, 2013)、数据分析工具 Matlab(Monfared & Haghbin, 2019)、数据可视化工具 Kaleidographic(Caple et al., 2019)。此外,国外学者还注重软件的开发。比如,奥汉洛兰及其团队在第 40 届国际系统功能语言学大会作了题为《视频分析和多模态语料动态交互可视化软件》的主旨报告,并演示了如何操作多模态视频分析软件,对图片、文本和视频在内的多模态语料作了分类、编辑、标注、分析等(陈瑜敏、严小庆,2014)。

由于语料库研究方法具有传统研究方法所没有的诸如客观性、严谨性等优点,近年来国内学者也越来越认可语料库研究方法在功能语篇分析研究中的应用。比如,唐青叶和史晓云(2018)以律商联讯(Lexis Nexis)新闻数据库中《纽约时报》《印度时报》和《欧盟报》有关"一带一路"的报道(2013 年 9 月至 2017 年 12 月)为语料,考察了这些媒体对"一带一路"话语建构的差异、情感态度变化及其背后的深层原因。该研究有助于我国有效应对国外舆情,进而增强对外话语构建能力和国际影响力。在使用语料库相关的语料检索软件方面,较国外研究而言,一方面国内研究使用的软件类型不多,大多使用 Elan 多模态分析软件,对语义标注工具 Wmatrix 的报道不多;另一方面,国内的软件开发较国外还有很大的差距。

4.3.4 功能语篇分析研究的国际交流密切

功能语篇分析研究的国际交流密切,大致可从三个方面来考察。一是国际功能语言学会议召开地点的分布情况;二是以中国在功能语篇分析研究的国际交流为参照;三是中国学者有关功能语篇分析研究成果的国际发表情况。

从国际功能语言学会议召开的地点来看,2010—2019 年的十次国际系统功能语言学大会,有八次在除英国、澳大利亚外的、并非具有功能语言学研究传统的国家召开，且广泛分布在美洲、亚洲、欧洲、大洋洲四大洲。这充分体现了功能语篇分析研究的国际化程度。

以中国在功能语篇分析研究的国际交流为个案，可推测国际交流的大致情况。近十年来，中国积极主办国际功能语言学大会，且我国学者黄国文还曾担任国际系统功能语言学大会主席一职。2013 年 7 月 15 日至 19 日召开的第 13 届中国功能语言学研讨会与第 40 届国际系统功能语言学大会合办。大会作主旨发言的专家来自国内外知名高校，如韩礼德、巴特、方琰、福赛特、韩茹凯、胡壮麟、麦蒂森、汤普森、卫道真，体现了很强的国际交流特色。同时，会议的主办方中山大学宣布成立了"韩礼德语言学文献中心"，启动了韩礼德语言学文献中心主办的国际学术期刊《功能语言学》(*Functional Linguistics*) 的发行仪式。另外，国内的功能语言学研究平台邀请国际知名学者参与。比如，近年来在上海交通大学王振华发起的马丁适用语言学中心上，马丁多次为国内的博士生开办讲习班。另外，马丁于 2016 年 6 月 7 日至 17 日和 2019 年 6 月 10 日至 14 日，在重庆交通大学开办了两次有关语类教学的专题讲习班，吸引了重庆众多高校的老师和学生参加学习和讨论。

从功能语篇分析研究成果的国际发表情况看，近十年来，在国际刊物上，我国学者的功能语篇分析研究成果的发表量已排在世界第二，仅以一篇之差落后于澳大利亚，达到 37 篇。值得注意的是，中国的功能语篇分析研究成果的中介中心度值最高，达到 0.48，比排名第一的澳大利亚高出 0.05。这充分说明中国学者的国际影响力有了显著提高。

4.4 小结

相比 21 世纪初国内外功能语篇分析研究，近十年功能语篇分析研究在成果发表、研究队伍、研究主题和国际交流等均取得了巨大进步。首先，无论是发文的数量和质量，还是成果在发表期刊的分布，均有所提升。这一时期国内出版的学术专著和论文集多达 26 部，加上王振华主编的《马丁文集》（八卷本），共计 34 部，超过前一时期 12 部。国外出版的专著和论文集 141 部，比前一时期的 175 部少了 34 部。其次，

第 4 章　近十年功能语篇分析研究新进展

功能语篇分析的研究团队和人员队伍在不断扩大。其中，以韩礼德、韩茹凯、马丁等为代表的国外前辈和以方琰、胡壮麟、黄国文、杨信彰、张德禄、朱永生等国内前辈的引领作用依然明显，同时，以巴特利特、李战子、麦蒂森、苗兴伟、王振华、卫道真、杨雪燕等为代表的学人正成为该领域研究的中坚力量。再次，近十年功能语篇分析的研究主题基本覆盖了以往的研究主题，国外主要表现在体裁或体裁分析、多模态话语分析，以及身份或身份构建三大类主题上，国内主要表现在元功能、英语教学、衔接与连贯、公益广告四大类主题上。同时，国内外均在功能语篇分析中引入合法化语码理论，产出了一些具有高显示度的成果。另外，语料库语言学手段应用于功能语篇分析以及功能分析研究软件的开发也成为最近的研究主题。最后，功能语篇分析研究的国际交流日益密切。国际系统功能语言学大会不再只是在一些传统功能语言学研究重镇召开，而是分布到美洲、亚洲、欧洲、大洋洲四大洲。国际刊物上功能语篇分析研究成果的发表者也不再局限于英国、澳大利亚等地的学者，我国学者的功能语篇分析研究成果的发表量已排在世界第二，且中介中心度值最高，国际影响力明显提高。

第 5 章
功能语篇分析理论的新发展

5.1 引言

在系统功能语言学中，语篇分析既是语言学理论在实际语篇分析中的应用，同时也是系统功能语言学理论的重要组成部分，即语篇分析本身就是语言学理论。因此，功能语篇分析理论可分为两个方面：关于语篇本体的理论和运用于语篇分析的语言学理论。目前，有关语篇本体的理论讨论不多，相对而言，运用于语篇分析的语言学理论学界讨论较多（如 Halliday, 1985, 1994/2000; Halliday & Matthiessen, 2004, 2014; Martin, 1992; Martin et al., 2010; Martin & Rose, 2007; Matthiessen, 1995; Thompson, 1996, 2004, 2014; 胡壮麟等, 2008）。结合文献，我们认为功能语篇分析本体理论主要表现在语篇层次观、语篇语法观、语篇语义观、语篇适用观等；相关理论主要表现在元功能理论、衔接与连贯理论、语域理论、语类理论、评价系统、语法隐喻理论以及多模态理论。在这些理论中，有些虽出自 20 世纪功能语法诞生之时，但结合第 4 章关键词反映的研究主题来看，上述理论包括一些新的思想如评价系统，仍是近十年的重要理论。本章将对这些理论逐一进行阐述，并评述这些理论的新近发展情况。

5.2 功能语篇分析本体理论的主要议题及新近发展

有学者认为，功能语篇分析就是将功能语法理论运用于语篇分析的一种实践行为，认为功能语篇分析本身不是一种理论，持这一观点的不在少数。这大致有两方面的原因：一是尽管韩礼德等学者明确指出语篇分析本身也是一种理论，但大多数人受一些显性的功能语法理论影响，对此仍没有给予应有的重视；二是学界较少讨论功能语篇分析的本体理论问题，导致不少人对功能语篇分析理论本身了解不多，甚至存在误解。其实，功能语篇分析就是一种功能语言学理论。

5.2.1 主要议题

1. 语篇层次观

根据胡壮麟等（2008）的总结，系统功能语言学主要体现六个核心思想，其中一个便是层次的思想。语言的层次包括语义层、词汇语法层和音系层。其中，前两层属于内容层，后一层属于形式层（胡壮麟等，2008；Eggins，1994）。一般而言，词汇语法主要涉及小句资源。为此，马丁（Martin，1992）主张借鉴《英语中的衔接》（Halliday & Hasan，1976）一书将语法与衔接之间的劳动分工用于区分创义的结构资源和非结构资源的做法，从而将词汇语法与语篇语义进行劳动分工，以区分出创义的小句资源和语篇资源（董保华，2018）。这样一来，语义层可视为语篇语义层（discourse-semantics）。

表 5-1 语言层次关系

	俗名	技术术语
内容	意义	（语篇）语义
	措辞（单词和结构）	词汇语法
形式	声音/字母	音位/书写

第 5 章　功能语篇分析理论的新发展

同时，语言受语境的制约，语篇语义层也就成为语境与词汇语法层的界面（胡壮麟等，2008）。如此，以语篇语义层为参照，向上看，有情景语境和文化语境；向下看，有词汇语法层和音系/字系层（见图 5-1）。

图 5-1　语言和语境间的体现与被体现关系

黄国文（2002a）将前两个层次称为非语言层次，后三层称为语言层次。值得注意的是，马丁（Martin，1992）受批评话语分析影响，在文化语境上提出了新的一个层次——意识形态。这与我们一般意义上理解的意识形态不同，该术语是一个中性词汇，指的是"在一个特定社会中思考和行为的方式，是社会的常识，或者说是人们习惯性的信念和价值"（胡壮麟等，2008：317-318）。为了区分，马丁的这个概念可以翻译为"意识观念"。

由于语篇是语言的体现，两者之间就如系统和示例的关系。韩礼德曾形象地将这种系统与示例关系比作气候和天气之间的关系。这样一来，语篇分析自然也得考察语言的层次问题。按照语言层次观思想，在进行功能语篇分析时，一般从文化语境层分析语类或体裁；从情景语境层分析语域的三个变量，即语场、语旨和语式；从语义层分析三大元功能在语篇层面上的态度协商、交际促进、经验构建、事件联结、人/物识别、信息传递等；从词汇语法层分析三大元功能在词汇语法上的体现，即及物性系统、极性、语态、语气系统、主述位系统；从音系层分析其语调。

语篇分析的层次观为我们理解和认识语篇分析的步骤提供了参照。考虑到语篇分析层次的复杂性，韩礼德（Halliday, 1994/2000）建议从以下三个步骤展开：（1）词汇—语法分析；（2）将词汇—语法放在语篇的情景语境甚至文化语境中，评论其特点；（3）联系其他社会意义系统进行分析，因为一个语篇本就是一个复杂的社会现象。

以语篇分析的层次观来看，韩礼德的分析属于自下而上的步骤。王欣（2003）持类似的观点，主张首先分析语篇中每个小句的及物性结构、主述位结构和语气结构，再对其中规律性或特殊性的东西加以论述和评价，最后形成对语篇情景语境的认识和对全文的评价。方琰（2005）基于30多个语篇分析发现，张德禄提出的"语境—语篇—语境"模式最有效，进而在此基础上提出了"语境—语篇—评论（联系其语境变量）"的自上而下到自下而上的混合模式。可以说，基于语篇层次观进行语篇分析时，自上而下或自下而上两种路径都行得通。这就不难理解黄国文对语篇分析步骤的开放态度，即"在对一个语篇进行功能分析时，可以采取自上而下的步骤，也可采取由下而上的步骤"（黄国文，2002a：28）。

2. 语篇语义观

语篇是一个语义单位，韩礼德在多个场合强调过这一观点（见Halliday & Hasan, 1976）。这一观点突破了以往将语篇视为超句结构的形式派观点。目前，语篇是语义单位的观点已得到越来越多学者的认同。将语篇从形式上脱离开来，更有利于认清语篇的本质，也利于语篇的研究。一般认为，在特定的语境中，一个词也是一个语篇。比如，面对突然冲出的汽车，大人对正欲穿越公路的小孩大喊"停！"。

我们难以认识语篇的本质主要是因为语篇在结构表现上与属于级阶系统的词汇、小句具有一定的重合性，并产生语篇是形式结构这样一种错觉。事实上，词汇、小句是语法层，而语篇属于语义层。正是这种层次的差异，我们无法说语篇是大于小句、词的单位，也不能说是小句、词等单位的组合。

这就不难明白韩礼德和韩茹凯（Halliday & Hasan, 1976: 2）主张"最好把语篇看作语义单位：不是形式单位而是意义单位"。更进一步讲，语篇不在于形式上的长短，而在于是否体现在基于衔接关系构建起的语篇性（texture）。这里，语篇性这一词汇是个隐喻表达，其原本形容具有一定织理的布料，从而将其与一些没有纹路或织理杂乱之物区分开来。正因如此，韩礼德和韩茹凯认为这一概念用于说明语篇之所以为语篇的特点完全适合。语篇应有语篇性，正是语篇性把语篇与非语篇区分开来。

3. 语篇适用观

韩礼德于2006年3月26日在香港城市大学的"韩礼德语言研究智能应用中心"成立大会上，作了题为"意义研究：建立适用语言学"的主旨报告。报告中，韩礼德提出功能语言学是一种适用语言学的思想。与"应用"不同，"适用"一词既包括理论也包括实践（as opposed to either theoretical or applied linguistics）（Matthiessen，2012），是体现社会责任的语言学理论。

近来，功能语篇分析在麦蒂森（Matthiessen，2012）基于系统功能语言学作为适用语言学的社会责任（social accountability）这一观点下得到新的阐发，被系统功能学者们视为一直致力发展的语篇分析的一般模式，且这种语篇分析模式是适用语言学的一部分，具有适用性并体现社会责任。

正是由于系统功能语言学致力于构建一种体现适用性和社会责任的语言学理论，麦蒂森（Matthiessen，2012）进而将功能语篇分析称为"适用语篇分析"。

4. 语篇语法观

功能语篇分析强调语法。韩礼德（Halliday，1985：xvi，345；1994/2000：F42，366）曾明确指出，"没有语法分析的语篇分析算不上真正的语篇分析，充其量只能算作对语篇的简单评价"。语法既是达成系统功能语言学理论的直接目的—语篇分析—的强有力的工具，也是语篇分析的重要组成部分（何伟、高生文，2011）。因此，与其他语篇分析不同，功能语篇分析要具体落实到语法分析上，以真正实现形式是意义的体现。

正是功能语篇分析所秉承的这一观点，但凡做功能语篇分析，没有不分析语法的。当然，这种分析不只是就语法分析而已，是为了通过对语法分析以透射语言背后的情景语境，甚至文化语境对语言选择的制约。之所以如此，是因为系统功能语言学持体现观思想，即词汇语法体现情景语境，语音和文字体现词汇语法。

需要指出的是，在情景语境和文化语境的关系上，系统功能语言学界一直存在争议。韩礼德认为两者之间是示例关系，处于同一层次；马丁则认为两者处于不同层次，属于体现关系。

无论持何种观点，语法分析是语篇分析重要组成部分的这一事实不可改变，因为语篇分析的目标就是要通过语言的选择揭示词汇语法是否与情景语境和文化语境符合。因此，功能语篇分析主要是通过分析说明语言选择符合语境的情况。比如，王欣在《〈葛底斯堡演说〉的功能语法分析》一文的结尾总结道，"通过分析我们认为这篇演说词词汇—语法层面的选择符合语义系统的要求，与情景语境和谐统一，无愧于世人对他的赞誉"（王欣，2003：10）。

5.2.2 功能语篇分析本体理论的新近发展

一般认为，功能语篇分析是基于系统功能语言学理论对某一语篇进行分析的实践活动。按照这一理解，功能语篇分析是一种语篇实践，不是一种语言学理论。当然，这种错觉自《功能语法导论》面世以来就一直存在着。尽管韩礼德一再强调其建立语法理论的根本目的是为了语篇分析，其在《功能语法导论》一书中也的确运用概念、人际和语篇元功能理论在三个章节对三个语篇进行了分析，但该书并没有就语篇本身进行讨论，其结果必然是——语篇分析是系统功能语言学理论在语篇中的应用和实践。那么，功能语篇分析研究就必然要求回答两个根本性问题：一是如何从语篇分析是系统功能语言学的研究重点这一视角回应韩礼德一再强调其建立语法理论的根本目的是为了语篇分析的问题；二是如何进行功能语篇分析。

第5章　功能语篇分析理论的新发展

对于第一个问题，学界似乎将其视为一个理应如此的自明现象，对此并未给予特别的关注。相对而言，学界对第二个问题讨论较多，涉及语篇的界定、研究目标、范围、分析步骤等。其中，有关语篇界定的讨论主要集中在韩礼德和韩茹凯（Halliday & Hasan, 1976, 1989）。在韩礼德和韩茹凯看来，语篇中的语篇性是语篇之所以成为语篇的关键要素。为此，他们花了大量篇幅来讨论这一语篇特性。他们不但提到结构和非结构衔接，也谈到语篇是一个语义概念，而不是一个形式概念。

这些讨论把语篇作为一种普遍现象，属于语篇分析的共性问题，无法与基于其他理论的语篇分析相区分。为了明晰功能语篇分析的学科地位，黄国文和徐珺在《语篇分析与话语分析》（2006）一文对"语篇分析/话语分析"的研究流派进行了分析，他们将功能语篇分析纳入了社会符号学范畴，框定了功能语篇分析的学科疆域。同时，黄国文在两篇论文中开创性地对功能语篇分析的目标、范围进行了界定，进而从理论假设、语言的层次、语境、语言使用中的选择问题、语法在语篇分析中的重要性、语篇分析的步骤等方面进行了详细讨论，主张系统功能语言学是一种比其他理论更适合于语篇分析的理论（黄国文，2001a, 2002a）。同时，方琰的《系统功能语法与语篇分析》（2005）一文也值得关注。方琰（2005）先指出韩礼德的语篇分析的两个层面，亦即语篇分析的两个目标，随后提出了"语境—语篇—评论（联系其语境变量）"模式。

近年来，学界似乎才开始正面探讨第一个问题，即如何从语篇分析是系统功能语言学的研究重点这一视角回应韩礼德一再强调其建立语法理论的根本目的是为了语篇分析的问题。

麦蒂森（Matthiessen, 2012）在《作为适用语言学的系统功能语言学：社会责任和批评路径》一文中，依据系统功能语言学作为适用语言学需关照社会责任这一观点，将功能语篇分析视为系统功能学者们一直致力发展的语篇分析的一般模式，且这种语篇分析模式是适用语言学的一部分，具有适用性并体现社会责任。这样一来，包括批评话语分析在内的其他语篇分析均可视为具有特定或特殊目的（specialized or special-purpose）的语篇分析类型之一，其批评性也只是语篇分析一般模式诸多特点中的一个，是语篇分析应有的适用性体现，也是社会责任使然。

其实，批评话语分析强调通过语言揭示权力和意识形态对社会关系的操纵，这正是实现系统功能语言学倡导的社会责任的一种方式，与系统功能语言学要求将语言学置入社会语境进行思考，把语言作为一种干预方式以审视社会活动的初衷在本质上是等同的。正是由于系统功能语言学致力于构建一种体现适用性和社会责任的语言学理论，麦蒂森（Matthiessen，2012）进而将功能语篇分析称为"适用语篇分析"。

就国内而言，黄国文（2010b）和杨雪燕（2012）在这方面有重要贡献。黄国文（2010b）从功能语篇分析与系统功能语言学理论构建的关系这一角度进一步阐释了适用语篇分析。他从作为成品的语篇和作为样本的语篇两个角度，通过探讨系统、示例化、语篇等概念揭示了语言使用和语言系统之间的关系，认为语篇分析是系统功能语言学的重要组成部分之一，且对后者的理论构建意义重大。杨雪燕（2012）在探讨系统功能语言学理论是适用语言学并具有话语、认知和社会文化三重视角的基础上，通过实例用该理论分析了语篇的概念意义、人际意义和语篇意义。

5.3　元功能理论的主要议题及新近发展

系统功能语言学强调，语言是其所是取决于人们参与社会活动时用于表达不同语义以及实现不同功能的需要（Halliday，2013）。这种强调语言功能的做法，构成了系统功能语言学元功能思想的基石，也体现出系统功能语言学主张研究使用中的语言这一立场。显然，面对纷繁复杂的语言使用，如何以一种高度概括、高度抽象的方式来加以体现，无疑是系统功能语言学者必须解决的问题。也正是基于对这一问题的考虑，韩礼德创见性地提出了三大元功能思想，即概念元功能、人际元功能和语篇元功能[1]（Halliday，1985，1994/2000；Halliday & Matthiessen，2004，2014）。

---

[1] 加的夫语法（the Cardiff Grammar）提出了八大元功能，即经验、逻辑、人际、极性、有效性、情感、主位和信息功能（Fawcett，2000）。然而，这八种功能只是对韩礼德提出的三大元功能的细化，即概念功能（经验、逻辑）、人际功能（人际、极性、有效性、情感）、语篇功能（主位、信息）。因此，相对而言，被广泛接受的、较有代表性的还是韩礼德提出的三大元功能（杨炳钧、覃朝宪，2001）。

5.3.1 主要议题

1. 概念元功能

概念功能的体现主要通过及物性（transitivity）这一语义系统实现，即把人们对客观外界的经验和自己的内在经验的构建分成若干种"过程"，并藉语法将经验予以范畴化，从而说明其与"参与者"和"环境成分"之间的关系。因此，体现及物性的概念功能构型一般由"参与者""过程"和"环境成分"三部分组成。其中，及物性结构将人们对客观外界的经验和自己的内在经验分为六大过程，即物质过程、心理过程、关系过程、行为过程、言语过程及存在过程。

物质过程用来表示做某件事或某件事发生的过程（process of doing or happening），因此过程通常由动态动词来体现，而过程所涉及的"动作者"和"目标"一般由名词词组或代词词组体现，有时甚至还有"接受者"，与"目标"一样由名词词组或代词词组体现。

心理过程主要用来表示"感觉""反应""认知"等心理活动（a process of thinking），涉及自己的内心世界经验的构建，因此过程常由与心理活动相关的动词词组体现，一般涉及两个"参与者"，即心理经验构建的主体——"感觉者"和心理经验构建的对象——"现象"。

关系过程主要用于反映人或物之间的关系（a process of being），主要体现为归属类和识别类。前者的功能角色主要由"载体"与"属性"实现；后者则主要由"被识别者"与"识别者"实现。关系过程又可进一步分为"内包式""环境式"和"所有式"三类。

行为过程主要用于体现"咳嗽""呼吸""哭笑"等生理活动过程（a process of behaving）。一般而言，行为过程只有一个"行为者"（behavor），且"行为者"往往是人。

言语过程主要用于体现通过言谈进而交流的过程（a process of saying）。一般而言，言语过程由"说话者""受话者"和"讲话内容"三部分构成。其中，讲话内容可能是直接引语，也可能是一个小句。

存在过程主要用于表示事物的存在的过程（a process of existing）。因此，每个存在过程中都必须有一个"存在物"。英语中常用来表存在过程的动词有 be 动词，除此之外，也常用一些表存在的动词如 exist, arise，remain 等。

除及物性外，语态也是揭示概念功能的重要内容。"在功能语法中，如果说及物性是以交代各种过程及其有关的参加者和环境成分来反映语言的概念功能，语态则是以交代某一过程首先与哪一个参加者建立联系"（胡壮麟等，2008：95）。

与一般理解的语态根据参加者和过程本身具有的主动或被动关系进行主动和被动区分不同，系统功能语法把语态分为中动（middle）和非中动（non-middle）两大类。后者再进一步划分主动和被动两种类型（见图5-2）。

图 5-2 语态系统

其中，中动语态是指小句过程只与一个参加者，不涉及其他参加者。如：

例（1）The window broke.

例（2）The door opened.

非中动语态所在的小句，其小句过程有两个或两个以上的参与者。非中动语态可进一步划分为主动语态和被动语态。其中，主动语态指的是小句过程与动作者之间的关系体现情况，如例（3）中的 the wind 和例（4）中的 Diana 分别是 broke 和 opened 这两个过程的动作者。

例（3）The wind broke the window.

例（4）Diana opened the door.

被动语态是指小句过程与目标之间的关系体现情况，如例（5）中 the window 是 break 这个动作的目标。

例（5）The window was broken by the wind.

显然，从"参与者"角色来看主动被动问题，对于深刻理解语言用来构建经验的思想有很大的帮助。

2. 人际元功能

人际功能的体现主要通过语气系统完成。在韩礼德（Halliday，1985，1994/2000）看来，语气范畴主要对应于人际功能的两种交换关系，即一方面是商品的交换，包括交换信息、物品和服务；另一方面是接受关系的交换，包括给予和求取。这两种交换关系两两结合形成四种言语功能，如表 5-2 所示：

表 5-2　交换关系下的言语功能

角色交换	商品交换	
	物品或服务	信息
给予	提供（Would you like this teapot?）	陈述（He's giving her the teapot.）
求取	命令（Give me that teapot.）	提问（What is he giving her?）

四种言语功能以信息、物品和服务为参照。其中，关于信息的言语功能称为命题，与物品和服务相关的言语功能则称为提议。韩礼德提出，陈述和提问以及相关回应的不同表达中，语言资源除其他部分不变外，只有一小部分发生变化，这一捆绑在一起的部分正是语气（Mood）。韩礼德（Halliday，1985，1994/2000）将语气视为包括主语与限定成分之间的不同配置，并可根据话语目的颠来倒去。

语气由"语气"与"剩余部分"构成。其中，"语气"又可分为"主语"和"限定成分"两部分，如例（6）（Halliday & Matthiessen，2014：151）：

例（6）

Sister Susie	's	sewing	shirts	for soldiers
主语	限定成分	谓体	补语	附加语
语气		剩余部分		

除语气外，情态也是人际功能的重要组成部分。所谓情态，是指"讲话者对自己讲的命题的成功性和有效性所作的判断，或在命令中要求对方承担的义务，或在提议中要表达的个人意愿"（胡壮麟等，2008：

145)。这一部分的人际功能主要由语法中的情态系统来实现,并具体体现为情态和意态。

情态通常由命题意义归一度表现出的界于断言和否定之间的、具有不同量值的概率和不同量值的频率来体现。英语中的情态可用三种方式来体现:一是动词词组中的限定性情态动词;二是用来表示概率或频率的情态副词;三是第一、第二种方式的叠加,即限定性情态动词和情态副词合并使用。

意态通常由提议意义的归一度表现出的界于规定和禁止之间的、具有不同量值的义务和不同量值的意愿来体现。英语中意态可用两种方式来体现:一是用限定情态动词;二是用动词的延伸部分,可进一步分为被动式动词词组表达和形容词表达两类。

3. 语篇元功能

语篇功能在词汇语法层的体现主要表现在主位结构。正是在主位结构中,构建有关客观外界和内心世界经验的概念功能和协调人际关系的人际功能才能在语言系统中得以实现,因此语篇功能也常称为"促成功能"。

主位结构包括主位和述位两部分。同时,主位又常基于三大元功能分别分析为语篇主位、人际主位和经验主位,如例(7)(Halliday & Matthiessen,2014:107):

例(7)

well but then	surely Jean wouldn't	the best idea	be to join in
语篇主位	人际主位	经验主位	
主位			述位

由于主位用来表示小句信息的起点,所以在任意一个语篇中厘定各个小句的主位,可以发现讲话者的信息起点是什么,这些信息起点在语篇中的走向是什么,这些信息起点之间有什么关系。对这些问题的探讨,产生了主位推进模式。一般来讲,主位推进模式有以下四种:主位

同一型推进模式、述位同一型推进模式、述主延续型推进模式、主述位交叉型推进模式（胡壮麟等，2008）。

除主位外，体现语篇功能的还有信息结构。所谓信息结构，是指"把语言组织成为信息单位的结构。其中，信息单位是言语活动中已知内容和未知内容之间相互作用过程的基本成分"（胡壮麟等，2008：172）。

信息结构中最重要的部分是信息中心。所谓信息中心，即为新信息之最高点，是所在信息单位的新信息的结束标记，如例（8）中的 Love（注：// 为信息单位界限标记；/ 为音步标记；^ 为停顿标记；_ 为重音突出标记，即新信息的最高点）。

例（8）//^it /needs to have/ love//（胡壮麟等，2008：172）

一般而言，信息结构与主述位结构是重叠的，其中，主位表示已知内容，述位表示未知内容。值得注意的是，这种对应是相对的，不能简单地把语言成分出现的先后顺序作为探讨信息分布的唯一标准。

5.3.2 元功能理论的新近发展

元功能理论是继系统理论后的又一重要理论。可以说，元功能理论在一定程度上比系统理论更为重要。这是因为，系统理论只是交代了语言是什么的问题，而元功能理论则更进一步揭示了语言是其所是的深层原因。另外，系统虽然体现了语言的意义潜势，但无法完全描写出来；相反，功能却可以对系统存在的原因进行高度提炼和概括。韩礼德将其经典之作取名《功能语法导论》，也许正是基于这些考虑。

一直以来，学术界不乏有关元功能理论的讨论（参见 Butler，1996；Fawcett，1980；Gregory & Carroll，1978；Lemke，1998；Martin，1987；Matthiessen & Nesbitt，1996）。按广度和深度来区分的话，上述这些讨论大致可分为宏观和微观两个方面。

宏观方面，马丁（Martin，1992）将元功能理论用于语篇层面，从而将元功能对小句的讨论向语篇进行了拓展。在语篇层面，他提出了协商（negotiation）、识别（identification）、联结（conjunction）、概念（ideation）等系统，分别对应人际元功能、语篇元功能、逻辑元功能和经验元功能。后来，马丁和罗斯（Martin & Rose, 2007）对语篇层面体现元功能的系统进行了扩展，从4个增加到6个，即增加了评价（appraisal）和格律（periodicity）两个系统。评价系统对人际功能在词汇层面上进行了扩展，对人际功能的描写和刻画更为精细；格律系统则提出了小浪、大浪、潮浪、超主位、宏主位等术语，对语篇中的信息传递情况进行了精密描写。随后，王振华在《语篇语义的研究路径——一个范式、两个脉络、三种功能、四种语义、五个视角》（2009）一文中，对马丁的这一语篇思想进行了新的阐发，认为语篇语义是在系统科学范式下，立足语篇文脉和语篇义脉，围绕谋篇功能、概念功能和人际功能，从联结、格律、识别、概念和评价五个维度探讨语篇的织体语义、格律语义、词汇语义以及韵律语义。

微观方面，学者们主要是对三大元功能进行部分的修正或拓展。福赛特（Fawcett, 1980）将三大元功能按语义关系标准，拓展为八大功能组成成分外加三个附加组成成分。其实，这八大功能是对韩礼德提出的三大元功能的细化，即概念功能（经验、逻辑）、人际功能（人际、极性、有效性、情感）、语篇功能（主位、信息）(Gregry, 1987; 董保华, 2018)。事实上，被广泛接受的较有代表性的还是韩礼德提出的三大元功能（杨炳钧、覃朝宪, 2001）。在三大元功能理论内部，概念功能以及体现该功能的及物性系统讨论较多。我们知道，韩礼德（Halliday, 1985）将体现及物性系统的过程分为物质过程、心理过程、关系过程、言语过程、行为过程以及存在过程。麦蒂森（Matthiessen, 1995）为了进一步简化这一分类方式，将及物性系统的过程分为四类，即物质过程、心理过程、言语过程和关系过程。将两种分类方式作一对比，不难发现，麦蒂森的关系过程包括韩礼德（Halliday, 1985）的存在过程、物质过程包括韩礼德（Halliday, 1985）的行为过程。从目前功能语篇分析研究的实践来看，韩礼德（Halliday, 1985）的六过程分类方式接受度最高。就连麦蒂森本人在《及物性系统：基于语篇的探索》（Matthiessen, 1999）一文中也采用韩礼德（Halliday, 1985）的六过程分类方式。这也说明麦蒂森承认韩礼德及物性过程分类的合理性。

近年来，国内外学者对元功能理论进行了深入研究，产出了大量

第5章 功能语篇分析理论的新发展

的成果。就国外而言，这一时期在前一阶段将元理论运用于语篇语义层的基础上，有学者讨论语言系统外的语境层的元功能情况。这主要表现在语域的三个变量与元功能之间的关系讨论（Matthiessen，2019，2020）。

相对而言，这一时期的国内研究则丰富得多：一是龙日金和彭宣维的《现代汉语及物性研究》(2012)。准确地讲，该书是由讨论汉语及物性系统的两本书合成：前一部分是1981年龙日金在悉尼大学攻读硕士学位时的毕业论文，原名《汉语的及物性》；后一部分是彭宣维对现代汉语及物性研究的一些思考，名为《现代汉语及物性的进一步研究》。《汉语的及物性》共有29个小节，内容涉及语言的功能观、汉语的六种及物性过程、"把"字结构、被动句结构、复合过程与双参与者、复合过程中的关系过程"成"与关系过程"在"、复合过程中的指向动词、使役结构、位相结构、受益者、范围、受事、施动者、动作者、目标和载体比较、句式过程及其参与者。《现代汉语及物性的进一步研究》则是根据汉语小句的特点，对之前的相关研究做出一些修正。该部分共有三章，包括现代汉语小句的物质过程、关系过程（处所关系过程、包孕关系过程、属有关系过程）和心理过程。可以说，《现代汉语及物性研究》，特别是第一部分，是我国现代汉语及物性研究方面的开山之作，具有很强的原创性。

二是何伟等人出版的及物性研究的姊妹篇《英语功能语义分析》（何伟等，2017a）和《汉语功能语义分析》（何伟等，2017b）。两本专著中的英汉及物性系统网络是何伟等人在分析110多篇不同文体的英汉语篇的基础上构建而成。《英语功能语义分析》一书将英语及物性系统网络分析为七个过程：动作过程（action process）、心理过程（mental process）、关系过程（relational process）、行为过程（behavioral process）、交流过程（communicative process）、存在过程（existential process）和气象过程（meteorological process）。《汉语功能语义分析》一书将汉语及物性系统网络分析为六个过程：动作过程、心理过程、关系过程、行为过程、交流过程和存在过程。值得一提是，《英语功能语义分析》和《汉语功能语义分析》中的英汉及物性系统网络均是基于福赛特的加的夫语法框架，并对每个过程的语义配置进行了深入的"精密度"刻画，有利于语篇分析。

除了上述专著外，新近的一些论文无论在及物性理论讨论还是理论应用方面，都具有一定的推动作用，如邓仁华的《汉语存在句的系统功能语法研究》(2015)、何伟的《系统功能语言学及物性理论发展综述》(2016)、何伟的《国际生态话语之及物性分析模式构建》(2017)等。

5.4 衔接与连贯理论的主要议题及新近发展

衔接一词最先由韩礼德和韩茹凯（Halliday & Hasan, 1976）在《英语中的衔接》中提出。在他们看来，衔接是一种语义关系，体现为语篇的一个语义单位，且衔接是一个语篇具有语篇性的主要手段。其中，语篇性可用于区分语篇与非语篇。然而，一些看似具有衔接手段的语篇并不能保证语篇的语篇性，因此，在衔接基础上延伸出连贯这一概念。其实，连贯在修辞学领域早有探讨，但在语言学领域中用于语篇分析则晚得多，约在20世纪60年代（苗兴伟，1998）。有关衔接和连贯方面的研究可参见布朗和尤尔（Brown & Yule, 1983）、克里斯特尔（Crystal, 2008）、迪博格兰德和德雷斯勒（de Beaugrande & Dressler, 1981）、斯塔布斯（Stubbs, 1983）、胡壮麟（1994）、张德禄（2001，2012）。这里我们只集中讨论衔接手段的表现以及衔接与连贯的关系两个议题。

5.4.1 主要议题

1. 衔接手段的具体表现

一般认为，衔接是体现语篇性的一种形式手段。但事实上，形式手段并不表示衔接关系，因为衔接从根本上讲体现的是一种语义关系，语言形式不过是这种语义关系在语篇中的体现手段而已。正因如此，在讨论语篇衔接时应注意区分衔接涉及的两个层次："在语义层次上，衔接是一个意义概念；在形式层次上，即在语音、语调、词汇上，语篇的衔接关系是由语言形式体现的"（张德禄，2001: 24）。

第5章　功能语篇分析理论的新发展

这样一来，衔接手段是体现意义衔接关系的语言形式。在《英语中的衔接》一书中，韩礼德和韩茹凯（Halliday & Hasan，1976）提出了指称、替代、省略、连接和词汇衔接五种衔接手段，并对包括会话、十四行诗、自传等不同体裁的七个语篇进行了分析。尽管雅各布森（Jakobson，1960）对文学语篇中的排比结构的分析通常被认为是对语篇衔接的最早研究（Traugott & Pratt，1980；苗兴伟，1998），但韩礼德和韩茹凯对衔接手段的讨论非常详细，所以学界普遍将衔接理论的创建归功于韩礼德和韩茹凯（Halliday & Hasan，1976），《英语中的衔接》一书标志着衔接理论的建立。

后来，在《语言·语境·语篇》（Halliday & Hasan，1985/1989）一书中，韩茹凯对衔接概念作了进一步拓展，将其分为结构衔接（structural cohesion）与非结构衔接（non-structural cohesion）。前者包括平行对称结构（parallelism）、主述位结构（theme-rheme development）、新旧信息结构（given-new organization）；后者又进一步分析为成分关系衔接（componential relations）和有机关系衔接（organic relations）两类。成分关系衔接又可细分为指称（reference）、替代和省略（substitution & ellipsis）、概括（general）和示例（instantial）；有机关系衔接则细分为连接关系（conjunctives）、相邻对（adjacency pairs）、延续关系（continuatives）。其中，指称、替代和省略、连接关系和相邻对属于语法衔接手段；概括、示例和延续关系属于词汇衔接手段。

胡壮麟在《语篇的衔接与连贯》（1994）一书中从层次角度进一步拓展了衔接，将衔接视为一个多层次概念，主张从音系层、句法层、词汇层、语义层和社会符号层五个方面加以阐述。其中，语音层体现为语调、信息单位和语音模式；句法层体现为结构衔接和主述位；词汇层体现为词汇搭配和指称性；语义层体现为及物性、逻辑连接和语篇结构；社会符号层体现为语境和语用知识，且前者又可细分为情景语境、语篇语境和文化语境，后者可分为言语行为和会话准则（胡壮麟，1994）。

张德禄（2001，2012）则在胡壮麟（1994）提出的衔接的多层次观基础上，提出基于多功能思想，即从概念、人际和语篇功能三种角度拓展语篇的内部衔接和外部衔接。从语篇的内部衔接来看，概念功能上的衔接关系主要体现在语篇的及物性结构之间的连接关系，如同构关系、对比关系和表达概念意义的词汇形成的语义场关系；人际功能上的衔接关系则表现在语篇的语气结构和情态成分之间的关系，以及表达人际意义的词汇之间和语调类型之间的关系；语篇功能上的衔接关系则表现在语篇的主位推进模式、信息结构之间的关系、跨小句间语音上的对应或对比关系。从语篇的外部衔接来看，衔接关系主要体现在语篇与语境之间的衔接。这种衔接关系主要体现语境因素与语言形式有预设关系和语境因素与语言形式形成空环两种方式。

2. 衔接与连贯的关系

相对衔接在语言形式有具体的表现而言，连贯则显得较抽象。也正因如此，张德禄（2001）将衔接关系描述为语篇的具体意义关系，而将连贯描述为这些具体意义关系产生的整体效应。

从某种程度上讲，语篇的意义的确来自整体效应。但奇怪的是，体现整体效应的连贯与体现具体意义关系的衔接之间并不具有对应关系，如：

例（9）I bought a Ford. The car in which President Wilson rode down the Chaps Elysees was black. Black English has been widely discussed. The discussions between the presidents ended last week. A week has seven days. Every day I feed my cat. Cats have four legs. The cat is on the mat. Mat has three letters.（Enkvist，1978：110）

这则看似具有衔接关系的语篇并不连贯，其根本原因在于衔接体现的只是语篇的表层结构关系，而语篇深层的语义或功能关系则由连贯来体现（Brown & Yule，1983；Crystal，2008；de Beaugrande & Dressler，1981；Stubbs，1983）。换言之，语篇的衔接主要由词汇和语法等表层结构形式来实现，而连贯则由句子或话语之间的语义或功能关系来体现（苗兴伟，1998）。

张德禄（2000）将衔接无法保证连贯的原因归结于我们将衔接关系的范围固定在概念意义的联系上所致。这是因为，衔接是语篇中的一个成分和对解释它起重要作用的其他成分之间的语义关系，且这一"其他成分"在语篇中也能找到（Halliday & Hasan，1976）。倘若某些外指成分无法在语篇中找到，需要结合情景语境才能理解，那么这种情况就不是衔接关系了。

为此，张德禄（2000）将衔接的范围进行了扩充，而不再仅仅局限于概念意义。他认为衔接的范围也不再局限于所指、替代、省略、连接和词汇衔接五个方面，衔接概念应能用于解释话语中的语义关系。这样一来，语篇中任何表语义关系的特征都可以看作衔接特征，且这些衔接特征在语义系统中的概念、人际和谋篇三种意义也有体现。

对衔接范围的扩大，在一定程度上印证了韩礼德和韩茹凯（Halliday & Hasan, 1976）有关衔接与连贯关系的观点，即语篇的连贯性表现在两个方面：语域上的一致促成语篇在语境上的连贯；语篇自身的连贯蕴含了语篇的衔接。可以说，语篇在语境方面的连贯，是由语篇外部衔接促成的。语篇自身的连贯，是由语篇内部衔接促成的。这样一来，我们可以把衔接与连贯之间的关系比作手段与目的。衔接一定促成连贯，连贯一定由衔接构成。但这得有一个前提，即衔接须基于某种语义关系以构成连贯语篇为目的，而不是没有语义关系制约的衔接手段的堆砌。

5.4.2 衔接与连贯理论的新近发展

尽管雅各布森（Jakobson, 1960）对文学语篇中的排比结构的分析通常被认为是对语篇衔接的最早研究（Traugott & Pratt, 1980；苗兴伟，1998），但韩礼德和韩茹凯（Halliday & Hasan, 1976）的研究无疑是这一研究的集大成者。相对连贯来讲，衔接在功能语篇分析中讨论的更多。一方面，衔接是具有相对体现形式的语言手段；另一方面，衔接虽不一定构成连贯，却是讨论连贯的基础。

在《英语中的衔接》一书中，韩礼德和韩茹凯（Halliday & Hasan, 1976）将衔接这一语言现象以学术术语方式提出来，并随后使得作为一个普通概念的连贯在学术界一度成为一个热门话题（张德禄，2000）。这一阶段，衔接还只是限定于语篇功能中的非结构性衔接手段，如指称、替代、省略、连接和词汇衔接五类。

随后，在《语言·语境·语篇》(Halliday & Hasan, 1989)一书中，韩礼德和韩茹凯在《英语中的衔接》一书讨论衔接的非结构性手段的基础上，作了两方面的拓展：一是提出了结构性衔接手段，如平行结构、主—述位结构、已知—新信息结构；一是将非结构衔接手段进一步划分为成分关系和有机关系。成分关系包括《英语中的衔接》一书提出的五类衔接手段中的四类：指称、替代、省略和词汇衔接；有机关系则包括《英语中的衔接》一书提出的五类衔接手段中的另一类——连接，还包括相邻对、延续两种衔接手段。

在韩礼德和韩茹凯（Halliday & Hasan, 1976, 1989）讨论衔接的基础上，国内很多学者撰文对此进行过讨论。比如，胡壮麟的《语篇的衔接与连贯》(1994)、张德禄和刘汝山的《语篇连贯与衔接理论的发展及应用》(2003)、朱永生等人的《英汉语篇衔接手段对比研究》(2001)，以及一些论文，如张德禄的《论衔接》(2001)。其中，胡壮麟（1994）和张德禄（2001）对衔接与连贯理论的拓展尤其值得注意。胡壮麟（1994）对衔接理论进行了多层次的拓展。他将原本只在词汇层和语法层体现的衔接手段，增加了音系层、语义层和社会符号层，从而将衔接手段从原来的两个层次拓展到了五个层次。张德禄（2001）则从元功能理论视角对衔接理论进行了拓展，将原本只在语篇功能讨论的衔接手段，拓展到了包括概念功能、人际功能和语篇功能的三个元功能维度，并讨论了语篇与语境之间的衔接问题。可以说，这一研究突破了只在语篇内部讨论衔接的局限性、突破了衔接只涉及概念意义的局限性，明晰了人际意义的衔接和语篇意义的衔接，并将衔接向语境层进行了延伸，提出了由语言形式项目预示的衔接关系和由意义空缺形成的衔接关系两大类语篇与语境衔接关系（张德禄，2012）。

近年来，国内外学者对衔接与连贯理论进行了开拓性研究。国外方面，衔接与连贯的研究主要集中在应用方面（参见 Armstrong & Ferguson, 2010; Hodge et al., 2019）。有关理论探讨的研究还不多见，目前只有瓦雷拉斯-尤拉多（Valeiras-Jurado, 2019）在多模态连贯方面作了一些探索。

相对而言，国内在语篇的衔接与连贯理论方面的成果则突出得多。一是胡壮麟的《新编语篇的衔接与连贯》(2018)。该书是在其1994年版《语篇的衔接与连贯》的基础上修订而成,其中最大的一个亮点就是,将语篇的衔接与连贯研究引入有别于传统的语言符号的多模态语篇,极大地拓展了语篇的衔接和连贯理论的应用范围。

二是张德禄的《语篇分析理论的发展及应用》(2012a)。该书主要围绕语篇衔接理论的发展、语篇连贯理论的深化、语篇语类理论的进展和语篇的多模态探讨四个部分展开。该书可以说是张德禄和刘汝山的《语篇连贯与衔接理论的发展及应用》(2003)的深化,因为后者只重点探讨了语篇连贯的外部因素和内部条件,很多方面尚未涉及,如非语言特征的衔接作用、语篇跨层次、跨级阶衔接、语篇连贯的宏观原则等。尽管该书部分内容是以前发表过的论文,但也有一些是成书时未曾发表过的新内容,如多模态话语分析综合理论框架。该框架在谈及多模态话语形式的关系时,提及了互补与非互补关系。前者可细化为强化和非强化;后者则包括交叠、内包和语境交互。但是,这些话语形式之间的关系是否就体现一种衔接与连贯关系,值得思考。

另外,这一时期还有一些学术价值很强的论文,如曹继阳和李泉《汉语口语语篇衔接手段与衔接成分》(2019)、董素蓉和苗兴伟的《隐喻的语篇衔接模式》(2017)、杜世洪和卡明斯的《连贯是一个语言哲学问题》(2011)、李佐文和梁国杰的《论语篇连贯的可计算性》(2018)、马伟林的《语篇衔接手段的评价意义》(2011)、徐军的《语篇衔接模式的前景化》(2011)、张玮的《语篇衔接的主体可及性分析路径探索》(2019)等。

5.5 评价系统的主要议题及新近发展

系统功能语言学中人际意义的体现通常由语气、情态等系统来体现,但这些人际意义只着眼于小句层面,词汇本身所反映出来的人际意义却无法得到切实反映。系统功能语言学有关人际意义研究的这一不足,由悉尼大学马丁及其同事在主持一个名为"写得得体"(write it right)的科研项目的过程中发现。在该项目研究中,他们发现学生对文本的评价资源的认识是提高其语文水平的重要方法之一。为此,他们想建立一整套评价资源，并将这些资源运用于语篇分析。这些研究促成了"评价系统"的诞生。评价系统主要包括介入（engagement）、态度（attitude）、级差（graduation）三大系统及其各自的次级系统。比如，介入的次级系统包括自言和借言；态度的次级系统包括情感、判断和鉴赏；级差的次级系统包括语势和聚焦。

5.5.1 主要议题

1. 介入

介入指语言学意义上的态度介入，具体体现为人们语言使用过程中的态度表达路径，即要么直言直语，要么间接隐匿。这样一来，介入主要包括自言（monogloss）和借言（heterogloss）两个子系统。所谓自言，是指未提及他人观点和声音的"裸露"陈述（bare assertion），包括断言（assertion）和假言（presumption）。前者是对当前的讨论或争论的直接有效的命题表述；后者则是去除当前有争议的或讨论的命题表述后的剩余部分，从而将命题表述视为理所当然的情形（Martin & White, 2005）。

借言是假借他人之口，将语篇建构成为一个多声对话场所，在实现对命题立场、态度、观点的表达的同时，为语言使用者协商语篇的可争议性提供资源。借言包含他人观点和声音，可根据对话性的开启或关闭程度，进一步细化为紧缩（contract）和扩展（expand）两个次一级系统。前者包括否认（disclaim）和肯定（proclaim）；后者包括容纳（entertain）和归属（attribute）。其中，肯定又可细化为同意（concur）、宣称（pronounce）和认可（endorse）；归属又可细化为承认（acknowledge）和疏远（distance）。

2. 态度

态度系统是评价系统的核心，主要通过情感（affect）、判断（judgement）和鉴赏（appreciation）三个子系统分别表现言者对自己的情感、对别人的性格,以及对周围事物的评价。可以说,情感、判断和鉴赏分别对应心理、伦理和美学三个传统语义范畴,即情感是对行为的心理反应,判断是伦理标准参照下对行为的评估,鉴赏是对现象的美学评估(徐来娟,2013)。

情感系统又可细分为性质、过程和评注三个子系统。其中,性质主要通过诸如"happy""sad"等性质词语来体现,以表达语言使用者的情感;过程主要体现为心理过程和行为过程,用于揭示情感上的心理状态和行为上的情感;评注主要通过性质副词来体现,以表达语言使用者的评注性态度。情感意义从语义韵上分正面与负面;从强度上分为低、中、高三种程度。

判断系统可细分为社会评判和社会约束两个子系统。其中,社会评判往往从坚韧不拔(tenacity)、做事才干(capacity)、社会规范(normality)等维度判断一个人的行为,并通过考察这些行为的正负情况判断其是否应得到社会尊重和谴责。社会约束往往从诚实可靠(veracity)、行为正当(propriety)两个维度考察一个人的行为,也会根据这些行为的正负情况判断其是否受到社会的表扬和制裁。

鉴赏系统可细分为构成、反应和价值三个子系统。其中,构成包括平衡(balance)与细节(detail)两个方面。前者指文本/过程是否相称;后者指文本/过程的可理解状态受其复杂程度的影响情况。反应也可分为两个方面,包括影响(impact)与品质(quality)。前者指文本/过程具有的吸引力程度;后者指文本/过程对感情的影响力程度。与构成、反应均体现为两个方面不同,价值只体现为一个方面,即用社会标准判断文本/过程是否值得做的程度。

3. 级差

评价系统中,态度和介入均可根据强度分级。因此,级差常被视为"横跨整个评价系统的资源,起到对其他人际意义润色的作用"(Martin & White,2005:136),具体体现"分级""强化"和"模糊"三种思想(何中清,2011)。

级差系统分为语势(force)和聚焦(focus)两个子系统,在评价系统中主要用于指态度的增加和衰减。语势又由两个处于析取关系的子系统构成，即强势（raise）与弱势（lower）；聚焦也由两个处于析取关系的子系统构成，即锐化（sharpen）与模糊（soften）。

5.5.2 评价系统的新近发展

评价系统源自马丁及其团队在澳大利亚新南威尔士州开展的一项名为"写得得体"的项目。评价系统的最终目的，是想建立一整套可用于语篇分析的评价资源体系，挖掘叙事语篇中的评价资源、科技语篇和历史文本的客观性，以及行政话语中的责任根源（徐来娟，2013）。

尽管"写得得体"的初衷是为了找到提高学生语文水平的方法，但评价系统发现后，便走出了一条自我发展的新路。起初，马丁（Martin, 1995）在《读解立场 / 定位读者：英语中的判定系统》一文对后来归属于态度系统的判断子系统进行了研究，第二年又在名为《对中断的评价：中学叙述文的主题象征》（Martin, 1996）一文中对归属于态度系统的情感子系统作了探讨。直到马丁（Martin, 2000）公开发表论文《交换之外：英语中的评价系统》时，包括态度、介入和缩放（amplification）三个系统的评价系统框架才基本形成。

但马丁（Martin, 2000）在《交换之外：英语中的评价系统》一文中，只重点讨论了态度系统中的三个子系统：情感、判断和鉴赏，对介入和缩放只是提及，且后来的级差系统用的术语还是缩放。在与罗斯合作的《语篇研究——跨越小句的意义》（Martin & Rose, 2003）一书中，态度系统中的三个子系统：情感、判断和鉴赏仍是讨论的重点，但也间接涉及评价系统的另两个子系统，以说明态度的程度和来源问题。这时他们用的术语仍是缩放，但介入却用的是来源（source）。术语的不确定性表明理论还未真正成熟。2005 年，《评估语言：英语评价系统》（Martin & White, 2005）一书的出版，标志着评价系统基本成熟。评价系统的三大子系统的名称才正式固定下来，即介入、态度、级差。介入和级差脱离了作为态度资源的辅助资源的地位，作为相对独立的系统加以单独讨论和详细刻画。

第 5 章 功能语篇分析理论的新发展

评价系统在中国的传播要追溯到张德禄1998年发表的《论话语基调的范围及体现》(张德禄,1998b)一文。由于当时评价系统的框架还不够成熟,该论文并没有引起学界太多的关注。直到2001年,王振华的《评价系统及其运作》(2001)一文对评价系统作了详细介绍后,评价系统在中国的研究才算真正开始(刘世铸,2010)。据刘世铸统计,短短十年时间(2000年至2009年),国内主要期刊发表有关评价系统研究的论文就有174篇。研究内容涉及评价系统及各个子系统的理论探讨(如王振华、马玉蕾,2007;杨信彰,2003;张德禄、刘世铸,2006),也涉及评价系统在语篇分析中的实际应用(钱宏,2007;袁传有,2008)。这充分说明了评价系统在国内学界的可接受度较高。

近年来,评价系统在国内外的发展具有一定的共性:一是评价系统研究如何与语料库结合。贝德纳雷克(M. Bednarek)博士就曾于2013年2月20日至21日在澳大利亚新南威尔士大学举办的第1届评价系统研讨会上,谈到了如何结合评价系统和大型语料库进行语篇分析,并提出了具体可操作的指导原则(郇昌鹏,2013)。彭宣维等(2012)对汉英对应评价意义语料库的研制,也是这方面研究的有益尝试。一直以来,评价系统研究采用的语料多为英语,这必然显现出类似基于英语语料提出的评价系统的各个子系统是否在其他语料也能适用,在划定评价资源时是否可以遵循同一标准等问题。这些问题的解决无论对评价系统本身,还是对其他语料的选用都具有重大意义。

二是语篇分析中评价分析的方法论问题。贝德纳雷克和郇昌鹏(2018)从文本选取、文本的评价分析、评价分析结果的阐释等角度探讨了评价分析中的方法论问题。其中,文本的评价分析主要涉及透明度、一致性、简约原则,以及语料之间和语料内容的差异问题。

三是评价系统如何运用于多模态语篇分析。2013年2月20日至21日在澳大利亚新南威尔士大学举办的第1届评价系统研讨会上,埃克纳莫(D. Economou)和昂斯沃思(L. Unsworth)探讨了运用评价系统分析多模态语篇的问题和对策(郇昌鹏,2013)。

除以上共性外,国内学者试图将评价系统与文体学理论结合,用于构建解释语言文体特征的评价框架。这方面较突出的是彭宣维的《评价文体学》(2015)。该书将评价系统与文体学结合,既拓展了系统功能语言学理论的内涵，也为文体分析提供了新的研究范式。彭宣维根据自己的评价文体学框架，发表了多篇有关评价文体学方面的成果，如《叙事话语的社会生态效应——基于科幻小说〈地狱〉的评价解读》（彭宣维，2019）等。

5.6 语法隐喻理论的主要议题及新近发展

一般而言，隐喻指的是一种用于源域和目标域之间的跨范畴投射现象。隐喻的系统研究最早可追溯至古希腊圣贤亚里士多德，属于修辞学研究范畴，当时隐喻常被视为偏离语言规范的例外现象。20世纪80年代，莱考夫和约翰逊（Lakoff & Johnson，1980）在《我们赖以生存的隐喻》一书中，首次向人们展示出隐喻无处不在的普适性特点，并认为隐喻是人类须臾不可分离的东西。然而，也还有一种隐喻，不是体现为跨范畴投射，而指的是一种形式与意义之间的张力。这便是韩礼德（Halliday，1985，1994/2000）的语法隐喻。可以说，语法隐喻自提出之日起，就一直受到学界的关注。目前，语法隐喻方面的成果十分丰硕，比如，韩礼德等学者对语法隐喻理论作了全面阐述（如 Halliday，1985，1993，1994/2000，1995/2007；Halliday & Martin，1993；Halliday & Matthiessen，2004，2014）、韩礼德语法隐喻模式的扩展、儿童的语法隐喻能力发展（如 Halliday & Matthiessen，1999；Ravelli，1988；Simon-Vandenbergen et al.，2003）。国内许多学者也对语法隐喻理论在引介和研究方面做了大量工作，产出了丰硕成果（如范文芳，2001；胡壮麟，1996，2000b；严世清，2000，2003；杨炳钧，2016；张德禄、赵静，2008；朱永生，2006；朱永生、严世清，2000）。总体来看，这些研究主要聚焦于语法隐喻的识别、语法隐喻的模式、语篇隐喻是否存在等方面。

5.6.1 主要议题

1. 语法隐喻的识别

语法隐喻可让语言变得简洁洗练,这也是诸如学术语篇、科技语篇的重要语篇特征之一。那么,什么是语法隐喻?如何识别语法隐喻?这些问题自然成为语法隐喻视角下进行语篇分析的关键。

在韩礼德看来,与词汇隐喻不同,语法隐喻主要体现为语法形式的变异。这是因为,语法隐喻"不是问'这个词怎么用?'而是问'这个意义怎么表达?'……一旦我们这样看问题,我们立刻就会认识到,词汇选择只是词汇语法选择的一个方面,或称'措辞';而隐喻变异不只是词汇问题,更是词汇语法问题"(Halliday, 1985: 320)。如"protests flooded in"跟"a flood of protests"不是简单的用词不同的问题,因为其语法结构也不一样(Halliday, 1985;姜望琪, 2014)。

在韩礼德看来,"这个词怎么用"涉及的是词汇隐喻,而"这个意义怎么表达"却关乎语法隐喻。正是从这一意义上考虑,隐喻可进一步区分为词汇隐喻与语法隐喻(Halliday, 1994/2000)。这种区分可以大致概括为:是从词的形式入手,考察一个词表达的是字面义还是隐喻义;还是从意义入手,分析一个意义是由什么形式表达的,一致式还是隐喻式?当然,这里的一致式并非就是最好的表达方式,亦非最常见的方式。但这里似乎告诉我们一种识别语法隐喻的方法,即一致式和隐喻式标准。

那么,什么是一致式?什么是隐喻式呢?如"protests flooded in"这个事件可以用"a flood of protests"表示。前者是一致式,后者是隐喻式。韩礼德(Halliday, 1985)指出,只有一致式出现时也出现隐喻式,我们才意识到"一致式"的存在。一般而言,不管语言演化是先有一致式还是先有隐喻式,我们都有能力判断一致式是什么样子。

然而,事情并非如此简单,这主要表现在韩礼德(Halliday, 1985, 1994/2000)称为语法隐喻的语言现象上,如"have a bath""do a dance""make a mistake""She has brown eyes""He has a broken wrist""She enjoys excellent health""He writes good books""We sell bargains"等。这些看似平常的语言表达,其实反映了语法隐喻现象,如"She has brown eyes"和"He has a broken wrist"分别是一致式"Her eyes are brown"和"His wrist is broken"的语法隐喻。对于这种逐渐成为无标记形式的语法隐喻现象,韩礼德(Halliday,1985,1994/2000)指出,这些无标记形式的"隐喻",大多数情况下可以不用考虑它们的隐喻性质。这也说明"一致式和非一致式之间没有非常清楚的分界线"(Halliday,1985:327,1994/2000:348)。

区分一致式和隐喻式的探讨仍在继续,一致式这个概念有待澄清(朱永生、严世清,2000)。对于隐喻式与一致式的关系,韩礼德和麦蒂森(Halliday & Matthiessen,1999)主张从语义发生学(semogenesis)的角度加以解释,即基于种系发生(phylogensis)、个体发生(ontogenesis)、话语发生(logogenesis)三个时间框架考察语言意义产生和演变的过程,以确定一致式。比如,种系发生时间框架下一致式确定,可根据种群随交往范围的扩大和交际信道的增加导致同一意义多种形式这一事实进行反推得出;个体发生时间框架下一致式确定,可根据儿童习得的同一意义的多种表达式进行反推得出;话语发生时间框架下一致式确定,可根据说话者在选用同一意义的多种表达式中的最初使用的表达式判定(刘承宇,2003)。

根据胡壮麟(2000c)的概括,区分隐喻式与一致式的重要途径是观察所涉表达是否符合以下标准:(1)年龄标准。"年幼儿童的言语是通常见到的没有隐喻的语篇的唯一例子"(Halliday,1985:321),因此,可将青春期前的儿童口语视为语法隐喻讨论的节点(Halliday & Martin,1993)。(2)难易度标准。一致式体现在词汇密度低、平白、简单的表述中。(3)合乎自然标准。一致式体现于语义和形式之间存在的"自然"关系,如名称体现为名词、动作体现为动词、描述体现为形容词、逻辑关系体现为连词等。(4)历时标准。一致式往往是儿童最先习得的话语表达,或者说语言演化初期出现的表达。(5)方式标准。由于书面语通常脱离语义与语法的一一对应关系,借助语法隐喻而创建新义,因此,儿童在学习书面语之前掌握口语大多是一致式。杨炳钧(2016)则在胡壮麟的基础上,提出典型性标准,即一致式要么是常见的表述,要么是"去隐喻化"之后的惯常表述。

2. 语法隐喻模式

语法隐喻模式体现了系统功能语言学语法隐喻理论的发展情况。从韩礼德（Halliday，1985）正式系统研究语法隐喻以来，大致出现了三个重要的研究模式，即功能模式、功能层次模式和功能层次语义模式（胡壮麟，2000c；杨炳钧，2016；张德禄和董娟，2014）。

功能模式将语法隐喻分为概念隐喻和人际隐喻两类。其中，前者体现在过程的转换、功能成分的转换以及词汇语法的转换三方面；后者则主要是词汇语法的转换（见图5-3）。

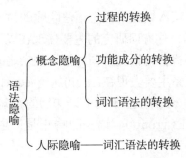

图 5-3　语法隐喻的功能模式（胡壮麟，2000c）

功能模式有关论述主要集中在名词化以及间接言语行为方面（胡壮麟，2000c）。不过，由于隐喻式既有隐喻意义，又有一致式意义，从而获得了额外的语义特征（杨炳钧，2016）；同时，名词化因对句子结构进行重组，往往也会导致信息的丢失。为此，韩礼德后来把层次纳入进来以完善功能模式。

功能层次模式是对功能模式在层次方面的拓展（见图5-4）。由于引入了层次这一概念，一方面使功能模式中同时具有的词汇语法转换，可通过系统网络的合取选择来加以实现，从而让语法隐喻的模式更适合系统功能语言学的系统网络要求。另一方面，层次的概念包括语义层、词汇语法层以及音系层，这与语言系统的层次是一致的，从而更好地说明语法隐喻是语言发展过程中的必然产物。

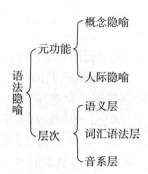

图 5-4　语法隐喻的功能层次模式（胡壮麟，2000c）

相对而言，功能层次模式对概念语法隐喻的讨论更为深入。根据杨炳钧（2016）的概括，这方面研究的主要体现在以下四个方面：一是将语法隐喻的形成机制概括为语义层与词汇语法层之间的对应关系，抽象度更高。这种对应关系主要表现在：语句丛（sequence）、语句（figure）以及组元（element）分别对应于词汇语法层的小句组（clause nexus）、小句（clause）、词组（group）。语法隐喻正是产生于这种对应关系的错位。

二是提出13类语法隐喻类型。涉及"品质""过程""环境成分""连接者"等语义域转为"实体"（第1—4类）；"过程""环境成分""连接者"转为"品质"（第5—7类）；"环境成分""连接者"转为"过程"（第8—9类）；连接者转为环境成分（第10类）；零成分转为实体（第11类）；零成分转为过程（第12类）；实体得到扩展（第13类）（Halliday & Matthiessen，1999）。

三是将语义交汇（semantic junction）视为语法隐喻的重要特点。比如，当"品质"被构建为"事物"时，"事物"就具备了形容词和名词所共有的特性，且"品质"的意义融合于"事物"这一新的形式。

四是提出语法隐喻并发现象（syndrome of grammatical metaphor）。比如，两个语句组成的语句丛被重构为一个单一的小句；每个语句重构为一个名词词组；名词词组之间的逻辑语义关系重构为动词词组。

功能层次语义模式在功能层次模式基础上，又新增了扩展与投射等体现逻辑语义关系的语义域这一要素（见图5-5）。

第 5 章 功能语篇分析理论的新发展

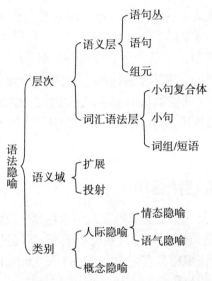

图 5-5 语法隐喻的功能层次语义模式（杨炳钧，2016）

从某种程度上讲，这一模式是对语法隐喻本质的又一次深刻认识，充分揭示了语义域在语法隐喻形成过程中的重要作用。毋庸置疑，语法隐喻形成过程中，一定伴随有扩展或投射等逻辑语义关系。比如，扩展类小句组中的"添加"关系可以由连词 also 在衔接层面体现（例 10），也可以由并列关系在结构层面体现（例 10a）、还可以由 with 词组体现（例 10b），甚至还可以由并列型词组复合体体现（例 10c）（Halliday & Matthiessen, 2004; Halliday & Matthiessen, 2014），如：

例（10）She went to the market. Her son **also** went to the market.

例（10a）She went to the market **and** so did her son.

例（10b）She went to the market **with** her son.

例（10c）She **and** her son went to the market.（杨炳钧，2016）

扩展或投射在人际隐喻中也是如此。其中，人际隐喻中表达显性主观的是扩展类；表达显性客观的是投射类。比如，"I think Mary knows"这一小句，就是用显性主观来表达"Mary'll know"这一隐性主观形成情态隐喻；"It's likely Mary knows"用显性客观来表达"Mary probably knows"这一隐性客观，形成情态隐喻。

另外，引入语义域这一概念，把扩展和投射作为人际隐喻和概念隐喻的主要形式，可以弱化级转移的概念。一直以来，"级转移"作为语法隐喻的生成机制，包括"小句复合体"转为"小句"、"小句"转为"词组"，从而将并非属于语法级阶系统的"小句复合体"当作级阶上的一个级，与系统功能语法的基本思想相悖。因此，杨炳钧（2016）认为从语义域的角度来考察，可避开了小句复合体不能作为"级"的问题。

3. 是否存在语篇语法隐喻

不难发现，以上三个语法隐喻模式均未提及语篇隐喻。但是，正如胡壮麟（2000c）所质疑的那样，系统功能语言学包括概念、人际和语篇三大功能，而语法隐喻只存在于概念功能和人际功能，那么，语篇功能中是否也会出现语篇隐喻？

不仅韩礼德的以上三个语法隐喻模式不包括语篇隐喻，即便在与麦蒂森合作出版《功能语法导论》第四版时，仍只谈及概念隐喻和人际隐喻。这充分说明韩礼德不认可语篇隐喻。但我们知道，语法隐喻产生的同时会引发小句主位的不同。比如，在"displacement along these faults caused failure of the Baldwin Hills Reservoir in 1963"这一小句中，一个语句丛"x was displaced along these faults so the Baldwin Hills Reservoir failed in 1963"被实现为语句，而不是一致式的小句复合体，同时主位也发生了变化。理论上讲，这应属于语篇隐喻。但在韩礼德和麦蒂森（Halliday & Matthiessen, 2014）看来，语篇隐喻不是独立的，它只是概念隐喻的副产品或概念隐喻的语篇效应。

但是，马丁对语篇隐喻却持肯定态度。他最早提出语言中的时间关系可以经语法隐喻构建成不同形式（Martin, 1992: 168），如例（11）中的斜线部分：

例（11）We walk the ring with our dogs. *Afterwards* we just wait.

例（11a）We walk the ring with our dogs *and then* we just wait.

例（11b）*After* we walk the ring with our dogs we just wait.

例（11c）*Subsequent to* walking the ring with our dogs we just wait.

第 5 章　功能语篇分析理论的新发展

另外，马丁（Martin，1992：483）还提出语篇可以通过元提议（meta-proposals）和元命题（meta-propositions）加以组织，并将其视为语篇隐喻的一种。如：

例（12）（元提议）

Mrs. Birling—You'll apologise at once.

Inspector—Apologise for what, doing my duty?

Mrs. Birling—No, for being so offensive about it.

例（13）（元命题）

Mrs. Birling—I don't understand you, Inspector.

Inspector—You mean you don't choose to, Mrs. Birling.

Mrs. Birling (angrily)—I meant what I said.

在马丁（Martin，1992）看来，例（12）和例（13）中，动词表示的过程不只是对动作行为的不断细化以作为表征经验世界的一部分，动词表示的过程本身就是隐喻性的。在对话语内容进行精心组织而不是随意表述时，这种隐喻性的表现则更为明显。

一些学者认可语篇隐喻的价值，如何清顺和杨炳钧（He & Yang，2014）、胡壮麟（1996）、黄国文（2009a）、拉森（Lassen，2003a，2003b）、刘承宇（2003）、马丁（Martin，1992）、汤普森（Thompson，1996）。同时，语篇隐喻的表现形式也得到了进一步的拓展。比如，马丁提出了隐喻性主位（metaphorical themes）和隐喻性新信息（metaphorical news）两种新的语篇隐喻（Martin，1993）。所谓隐喻性主位，是指通常为不置于句首的其他成分充当的主位，其作用是通过前景化以示突出、强调或与上下文构成衔接关系。隐喻性新信息，是指采用分裂句或拟似分裂句移至句首以获得新信息地位的成分，或通过对比重音、斜体或大写等音系或书写手段获得新信息地位的其他成分，以突显相关信息内容（刘承宇，2003）。可以说，语篇隐喻丰富了语法隐喻的内涵。不过，语篇隐喻的相关定义与判断标准等尚未确立，还需进一步研究，有关论述可参见杨炳钧（Yang，2018）的研究。

5.6.2 语法隐喻理论的新近发展

语法隐喻在韩礼德（Halliday，1985）的《功能语法导论》一书中以专章阐述，并以此视为语法隐喻产生的标志。其实，早在 20 世纪 60 年代韩礼德就曾提及语法隐喻，当时他发表过一篇名叫《语法、社会以及名词》（"Grammar, Society and the Noun"）的论文，主要聚焦名词化问题（杨炳钧，2016）。然而，语法隐喻这一术语首次使用却是在其发表于 1976 年名为《反语言》（"Anti-languages"）的论文中。他指出，出于对社会的反动，反语言表现出与标准语言不同的语音、形态、词汇、句法、语义特征，抑或称之为隐喻变异（metaphorical variation），其中的形态隐喻、词汇隐喻、句法隐喻统称为语法隐喻（Halliday，1976/2007a；姜望琪，2014）。

如前所述，语法隐喻自提出后，就不断得到修正与完善，主要经历功能模式、功能层次模式以及功能层次语义模式等三个发展阶段（胡壮麟，2000c；杨炳钧，2016）。语法隐喻研究层层推进，走向深入，取得了大量的研究成果（见 Lassen，2003a，2003b；Martin，1992；Ravelli，1988；Simon-Vandenbergen，2003；Thompson，1996；董宏乐，2005；范文芳，1997a，1997b，2001；胡壮麟，1996，1997，2000b，2000c，2004；刘承宇，2008；杨信彰，1998；朱永生，1994；朱永生、严世清，2000）。

然而，由于其本身相当复杂，语法隐喻研究一直没有停止过，近年来更是成为系统功能语言学研究的热点话题之一。从国外或国际发表来看，语法隐喻研究主要集中在以下四方面：语法隐喻的多模态视角（Guijarro，2016）、语法隐喻的语料库研究（He，2019；He & Wen，2017；He & Yang，2018；Yang，2014）、语法隐喻的反思（Yang，2018a，2018b），以及学术语篇中的语法特性（Liardet，2018；Liardet et al.，2019）。

近年来，国内方面的语法隐喻理论进展主要表现为三个方面：一是对语法隐喻理论的全面反思和修正。张德禄和雷茜（2013）指出我国的语法隐喻研究具有引介阐释性、评判批评性、修补完善性、实际应用性、理论融合性和语言对比性等特点，并基于国内语法隐喻的学科引领

第5章　功能语篇分析理论的新发展

性不强、汉语语法隐喻研究薄弱等问题，提出今后应加强语法隐喻模式与语言类型学的关系探讨、汉语语法隐喻的研究、多学科综合研究等。杨炳钧在《语法隐喻理论及有关质疑》（2016）一文中，对隐喻式与一致式意义并不等同、一致式的定义不清楚且缺乏明确界定、语法隐喻已经被纳入语法化理论研究范畴、非隐喻式并非就是一致式、是否存在语篇隐喻、语法隐喻是否就是相同所指不同能指，以及（语法）隐喻可能成为"垃圾篓"七个方面进行了全面反思，并对以上七大方面的质疑进行了逐一回应。张德禄和董娟（2014）通过全面梳理语法隐喻理论近三十年来的发展过程，探讨了语法隐喻理论的发展趋势，并提出了语法隐喻研究需要解决诸如一致性问题、同义性问题、语篇隐喻是否存在等问题，同时主张语法隐喻应向语域、语类等语篇层面、向跨学科领域、音系层、多模态等方面进行拓展。随后，董娟和张德禄（2017）以《语法隐喻理论再思考—语篇隐喻概念探源》为题，对语篇隐喻展开探讨，区分出"语篇语法隐喻"和"织篇隐喻"。前者发生在小句（及复合体）范围内，由词汇语法结构变化来体现，并具体表现为主位等价结构和主位谓化结构；后者发生在语篇语义层面，由非结构性的衔接机制来体现，并具体表现为元信息关系、语篇指代、隐喻性主位/新信息、磋商语篇性、内部连接。

　　二是语法隐喻理论的本地化研究。杨延宁在《基于语料分析的汉语语法隐喻研究》（2016）一文中，通过建立汉语的语法隐喻理论框架，描述汉语中的语法隐喻现象。同时，运用统计学方法考察了汉语语法隐喻的分布特点，并揭示了语篇复杂程度与语法隐喻使用频率之间的关系。杨炳钧在《"王冕死了父亲"的概念语法隐喻视角》（2018）和《"台上坐着主席团"的概念语法隐喻阐释》（2019）两篇论文中，对汉语中的概念语法隐喻进行了探讨。其中，"王冕死了父亲"是由复句"有个七岁的孩子叫王冕，他的父亲死了"向下级转移而形成的小句，属于典型的概念语法隐喻；"台上坐着主席团"是由复句"那是主席台，主席团坐在台上"转移而来。前者符合语言使用的经济规律，是语言发展"紧缩化"现象的写照；后者具备关系过程（那是主席台）和存在过程（主席团坐在台上）的特点。上述这些本地化研究，一方面深化了汉语的语法隐喻研究，另一方面加强了语法隐喻的类型学研究。

三是语法隐喻的应用研究。陈瑜敏和黄国文（2014）以文学名著《艾丽丝梦游仙境》为例，立足语法与语义之间的错位体现关系对语篇易读度产生影响这一事实，在语法隐喻的研究框架内分析原著及其简写本中各类语法隐喻的使用情况。该研究认为，概念隐喻大多被删减或改写为一致式，以提高易读度；相反，一些人际隐喻的程度还被提高。该研究进一步丰富了语篇易读度研究成果，对教材编写、文学简写本编撰具有很强的指导意义。

5.7 语域理论的主要议题及新近发展

语域是体现语境变量的语义构型，是系统功能语言学中的重要议题之一。在题为《语言使用者与语言使用》（Halliday，1964/2007）的论文中，韩礼德首次将其纳入功能语言学范畴，并对其作出阐述。目前，国内外有关语域研究的成果相当丰富，并主要表现在语域与语境的关系（如 Firth，1968；Halliday，1991/2007b；Hasan，1995；常晨光、陈瑜敏，2011b）、语域变量（如 Halliday & Hasan，1985/1989；张德禄，2002；朱永生，1987），以及语域的预测功能（如 Halliday，1978；Halliday & Hasan，1980；高生文，2015；张德禄，1990）三方面。

5.7.1 主要议题

1. 语域与语境

在系统功能语言学理论框架下，语境一直是一个很重要的概念，同时也是一个非常复杂的概念。这也难怪韩礼德（Halliday，1991/2007b）在越南的一次学术会议上，将其题为"语言教育中的'语境'观念"的主旨报告中的语境一词加上引号，并明确指出在厘清语境这个概念前应加上引号。

系统功能语言学中的语境研究，最早可追溯至马林诺夫斯基有关原住民语言的研究。在他看来，理解原始语言的每一语词的意义都取决

第5章 功能语篇分析理论的新发展

于语境,而且只有置入当时的情景语境才能理解。后来,他把原始语言改为所有语言,并指出一个单词的意义部分地取决于其出现的文化语境。至此,马林诺夫斯基在情景语境的基础上,引入了文化语境这一概念。由于马林诺夫斯基不是语言学研究者,虽然他提出了这一概念,却没有阐述这一概念与语言之间究竟有何种关系。作为其同事的弗斯(J. R. Firth)深受启发,非常认同马林诺夫斯基基于语境考察语言的观点,并以学者特有的敏锐性看到将情景语境引入普通语言学的可能性。弗斯(Firth,1968)立足这一问题,对语境的要素从情景中的参与者、参与者的行为(包括语言行为和非语言行为)、情景中的其他有关事物和事件、言语行为的效果四方面作了表述,以期阐明语言与语境间的关系。

尽管这一思路本身没有问题,但语境如何影响语言却缺乏具体可操作的框架。换言之,语言与语境之间如何相互影响仍缺乏明晰的关系。作为弗斯的学生,韩礼德也意识到这一问题。在他看来,当前最为紧要的事就是厘清语言与语境之间的关系。韩礼德秉承马林诺夫斯基的做法,区分出文化语境和情景语境,但又在弗斯将语境纳入语言研究的基础上,一方面将文化语境和情景语境视为一种示例关系,另一方面主张语言作为系统与语言作为一个具体语篇之间也是一种示例关系。这样一来,语言与语境之间便可视为一种体现关系,即语言作为系统体现文化语境、语言作为语篇体现情景语境(见图5-6)。

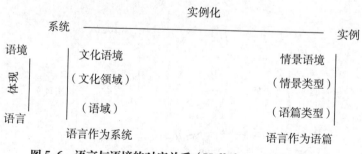

图5-6 语言与语境的对应关系(Halliday,1991/2007b)

后来,韩礼德在明晰了语言与语境之间的关系这一基础上,又进一步引入语域这一术语,借此阐述语言作为语篇与情景语境之间的体现关系。在韩礼德(Halliday,1995/2005:248)看来,"语域使我们能够描写语言中的语境变化。从示例渐变体的实例一端来看，语域就是同类语篇的集合，是一种语篇类型；相反，从系统一端来看，语域就是（整个系统的）一个子系统。"（见图5-7）至此，他在功能语法中引入语域这一术语，将语域视为打通语言与语境关系的中介变量。

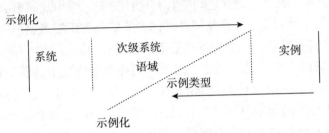

图5-7 语域作为语言与语境关系的中介变量（Halliday，1995/2005）

不难发现，韩礼德在语域的理解上是参照示例关系的。然而，马丁却对语域的理解持不同的看法。受格雷戈瑞将话语基调切分为个人基调和功能基调的影响，马丁主张将功能基调视为与语篇纲要式结构（schematic structure）有关的一个语境变量，即语类或语篇语类，以强调语类与语篇结构的关系。语类由体现为语场、语旨、语式的语域来体现，且语域与语类之间的关系是体现关系，而非示例关系。这样一来，语言与语境之间的关系得到重新表述。

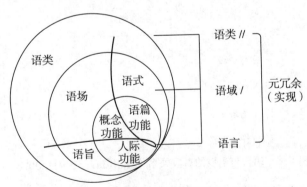

图5-8 语类、语域与语言的关系（Martin，1997）

然而，马丁的这一改动在学界褒贬不一。韩礼德本人就曾认为马丁误解了语域的原有定义（常晨光、陈瑜敏，2011b）。韩茹凯（Hasan，

第5章　功能语篇分析理论的新发展

1995）的批评更为尖锐，认为将语类与语域分层的做法非常有害。因为这种做法的潜在逻辑是将情景语境有关的语篇信息当成了一种文化制约下的固有行为，从而认为文化是不变的，这显然与事实不符。甚至有学者认为，这正是导致韩礼德语域思想没有得到关键性发展和应用的原因之一（Lukin et al., 2011；高生文、何伟，2015）。但马丁（Martin, 1992）却认为其语类模式是对韩礼德语域模式的发展。目前，这一观点得到一些学者的赞同，如埃金斯（Eggins, 1994）、文托拉（Ventola, 1988）、杨信彰（2010）等。不过，有关研究还远未解决关键问题。

2. 语域变量

语域是"意义概念，可以定义为通常和某个由话语范围、话语基调和话语方式组成的情景构型相联系的意义构型"（Halliday & Hasan, 1985/1989：38-9）。因此，话语范围（field of discourse）、话语基调和话语方式（mode of discourse），抑或所谓的语场、语旨、语式通常被视为语域的三大变量。由于在实际的语篇形成过程中，语场、语旨、语式三大变量往往会因语篇的不同，可以继续细化。我们不妨以朱永生（1987）加以阐述，因为其在这方面的研究最为系统、深入。

语场是指语段能在其中发挥作用的整个事件，以及讲话者或写作者的有意图的活动（Halliday, 1976；朱永生，1987）。一般而言，语场可分为技术性和非技术性两大类。语式指媒介关系在语言上的反映，并主要表现在口头和书面两大类。前者可分为自然和非自然，后者又可按目的分为口头和阅读两大类，如用于口头的演讲稿、用于阅读的家用电器说明书。语旨分为个人基调和功能基调两大类。前者指言语活动参与者之间的关系在语言上的反映；后者则指讲话者或写作者的意图在语言上的反映。前者可进一步划分为正式体和随意体；后者可进一步细化为寒暄、叙述、说服、教导等。

语域变量的刻画，无疑有助于加深学界对语言与语境关系的认识。但打通语言与语境关系的中介变量——语域是否涉及语言的元功能，这关乎系统功能语言学理论的完整性问题。一般认为，语域是语言内部的一个层次，体现语义层特征，具体来讲，语域只是部分地体现了语义层特征。因此，以意义系统为参照，语域与意义系统的关系是整体与部分的关系，即整个意义系统是整体，语域是部分，是根据情景语境从概念意义、人际意义和语篇意义中选择出的一个意义组合（或意义构型）（张德禄，2002）。这样一来，三大元功能就与三个变量之间就联系上了，同时，由于语域影响语言的选择，因此这种关系可大致表述为：话语范围或语场决定体现概念功能的及物性模式；话语基调或语旨决定体现人际功能的语气模式；话语方式或语式决定体现语篇功能的主述位模式。

3. 语域预测功能

韩礼德最先在《作为社会符号的语言：语言和意义的社会学解释》一书中谈到语域的预测功能。在他看来，"语域具有预测性，即语篇可能使用的语言在很大程度上可以从其使用的社会环境进行预测，且预测正确的可能性很大"（Halliday，1978：32）。

显然，只有语篇中独特的语义特征和情景中特殊符号特征有助于体现语域的预测能力（张德禄，1990）。就语篇的独特语义特征和符号特征而言，韩礼德和韩茹凯（Halliday & Hasan，1980）从具体到抽象区分了四个层次的语篇独特性，即物质情景设置独特性（material situational setting uniqueness）、言语独特性（verbal uniqueness）、结构独特性（structural uniqueness）、体裁独特性（genre uniqueness）。

张德禄（1990）认为韩礼德和韩茹凯的物质情景设置独特性属于情景独特性，同时认为这一独特性在讨论语篇独特性时最不相关，从而基于言语独特性、结构独特性、体裁独特性三种特性，提出了具体情景特征独特性（specific situational feature uniqueness）、情景亚类型独特性（situation subtype uniqueness），以及情景类型独特性（situation type uniqueness）三类体现语篇预测性的独特语义特征和符号特征，分别对应韩礼德和韩茹凯（Halliday & Hasan，1980）的言语独特性、结构独特性、体裁独特性。

张德禄（1990）对韩礼德和韩茹凯（Halliday & Hasan，1980）提出的语篇中独特的语义特征和情景中的特殊符号特征进行了修正，其主要贡献体现在两个方面：一是通过"情景类型""情景亚类型""具体情景类型"层层推进，更直观地体现语域的预测能力；二是让这种预测能

第5章 功能语篇分析理论的新发展

力更具可操作性。一般来讲,这种预测能力是双向的。以语篇为起点,预测一般需要归纳出体现语篇独特性的总体结构及其必要成分,进而预测产生这一语篇的情景类型的更详细的亚情景类型以及具体的情景类型。以情景为起点,预测者需先从情景中找出相关的具体情景特征,将其综合、归纳,得出亚情景类型以及情景类型,进而基于情景类型预测语篇的体裁独特性、总体结构,以及言语特征。

但也有学者对这种双向预测提出质疑,认为有时我们只能从一个方向预测。比如,有些语篇(如文学语篇)除了读者这个外在情景因素外,没有其他情景因素,因而只能根据语篇本身构建内在情景进行预测(高生文、何伟,2015)。其实,这种质疑值得商榷,体现在两方面:一是将语篇内在的语域与语篇外在的语域混淆,不利于研究的深入。语域的这种双向预测显然是基于语篇生成的情景语境,不应将读者对语篇解读时的语域混淆。其实,语篇内在语域与语篇外在语域的混合体现了一种互文性,属于双重语域现象,情况更为复杂。二是将文学语篇视为没有情景因素的语篇,这一观点显然不符合我们对情景语境的理解。一般而言,只要是语篇,就必然是由话语范围、话语基调和话语方式组成的情景构型的结合体,其中话语范围、话语基调和话语方式本身就是情景因素。

5.7.2 语域理论的新近发展

语域这一学术术语本非系统功能语言学的原创范畴,学界公认的看法是,该术语由雷德(T. B.W. Reid)于1956年研究双语现象时提出。雷德(Reid,1956)所指的语域为一般所说的语篇变体(text variety)。由于语域可视为一种语言变体现象,韩礼德于1964年就在题为《语言使用者与语言使用》(Halliday,1964/2007)的论文中,首次将其纳入系统功能语言学范畴,并对其作出阐述。在他看来,语言的功能决定语言的形式,而以功能或用途区分出来的不同形式的变体就是语域。

为了进一步说明语域这一特殊语言变体现象,韩礼德(Halliday,1978)就此与另一语言变体现象——方言——进行了区分,指出方言是基于使用者区分的，而语域是根据用途来区分的。具体来看，语域可从话语范围、话语方式、话语风格（style of discourse）来区分语言使用的情况。在《语言·语篇·语境》（Halliday & Hasan, 1985/1989）一书，韩礼德进一步将语域这一概念明晰化，指出语域是与某一特定的话语范围、话语基调、话语方式相关的意义组合。与以前不同的是，韩礼德和韩茹凯借鉴格雷戈里（Gregory, 1967）有关话语基调的研究成果，将话语风格（style of discourse）替换为话语基调（tenor of discourse）。后来，马丁（Martin, 1992, 1999）对语域理论作了进一步拓展，将其从语境表达层上升到语境内容层，从而主张语域与语类之间的关系视为体现关系而非示例关系。

近年来，系统功能语言学的语域理论得到了进一步研究，并产出了大量的研究成果。从国外或国际发表的研究成果来看，主要体现在两方面：一是对系统功能语言学的语域模式进行全面反思（Bowcher, 2011; Lukin et al., 2011; Matthiessen, 2019）；二是语域模式研究的三分说，即层次（stratification）、示例（instantiation）、元功能（metafunction）（Matthiessen, 2020）。

国内有关语域的研究成果主要有：常晨光和陈瑜敏（2011a）、高生文（2013）、高生文和何伟（2015）、杨信彰（2010）。综观这些研究，相对前一时期来看，语域理论主要有以下几方面的发展。第一，深化和拓展了语域理论。高生文（2013）在韩礼德语域研究的基础上，进一步完善了语域思想。他在拓展语域的特点（除具有情景语境成分又有语义成分外，还有历史性、动态性或生态性、主观性与客观性、显性和隐性、有限性和无限性以及复杂性等特点）和功能（除预测和衔接功能外，还具有自动调节功能、创新功能和社会功能）的基础上，提出了语域理论重建的内容、方法和原则。

第二，对语域理论的反思和评介。常晨光和陈瑜敏（2011a）全面梳理系统功能语言学中语境概念的发展情况，对系统功能语言学内部在语境研究上的分歧进行了深入讨论，特别是语域的讨论。杨信彰（2010）则主要聚焦马丁的语域研究，对马丁关于语域理论的发展和应用进行了全面探讨，着重评述其关于语域是语言的模式之模式的思想、基于多个领域语篇进行分析以拓宽语域研究领域、有关语域能力和读写

第 5 章　功能语篇分析理论的新发展

能力的研究等方面的成就。与杨信彰（2010）的聚焦式研究不同，高生文和何伟（2015）采用研究的广角视野，通过对马林诺夫斯基、弗斯、韩礼德、格雷戈里、马丁等主要学者有关语域研究的回顾，厘清了系统功能语言学语域思想发展的基本脉络，进一步深化对语域的本质和语域分析的内容的理解，认为语域的最大特点是既具有情景语境特征又具有语篇语义特征，因此，在对语篇进行语域分析时，主张不仅要作情景语境分析，还要作语篇语义分析。

除上述研究外，麦蒂森（Matthiessen，2019）在回顾系统功能语言学的语域历程后，对语域理论今后的发展情况从三个方面进行了展望。一是语域制图学（registerial cartography）。麦蒂森将语域制图学看作是一个宏大的事业，因为它旨在将不同语言的文化语境下的语域进行地图化，以至于能够明晰语言的语域成分随时间变化的情况。当然，语域制图也充满挑战。它需要对语言的各个系统相关的语域进行全面分析和描写，这不仅是指那些易于通过自动处理就能分析和描写的语域内容。为此，麦蒂森主张研究中应做到四个互补：人工分析和机器分析的互补、语篇分析和语料库分析互补、质化和量化的互补、高阶分析与低阶分析的互补。二是非语言符号系统或多模态系统的语域研究。麦蒂森认为非语言符号系统或多模态系统的语域研究将会是语域制图学的前沿热点研究。三是语域意义的个体发生研究。这就要求今后的语域研究中，应跟踪语言使用者自儿童经学生时代进入成年这一期间，以了解其语域发展情况。

5.8　语类理论的主要议题及新近发展

尽管语类（或称体裁）研究由来已久，但在系统功能语言学领域却是不久的事。在系统功能语言学领域，韩茹凯是首位对语篇语类进行研究的系统功能语言学家，其在语类方面的最大贡献是提出了语类结构潜势（generic structure potential），并开创性地作出"语类由结构的必要成分来定义"的论断（Halliday & Hasan，1985/1989：62）。与韩茹凯不同，马丁（Martin，1992：505）将语类视为"一种阶段性的、有既定目标的社会过程",如诗、广告、说明文、讲座、讨论会、商业交易、新闻广播等。国内学者在最初引述和评介的基础上,对语类理论也做出了推动和发展(如方琰,1998,2002;于晖,2009a,2009b;张德禄,2002a,2002b,2002c;张萍,2005)。整体来看,语类理论研究目前的主要议题体现在语类与文化语境关系、语类结构两大方面。

5.8.1 主要议题

1. 语类与文化语境

学界一般认为,语类与文化或文化语境紧密相关。正因如此,甚至有学者认为大部分的文化差异事实上就是语类差异,这是因为不仅两种文化的语类潜势不同,而且实现语类的方式也不同(方琰,1998)。或许正是由于语类与文化语境之间的这种紧密关系,埃金斯(Eggins,1994)甚至将语类与文化语境相提并论。在埃金斯看来,文化语境与语类处于同一层面,因而是同一个意思。

显然,这种观点的出发点是为了突出语类的文化特性,但这一观点似乎太过绝对而难免有失公允。方琰(1998)就曾质疑这种将文化语境与语类等同起来的做法是否恰当。语类虽然具有多样性,但相对作为语言的文化符号系统的文化语境来讲,却是微不足道的,因为"探索文化资源符号是一个永无止境的事业"(Martin,1992:508)。

与埃金斯不同,马丁(Martin,1992)提出了他的文化语境,包含了两个层次:意识观念和语类。意识观念指"在一个特定社会中思考和行为的方式,是社会的常识,或者说是人们习惯性的信念和价值"(胡壮麟等,2008:317-8),因而意识观念对语类的选择具有制约作用。这样一来,马丁对文化语境的两层次分析表明,语类属于文化语境的次类,受意识观念制约。

张德禄(2002b)则认为每一个语类通常都与一定的文化模式相对应,而不是与整个文化模式相对应。正如张德禄所述,每一个语类相对应的文化模式可看作整个文化的一部分,亦即韩礼德的情景语境(Halliday,1978;Halliday & Hasan,1985/1989),也称为情景类型

(situation type)或格雷戈里(Gregory,1988)的类属情景(generic situation)。这是因为,情景类型与文化语境就是整体—部分关系,情景类型实际上是一类语篇的语境,即一个语类的语境,而不只是一个具体语篇的语境。

然而,参照情景语境与文化语境之间的示例关系,张德禄(2002b)将语类视为情景类型,这一观点没有体现系统与实例之间的示例关系。张德禄的语类分析框架将语类置于实例一边,与韩礼德的有区别。在说明语境配置与文化语境间的关系时,韩礼德和韩茹凯(Halliday & Hasan,1985/1989)曾明确指出,文化是与当前情景语境最相关的一些抽象表述,从这一意义上讲,文化就是指情景语境中的一些核心的抽象要素,与文化语境本身既等同,也可从宏观上将文化语境视为人类社会一切的总和,而把体现这种核心要素的抽象过程视为这种宏观文化语境的体现。由于语类属于语言范畴,应属于纵轴的语义潜势范畴,并与语场、语旨和语式所有量值相互制约。对于某一特定语类的语义潜势而言,则可视为FTM(field,tenor,mode)量值的一次校准(calibration)。因此,语类应处于文化领域的位置(见图5-9),反映了情景类型,两者之间是一种示例关系。这样一来,语篇类型体现情景类型,语域体现语类。同时,语类也不是文化语境,语类只是文化语境中的一部分体现。

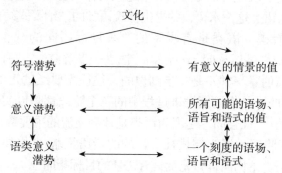

图5-9 文化、语义和情景间的关系(Halliday & Hasan,1989)

因此,可以说,韩礼德的这一有关语类与文化语境的论述与马丁对文化语境与情景语境之间构成体现关系的论述是不同的。

2. 语类结构体现

情景配置（contextual configuration）这一概念由韩茹凯提出，指的是"一组实现语场、语旨、语式的值"的匹配（Halliday & Hasan, 1985/1989：55-56）。换言之，针对某一特定语类的语义潜势而言，语类则可视为语场、语旨、语式量值的一次校准。这种校准的结果主要体现在语类结构上，即每个语类都具有一定的语类结构。

既然是一种校准，就存在一定的弹性空间，这也就导致语类结构具有必要成分和非必要成分两种可能。尽管语类结构并非是固定不变的，但语类结构的判断往往基于必要成分，且这些必要成分呈一定顺序出现。比如，在购物的过程中，一般有买卖询问（sale request）、意向达成（sale compliance）、购买（sale purchase）、买卖结束（purchase closure）这些必要成分，而打招呼（greeting）则是一些附带的非必要成分。

事实上，韩茹凯的语类概念还不是一个学术术语，原本属于一种语域的功能变体，强调语境配置对语言使用的制约作用，这是因为韩礼德认为没有必要引入语类层，对于语篇与社会过程之间的关系已经在语域理论中得到了很好的解释，从而将语类结构与衔接的作用类比，认为这只是一个语篇特征而已，可用于区分语篇与非语篇（刘立华，2019）。但是，语域属于语言层，对揭示社会过程的作用有限。这使得马丁在语域层之上引入语类这一术语，并提出体现语类的"纲要式结构"。

在马丁看来，语类是有步骤的、有目标指向的社会的过程（a staged goal-oriented social process）。他进一步解释说，"有步骤的"是因为语类语篇的意义并不是一步到位的，往往需要经过几个阶段生成；"有目标指向的"是指语篇推进过程中的各个阶段都是以实现某种交际目的所驱动的；"社会的"是因为语类是社会交流的重要载体（Martin, 2009）。由于将语类视为完成社会目的的话语策略，"纲要式结构"相比韩茹凯的语类结构而言，无疑具有明晰的目标指向性。

尽管马丁的语类理论受到韩茹凯（Hasan, 1995）的批评，但马丁的语类理论在实践层面的作用相当明显。比如，澳大利亚基于马丁的语类理论设计出的"轮式语类考察循环模式"，对提高学生的多元识读能力取得了很好的教学效果（Cope & Kalantzis, 1993）。

第5章　功能语篇分析理论的新发展

5.8.2　语类理论的新近发展

语类，亦称体裁，最早可追溯至古希腊时期的亚里士多德。无论是其《诗学》中所区分出的史诗、抒情诗和戏剧三种文学语篇体裁，还是安德罗尼柯提出的逻辑学、形而上学、自然哲学、论动物、论人、伦理学和政治学、美学等有关《亚里士多德全集》分类体系，无不体现了语类特征。一直以来，语类研究似乎只是文学领域的宠儿，文学类作品也往往根据文本的介质、篇章结构、写作手法等形式上的因素分为小说、诗歌、戏剧、传记等。但是，由于语类的语言学属性，加之语言学研究不再囿于形式主义传统的束缚，语类很快被引入了语言学研究领域，成为语言学家们的新宠。这样一来，语篇语类不再局限于对文学作品所做的分类，而是涵盖诸如新闻、旅游、论文、广告、购物、聊天、面试等各类交际行为的语篇类型（于晖，2009a）。

在系统功能语言学领域，韩茹凯是第一个对语篇语类进行研究的系统功能语言学家。韩茹凯认为，语篇类型的确定应立足意义而非形式。同时，语类与语域处于同一层面，其中，语类体现一个语域的功能变化，并受语境配置制约。后来，韩茹凯在描述语类结构潜势这一概念时指出，语类由结构的必要成分来定义（Halliday & Hasan, 1985/1989）。由于必要成分主要与语境配置当中的语场有关，这样一来，语类的确定似乎主要取决于语场。然而，马丁主张语类是语域三大变量共同作用的结果，将语类视为一种阶段性的、有既定目标的社会过程（Martin, 1986），并提出了以社会目标达成为主的纲要式语类结构。张德禄（2002）对韩茹凯和马丁的语类理论作了进一步完善。通过梳理韩茹凯的语类结构潜势框架、婉托拉的动态语类分析框架、马丁的符号环境理论框架、米勒的分级分析框架、福伦兹和法莱尔的分级分析框架、皮尔斯和康克林的分级分析框架、帕尔特利奇的语类确认框架七大语类框架的基础上，张德禄（2002）构建了新的语类分析框架。该框架把语类视为包括语言活动的社会活动系统，其本身也是语类结构潜势。同时，这一语类结构框架不仅考虑了语言符号系统，还涉及非语言符号系统。

近年来，语类理论的研究成果丰硕，极大地推动了语类理论的进一步发展。国外或国际发表的有关语类理论的研究成果主要体现在以下两个方面：一是混合语类的研究（Bartlett，2012；Miller & Bayley，2016；Nesi & Gardner，2012；Pang & Chen，2018）。比如，庞继贤和陈芳（Pang & Chen，2018）认为财报电话会议是集报告和促销两种语类的混合语类语篇，并以探讨这一混合语篇中评价资源的频率和功能为切入点，发现评价资源具体体现了言语使用者的形象促销策略、说话人身份识别策略以及元话语策略。二是多模态语类研究（Calhoun，2019；Hafner，2018）。比如，哈弗纳（Hafner，2018）认为数字媒体时代必然催生学术交流在语类方面的革新，一方面可吸引更多新人加入学术研究行列；另一方面有利于在学术写作中运用文字和图形结合的多模态意义资源。卡尔霍恩（Calhoun，2019）通过分析反霸权主义的种族喜剧的语义特征和与此相关的社政评论，发现反霸权的种族喜剧受非洲裔美国人的喜剧语类特征（generic features）和网络多模态语类语篇的影响很深。

除了提及多模态语类之外，这一时期国内有关语类的研究还较多地停留在评介和阐述上，对语类理论创新研究还不够。整体上讲，国内语类研究体现在以下两个方面：一是语类理论的评述。比如，庞继贤和叶宁（2011）通过系统评介美国的新修辞学、系统功能语言学及应用语言学三大语类学派，主张在语篇/语境这一连续统上考察三大语类学派的研究焦点，从而区分出倾向于语境端的新修辞学流派和倾向于语篇端的系统功能语言学和应用语言学流派。刘立华（2019）则探讨了马丁对语类研究的贡献。该文认为马丁的语类模式出于对语境和语篇辩证关系的重新思考，是在叶姆斯列夫的语言层次观和莱姆基的"元冗余理论"基础上发展起来的，其贡献在于促进系统功能语言学语境理论的发展。

二是多模态语类研究。胡明霞和李战子（2018）对多模态语类这一概念进行全面梳理，并探讨了这一研究领域的前景。该文指出单模态语类定义对多模态的预测能力有待考证，多模态语类空间与功能语言学语类空间的兼容度值得进一步探讨，且非语言模态的数据收集和机器分析问题迫切需要解决。王正和张德禄（2016）在语类结构潜势的基础上，立足期刊封面这一融合图文的新型语类，提出了研究这一语类的新框架并优化了系统功能语言学的语类分析方法，增强了系统功能语言学对图文组成的静态多模态语类的描写能力。汪燕华（2011）以多模态语篇中图文体现的语类和图类的配置问题为出发点，主张学界加强语类和图类的配置模式的研究，因为该类研究不仅利于明晰多模态语篇的可识别性、可预测性特征，而且可以有助于读者提高多模态读写能力。

此外，于晖的《功能语篇体裁分析理论与实践》（2018）一书对功能语类理论与实践进行了全面研究，深化了学界对语类理论和实践的认识。该书在充分梳理语篇语类概念的理论溯源的基础上，主要从周期系统、概念系统、连接系统、协调系统等维度探讨了语类的主位运动的层阶性、语类中的核心关系类型、语类中的词汇衔接模式、内在连接词与语类结构成分。同时，该书还论及了语篇语类与伯恩斯坦的知识结构理论之间的关系。除理论阐述外，该书在实践方面主要探讨了语篇语类与外语教学的关系。

5.9 多模态理论的主要议题及新近发展

随着人类进入信息时代，传统上通过语言来传递意义的做法也被包括语言在内的多种媒介代替，人们对信息的获取不再局限于语言符号本身，多模态化（multimodality）亦然成为当今社会文化系统的主要特性之一（李战子、陆丹云，2012）。那么，多模态传递意义的方式与传统的语言符号有何不同？多模态意义如何解读？对这些问题的思考催生了多模态研究的三个方向：社会符号学的分析方法、交互社会语言学的分析方法，以及认知科学的分析方法。这里只探讨与功能语篇分析相关的社会符号学的分析方法，其他分析方法详见辛志英（2008）。

基于社会符号学方法进行多模态话语分析，主要受韩礼德社会符号学理论的影响。以奥图尔和克瑞斯为领军人物的多模态话语研究者认为，图像与语言符号一样，也是社会符号，因此，语言的社会符号学方法同样可以用来分析图像。具体来看，视觉语法可以参照语言的语法探讨词组成小句、句子和语篇的过程，探讨不同的视觉陈述如何由人物、事物和地点进行实现（辛志英，2008）。正是由于多模态语篇强大的解释力，该理论自提出之后，就吸引了越来越多学者的兴趣，如胡壮麟（2007a，2007b）、克瑞斯和范勒文（Kress & van Leuwen，1996，

2001)、莱姆基(Lemke,1998,2002,2009)、李战子(2003)、奥汉洛兰(O'Halloran,2005,2007)、奥图尔(O'Toole,1994)、杨信彰(2009)、朱永生(2007)等。综观这些研究成果,多模态理论研究主要集中在多模态语篇分析的视觉语法框架和模态间的相互关系两大议题。

5.9.1 主要议题

1. 视觉语法框架

系统功能语言学中的语法常用来解释语言如何表达意义,因而这种在语法框架下对意义表达的解释,往往具有很强的说服力和客观性。与语言符号不同,多模态符号表征意义的过程具有不同的媒介方式,且这些媒介间的联结关系非常复杂,如何将多模态符号表达的意义传递出来,自然成为多模态符号学研究的难题。

多模态社会符号学理论将模态等同于社会符号,认为这些社会符号与同为社会符号的语言具有一定的共性。受系统功能语言学理论的启发,多模态理论研究者主要探讨如何参照功能语法进行包括视觉模态在内的多模态语篇的语法研究。参照系统功能语法中的概念、人际和语篇功能,多模态社会符号学理论也从再现(representation)、互动(interaction)和构图(composition)三种功能或意义来分析图像(李德志,2013)。

图像的再现意义指的是视觉图像像语言符号一样,可以再现构图者与外部世界的关系,以及其内心世界的经验。根据图像的不同特征,再现意义可细分为叙事过程(narrative process)和概念过程(conceptual process)。前者又可划分为行为过程(action process)、反应过程(reaction process)、言语及心理过程(speech & psychological process);后者可划分为分类过程(classificational process)、分析过程(analytic process)、象征过程(symbolic process)。叙事再现中,图像中元素形成的斜线称为矢量,可用于连接参与者、构成行动或反应过程、再现语篇意义。概念再现包括的过程则相当于系统功能语法中及物系统里的关系过程和存在过程,不存在矢量(郑群、张博,2015)。

互动意义往往通过接触（contact）、社会距离（social distance）、视角（perspective）、情态（modality）等途径实现。其中，接触是指设计图像者借助图像对读者实施的某种行为，可细分为"求取"（demand）和"提供"（offer）两种行为。社会距离用于反映参与者与互动参与者间的距离，分为亲近距离（intimate）、社会距离（social）、公共距离（impersonal）三种。视角指的是取景的视角或角度。不同的角度可以体现不同的态度，表现了参与者间尊重、权利、平等或不平等的互动关系。情态主要体现在图像色彩的饱和度、明暗度、纯度等，可体现为高情态、中情态和低情态。

构图意义的主要作用是使图像的再现成分与互动成分得以体现，进而整合成一个有意义的整体（韦琴红，2009），主要通过显著性（salience）、信息值（information value）、框定（framing）体现。显著性可通过诸如颜色、大小、位置、重合等多种途径实现。比如，置于上方的因素是"理想的"，也就是对信息的理想化或概括化，因此也是信息的显著部分。信息值体现于各个成分在整体图像上的不同位置，比如，图像左边往往意味着已知信息（或常识信息等）、图像右边多表示新信息（或有争议信息等）。框定指的是图形的线条分割使用情况。这些线条往往可用于分割或连接图像中的元素，可用于表示某种元素在意义上表示的是属于还是不属于（李战子，2003）。

2. 模态互动关系

一般认为，多模态话语中模态之间的关系可以分为两个类别：符号间性和再符号化（张德禄，2018）。相对而言，符号间性的研究更为普遍。相关研究主要可见巴特（Barthes，1977）、马丁内茨和萨尔韦（Martinec & Salway，2005）、张德禄（2009）等。

巴尔特（Barthes，1977）将图文关系概括为锚定（anchorage）、阐释（illustration）、接续（relay）三类。其中，锚定意义由语言语篇来确定；阐释意义由图像来确定；接续指锚定意义和阐释意义相互连接，进而形成多模态语篇的整体意义。马丁内茨和萨尔韦（Martinec & Salway，2005）在图文关系探讨上，主要借鉴韩礼德的逻辑语义关系，即基于相互依存关系区分平等与不平等，基于逻辑语义关系区分投射和扩展关系。

罗伊斯（Royce，1998）从概念意义和人际意义关系的角度，探讨构建整体意义中的图文间的相互作用。相对来看，张德禄（2009a）的研究更为全面。他综合考虑了语言、图像、声音和感觉四种模态形式，从互补关系和非互补关系对这些模态形式间的关系进行了细致刻画。在互补关系中，区分强化关系（包括突出、主次、扩充）和非强化关系（包括交叉、联合、协调）。在非互补关系中，区分交叠、内包和语境交互等。

再符号化，是指在不同的语境或阶段对意义的重新符号化，即采用新的模态符号来重新实现多模态意义的过程（张德禄，2018）。比如，小说语篇可以通过技术处理，在电视或电影等数字媒体上重新符号化，成为兼具语言、声音、视觉等多种模态的结合体。尽管再符号化方面的研究不多，但由于再符号化是多模态化的一种普遍现象，研究成果往往具有普适性。比如，伊德玛（Iedema，2001b，2003）以医院这一社会机构为研究对象，探讨其内部结构变化所生发出来的多模态意义的再符号化过程。他发现医院这一社会机构中既存在诸如对话方式、面部表情、手势体势、着装等短暂符号模式，也存在诸如工作场所固有的空间布局等长期符号模式，以及小组会议、患者就诊等新的活动模式，等等。这些繁多的符号模式往往会相互作用并产生新的符号模式。其实，这样的例子举不胜举，如教材内容通过 PPT 进行讲授等。因此，可以说社会机构总是处于"再符号化"的进程中（李战子、陆丹云，2012），但是有关将相同意义进行重新符号化，以及这一符号化过程对揭示语篇意义的优势，仍需要继续研究（张德禄，2018）。

5.9.2 多模态理论的新近发展

多模态语篇具有超越语言符号的复杂性，其蕴含的独特魅力很快就使其成为研究者们的新宠。近年来，多模态理论产出了大量的研究成果，如鲍彻（Bowcher，2012）、陈风华和弗朗西斯科（2017）、代树兰（2017）、冯德正等（2014）、李战子和陆丹云（2012）、莫亚-古亚罗（Moya-Guijarro，2014）、奥汉洛兰和布拉德利（O'Halloran & Bradley，2011）、拉韦利和麦克默特里（Ravelli & McMurtrie，2016）、肖莎娜

（Shoshana et al.，2012）、索尼娅（Sonja et al.，2015）、张德禄（2018）、张德禄和胡瑞云（2019）等。

从国外成果发表来看，多模态理论的新近发展主要表现为三个方面：多模态理论的全面反思（见 O'Halloran & Bradley，2011）、多模态的意义构建（见 Bowcher，2012；Moya-Guijarro，2014；Ravelli & McMurtrie，2016；Shoshana et al.，2012；Sonja et al.，2015）、多模态评价的研究（见 Moya & Arsenio，2016；Querol-Julian & Fortanet-Gomez，2012）。

近十年来，国内有关多模态理论的研究成果也十分丰富，主要涉及多模态分析框架的构建、多模态研究的反思，以及模态间的关系探讨三个方面。第一，在多模态分析框架方面，张德禄（2018）在其（张德禄，2009）提出的包括文化、语境、意义、形式和媒体五个层面的多模态语篇分析综合理论框架的基础上，重新提出一个新的框架，以突出系统特性，强调系统功能的统一，突出选择的过程，突出符号间性，并增加了对实体层的描写。同时，张德禄和胡瑞云（2019）认为多模态语篇研究应重视对符号系统，特别是符号的供用特征的研究，进而明晰符号系统及其符号的供用特征如何被文化语境和情景语境促动、符号的供用特征之间如何相互协同，以及从相关的符号系统中如何选择合适的符号及其供用特征。

第二，这一时期有关多模态研究的评介与反思更多的是对该领域的研究成果做出的概述性探讨，以厘清研究的现状、特点和发展趋势。比如，程瑞兰和张德禄（2017）以国内 11 种 CSSCI 刊物上发表的多模态论文为语料，梳理了多模态话语分析研究的成果数量及分布、发展趋势、研究方法、研究内容、理论基础等，并指出多模态话语分析应从理论、实践和方法等方面进行拓展。国防（2016）则以国外的 SSCI 期刊论文成果为语料，通过对这些论文的关键词词频分析，发现国外该领域的研究热点主要为言语、手势语、视觉、互动、身份、符号学、计算机媒介、语境和隐喻等。其他研究参见李战子和陆丹云（2012）、陈风华和弗朗西斯科（2017）、冯德正等（2014）等。

第三，尽管模态间关系的讨论一直较多，如巴特（Barthes，1977）、马丁内茨和萨尔韦（Martinec & Salway，2005）、张德禄（2009a）等，但这一话题仍是这一时期国内多模态理论研究的热点。比如，代树兰（2017）通过对多种符号资源的协同作用进行全面梳理，认为学界应关注图文之间的"语法"关系，并主张借鉴语言系统的研究经验，将其丰硕研究成果拓展到话语单位之间、图文之间的关系的研究。张德禄和王璐在《多模态话语模态的协同及在外语教学中的体现》（2010）一文中，通过对比两个教学案例，探讨了实际教学过程中不同模态的相互协同情况。后来，张德禄（2018）则从再符号化这一视角再次探讨了这一话题，认为在不同的语境或阶段对意义进行重新符号化，即采用新的模态符号，可重新实现多模态意义。

除上述探讨多模态理论的研究外，近期国内出版的有关多模态理论应用的专著（如代树兰，2015；李妙晴，2019；田海龙、潘艳艳，2019；王荣斌，2019；张德禄，2015；张艺琼，2018）也涉及多模态理论的讨论，反映了这一时期多模态理论的研究进展。比如，代树兰的《多模态话语研究：电视访谈的多模态话语特征》（2015）一书提出了互动性多模态话语分析的理论框架和电视访谈的多模态话语分析理论框架。张德禄的《多模态话语分析理论与外语教学》（2015）一书的第一章到第八章，涉及多模态话语分析理论的各个方面，包括多模态话语分析理论的基础、多模态符号资源及媒体系统、多模态话语的语法构建等。

5.10　小结

本章围绕功能语篇分析本体理论和运用于语篇分析的语言学理论，阐述语篇层次观、语篇语义观、语篇语法观、语篇适用观、元功能理论、衔接与连贯理论、语域理论、语类理论、评价系统、语法隐喻理论以及多模态理论的主要议题和新近发展。整体上讲，国内外学者都积极地参与上述理论的主要议题讨论，对深化这些议题的理解进而推动功能语篇分析理论的发展产生了积极作用。在上述理论的新近发展方面，尽管国内外研究在一定程度上还存在差距，但国内学者在元功能理论、衔接与连贯理论、语法隐喻理论、多模态理论等方面的研究成果丰硕，与国外研究相比毫不逊色。

第 6 章
功能语篇分析的主流研究方法

6.1 引言

  任何一项研究的推进必然依赖于一定的研究方法，功能语篇分析研究也不例外。就研究方法的分类来讲，目前还没形成较为统一的看法。桂诗春和宁春岩（1997：ii）主张分理论研究、描述研究、思辨研究、实验研究、介绍性研究五类。徐锦芬和李霞（2018）主张将研究方法分为实验性与非实验性两类，前者包括质化、量化和混合三类；后者包括思辨、综述和评介三类。目前，由于描述研究与思辨研究在一定程度上具有重合性，不易区分（刘润清，2015），同时考虑到评介也具有一定的综述性质，本章主要基于质化、量化、混合、思辨、综述五类研究方法，讨论功能语篇分析的研究方法问题。

6.2 研究设计

6.2.1 数据采集

  功能语篇分析研究方法的探讨主要基于第 4 章有关国内外重要期刊的数据。国外方面，数据主要来自《语篇和话语》（*Text & Talk*）、《学术用途英语杂志》（*Journal of English for Academic Purposes*）、《社会符号学》

(*Social Semiotics*)等 25 种语言类期刊，共计发文 125 篇；国内方面，数据主要来自《外语学刊》《外语教学》《中国外语》等 24 种语言类期刊，共计发文 123 篇（详见表 6-1）。

表 6-1　功能语篇分析研究方法的来源期刊及发文量

序号	国外期刊	发文量（篇）	国内期刊	发文量（篇）
1	Applied Linguistics	1	《北京第二外国语学院学报》	3
2	Aphasiology	2	《当代外语研究》	4
3	Australian Journal of Linguistics	2	《当代修辞学》	4
4	Babel	3	《当代语言学》	3
5	Canadian Modern Language Review	1	《江苏外语教学研究》	4
6	Clinical Linguistics	1	《山东外语教学》	5
7	English for Specific Purposes	8	《天津外国语大学学报》	6
8	Functions of Language	2	《外国语》	5
9	Gender and Language	3	《外国语文》	6
10	Iberica	7	《外国语文研究》	2
11	International Journal of Corpus Linguistics	1	《外国语言文学》	6
12	Interpreter and Translator Trainer	1	《外语电化教学》	3
13	Journal of English for Academic Purposes	14	《外语教学》	10
14	Journal of Language and Politics	4	《外语教学理论与实践》	1
15	Journal of Pragmatics	9	《外语教学与研究》	2

第6章 功能语篇分析的主流研究方法

（续表）

序号	国外期刊	发文量（篇）	国内期刊	发文量（篇）
16	Language & Communication	2	《外语界》	1
17	Language Testing	1	《外语学刊》	17
18	Linguistics and Education	8	《外语研究》	7
19	Literacy	4	《外语与翻译》	2
20	Perspectives	5	《外语与外语教学》	7
21	Pragmatics	3	《西安外国语大学学报》	8
22	Social Semiotics	13	《现代外语》	2
23	System	6	《英语研究》	5
24	TEL Quarterly	1	《中国外语》	10
25	Text & Talk	23		

6.2.2 数据分析

　　通过通读每篇论文摘要，我们对能从摘要中明确研究方法的论文直接基于质化、量化、混合、思辨、综述等类别进行统计。对于无法从摘要中明确研究方法的论文，我们下载了论文并仔细研读，特别是论文中涉及研究方法的部分，最终确认其研究方法。同时，由于功能语篇分析应突出分析的可操作性，对于质化、量化、混合文章，我们还着重分析研究过程中的语料收集情况，厘定文章采用的语料是自然语料还是诱发语料，并参照季小民和何荷（2014）对自然语料的进一步细化标准，分析自然语料在各个次一级范畴的表现情况。

6.3 功能语篇分析的研究方法

6.3.1 研究方法的总体分布情况

通过对采集文献逐条分析，同时为了反映近十年功能语篇分析研究方法的变化情况，我们将分析结果以"年"为单位进行呈现，结果如表 6-2、表 6-3 所示。

表 6-2　国外功能语篇分析的主流研究方法（2010—2019 年）

年份	量化	质化	混合	思辨	综述	合计
2019	11	14	2	1	0	28
2018	7	9	1	3	0	20
2017	6	4	1	2	0	13
2016	11	10	1	3	0	25
2015	1	4	0	1	1	6
2014	0	4	0	2	0	6
2013	0	4	0	3	1	7
2012	1	4	0	1	2	8
2011	1	3	1	1	3	9
2010	1	4	1	1	4	11
合计	39	60	7	18	11	135

表 6-2 显示，相比思辨和综述性研究，量化、质化以及混合研究方法是国外功能语篇分析研究的主流方法，占到研究方法总量的 78%。其中，以质化研究占比最高，达到 44%。从时间维度来看，量化研究方法越来越受到重视，且自 2016 年起一直如此。

另一方面，思辨类和综述类文章的比例在逐年减少，特别是综述类文章。这说明国外研究注重研究性论文的发表，对于综述性文章，一般

第6章 功能语篇分析的主流研究方法

是经过若干年后，由期刊主动邀请该领域的领军人物撰写发表。另外，这也说明功能语篇分析研究应属于应用性较强的研究，其思辨属性不明显。

表6-3 国内功能语篇分析的主流研究方法（2010—2019年）

年份	量化	质化	混合	思辨	综述	总计
2019	0	1	0	1	2	4
2018	1	3	3	5	1	13
2017	1	4	0	2	2	9
2016	2	3	2	5	3	15
2015	0	3	2	3	3	11
2014	1	1	0	0	4	6
2013	0	6	0	3	4	13
2012	1	2	1	5	5	14
2011	0	4	0	0	5	9
2010	0	5	0	3	7	15
合计	6	32	8	27	36	109

表6-3显示，相对于国外有关功能语篇分析擅长量化、质化和混合等研究方法而言，国内研究更多采用思辨和综述的方法。这似乎说明国内的研究方法还较单一，研究的深度和广度还不够。就综述研究方法来看，国内研究还更多地处于对国外该领域的研究进行介绍这一阶段。值得注意的是，近年来国内有关功能语篇分析研究在思辨方法运用上有所提高，这说明国内学者对功能语篇分析理论的批评意识在增强，在介绍与评述的基础上有了更深一步的思辨成分。

就量化研究而言，国内研究相对于国外研究还有一定的差距。一方面，这与国内的研究传统有关。国内研究一般以思辨研究见长，往往忽视量化研究在概率和因果关系上以数据为基础对研究问题的揭示。另一方面，这与研究关注的对象有关。国外研究多关注失语症患者语篇能力情况，这在语料处理上必然要求以量化研究为主，以增强研究的可信度。相反，国内的相关研究主要是关注文学语篇的质性分析，着重阐述语篇构建方式和语言资源的运用如何有效传达作品的主题意义等（如傅翀，2012）。

6.3.2 功能语篇分析的主要研究方法

功能语篇分析研究应重点突出"分析"，有关质化、量化以及两者共现的混合研究法便尤为重要。同时，语料的来源、处理以及数据的分析等都应属于这一范畴。由于语料的处理和数据分析具有多变性，且随着科技的发展，这些处理方法和工具还会不断变化，不易把握。在探讨主要研究方法的基础上，本节一并探讨与之相关的自然语料和诱导语料的收集情况，为学界了解这一领域的研究情况提供一个概貌。

1. 量化研究

量化研究立足于实证主义理论，从研究假设出发，通常采用（准）实验、问卷调查、语料库等手段，通过严密、客观的研究过程获取研究数据，并对数据进行量化或数理统计分析以验证或推翻研究假设（徐锦芬、李霞，2018）。

语篇由于自身特征复杂，对量化研究方法的采用本身就是一种挑战。整体而言，采取量化研究进行功能语篇分析的比例虽不高，但增长趋势明显。这是因为，量化研究基于数据，说服力更强，越来越受学界认可。我们发现，这种量化研究方法往往与语料库方法结合，这或许是语料库技术的发展，且促进了功能语篇分析的研究方法的量化发展。这充分说明功能语篇分析研究在研究方法上有了新的突破和发展。比如，帕金森（Parkinson et al., 2017）基于学生在学校和在毕业后工作期间的日记，自建语料库，从人称代词、被动式、不定式、情态等维度进行量化分析，探讨了学生如何在写作任务中形成与自己职业相关的语类文体问题。布里兹（Breeze, 2016b）探讨了学生习作中的结论与摘要之间的差异。该文以学生习作为语料,以量化方式区分出三种结论写作方法,即情景式结论写作方式(situated summary)、工艺式结论写作方式(technical summary)和极简式结论写作方式(minimalist summary),认为情景式结论写作方式最容易为学生所接受。

相对国外功能语篇分析研究中采取量化方法的比例更高这一事实,国内学者也开始在研究中纳入量化方法,以缩小与国外在功能语篇分析研究上的差异,但国内量化研究通常与质性研究一起混合,如耿敬北和陈子娟(2016)、唐青叶和史晓云(2016)。

2. 质化研究

质化研究主要建立在现象学和符号互动论的基础上,研究者往往采用个案、人种志、访谈、语篇分析等手段获取自然环境中的资料,并用非量化的手段对其进行分析以获得研究结论。

其中,个案研究一般是对少数案例进行跟踪,总结或提炼规律的一种研究方法。哈密顿和伍德沃德-克罗(Hamilton & Woodward-Kron, 2010)以医学专业的国际学生为对象,通过跟踪考察持不同文化信仰的学生在成功的口头交际方面,其信仰如何影响自己或其他人的语言选择,特别是在涉及当代医学专业知识的语境时。同时,该个案研究还探讨了如何借助多媒体工具帮助学生掌握医学专业知识语境中有关语言、文化和交流方面的相互关系。

人种志源于人类学方面的研究,主要关注自然状况下人类的行为。这种方法在功能语篇分析研究中也很常见。比如,辛普森(Simpson, 2019)通过人种志方法,在两年内跟踪调查了土木工程语篇中的信息图表相关的社会符号使用情况,识别出三种情况:呈现图表、归类图表和钟面图表。

访谈是常见的质性研究方法,主要通过与受访对象的互动交流,直观了解受访对象的主观意见,并可及时调整访谈内容以获取其他方法无法得到的信息。这种方法通常用于口头语篇的分析。比如,库默(Kumar, 2019)通过访谈的方式,探讨了即时口头交际中重复的语用功能,认为这些功能主要包括为找到适当的词预留时间、凸显词汇的重要性、消除不确定性,以及对对方的观点表示赞同四种功能。

语篇分析一直是重要的质性研究方法。在功能语篇分析范畴内,研究者往往借助系统功能语言学的理论工具,分析语篇内的语言资源的选择情况,并在此基础上探讨语言选择背后的情景语境和文化因素等制约因素,以揭示语篇的主旨或凸显语篇的某一特点。比如,布里兹(Breeze,2016a)基于系统功能语言学中的评价系统,讨论报纸中的社论部分评论者与读者之间进行观点融合或交锋的情况,以突出语篇中语言选择。

相比国外运用个案、人种志、访谈等质性方法而言,国内研究往往采取语篇分析这一质性研究方法,语料也大多来自现成的语篇资源。比如,国内在语篇分析的语料的选择上,较多选取文学作品,包括诗歌、喜剧剧本、网络文学。对涉及时间长,收集难度大的语料,往往缺乏关注,这也凸显出国内外该领域在研究方法上的差距。

3. 混合研究

混合研究主要秉承实用主义范式,将量化与质化研究方法在同一研究中进行有机整合,以求做到彼此互补、相互验证,从而更好地阐明研究问题。混合研究主要表现为以质化为主、量化为主,以及质与量均衡三种模式(徐锦芬、李霞,2018)。由于混合研究兼顾质性和量化研究的优点,理应成为功能语篇分析研究的主要方法,但囿于研究数据收据和整理的难度增加,事实上运用混合研究方法的功能语篇分析研究并不多见,其中较为突出的是卡什亚普和麦蒂森(Kashyap & Matthiessen,2019)、奥斯科兹和吉梅诺桑兹(Oskoz & Gimeno-Sanz,2019)的研究。

卡什亚普和麦蒂森(Kashyap & Matthiessen,2019)结合质性和量化研究方法,探讨了不同语域的语篇中运动动词的使用情况,认为在语域中探讨运动动词,更利于揭示卫星框架语言(satellite-framed languages)和动词框架语言(verb-framed languages)对运动动词在方式和方向上的不同表现。奥斯科兹和吉梅诺桑兹(Oskoz & Gimeno-Sanz,2019)借助评价系统中的介入系统和态度系统,结合质性和量化的方法,探讨二语学习者在表达自己的意识观念立场时语言资源的运用情况。研究表明,学习者表达意识观念立场时语言资源的运用与学习者自身的国籍和谈话时的话题有关。

如前所述,国内也有一些量化与质化的混合研究。比如,耿敬北和陈子娟(2016)基于QQ群话语以量化的研究方法探讨了网络社会多模态话语在构建介于虚拟语境和现实语境间的最佳交融语境的情况,同时又用访谈法对每个社区抽取的3~5名成员进行访谈,以弥补量化分析研究的不足。唐青叶和史晓云(2016)利用Wmatrix语料分析工具对南非三大报纸就中国国家主席习近平访问非洲前后一周的报道进行的语义域赋码,并对这些赋码进行量化分析。同时,提取语料库中的语料片段进行详细的质化分析,以验证量化分析的结果。通过质化和量化相结合的混合方法,较好地说明了南非三大报纸在评价资源使用上的不同态度立场,增强了研究的可信度和说服力。

4. 语料收集方法

就功能语篇分析而言,研究方法的选择往往取决于语料收集的方式。比如,以访谈法收集语料,在进行语篇分析时往往采用质化研究方法。同时,语料收集本身就属于研究方法这一大的范畴。本节基于第6.2小节的数据,探讨功能语篇分析研究的语料收集情况,以此了解该领域的语篇具体分布情况的全貌,并为学者在今后进行语篇分析时对语料的收集提供参考和借鉴。

语料的收集按其产生的路径,可大致分为自然语料和诱发语料。前者是指没有经过研究者或经研究者委托的其他人的参与的情况下得到的语料,如报纸、电视节目、学术语篇等;后者是研究者或经研究者委托的其他人通过访谈、问卷等诱导工具所得到的语料,如采访语篇、实验、角色扮演等。

就掌握的数据来看,无论是国内研究还是国外研究,使用自然语料的研究占绝大多数,国内外的比率分别为95%和88%。相对而言,使用诱导语料的研究则少得多,国内外的比率则分别为5%和12%。就国内外功能语篇分析研究的语料使用情况而言,国外采用诱导语料的研究的占比约是国内研究的 5 倍。这在一定程度上反映了国外功能语篇分析研究的语料收集多样化特点。

表 6-4　国内外功能语篇分析研究中的语料类型

地域	自然语料	诱发语料
国内	68（95%）	3（5%）
国外	114（88%）	15（12%）

学界对自然语料的分类探讨不多，就笔者文献所及，目前只有季小民和何荷（2014）对此作过探讨。依据话语的发出对象和接收对象的不同，他们将自然语料分为四类：日常话语、机构话语、社会用语和"其他"。我们认为，季小民和何荷（2014）对自然语料的分类标准具有很强的区分度，在实际操作时也具有切适性，详见表 6-5。

表 6-5　国内外功能语篇分析研究中的自然语料来源

地域	日常语篇	机构语篇	社会语篇	其他	总计
国内	19（27%）	17（25%）	27（40%）	5（8%）	68（100%）
国外	13（11%）	67（58%）	28（25%）	6（6%）	114（100%）

接下来从自然语料的日常语篇、机构语篇和社会语篇，以及诱发语料等方面逐一展开讨论。

1）自然语料：日常语篇

日常语篇指的是社会个体之间产生的语篇，如日常会话、电子邮件、电话通信、手机短信、文学作品、私人信件等。一般而言，日常语篇中最常见的语料类型应该是日常会话。但就我们掌握的语料来看，日常会话只占极少部分。一方面，在信息化技术发达的今天，日常会话以新的样态表现出来，如网络聊天、视频聊天等；另一方面，日常会话语篇虽最具有交际的真实性，但由于交际内容过于日常，其成为研究对象的可能性较弱。比如，为了突出日常会话的研究价值，研究者往往聚焦儿童的日常会话。

第6章 功能语篇分析的主流研究方法

另一个值得注意的现象是，无论国内还是国外的功能语篇分析研究，都乐于采用文学作品作为分析语料，分别占比63%和38%。相对而言，国内学者更倾向于选择文学语篇进行分析。在文学作品分析中，语料的体裁不再局限于小说类体裁，诗歌因其简练隽永的风格更受研究者喜爱。同时，喜剧剧本这一体裁也被研究者纳入功能语篇分析的范围，极大地拓展了语篇分析的体裁范围。值得一提的是，国外学者开始关注网络文学体裁的功能语篇分析。另外，书信这一体裁也被纳入研究范畴。

总体来看，国外功能语篇分析研究对日常语篇语料的关注少于国内对此类语料的关注。不过，国外日常语篇研究的主题更加丰富。

表6-6 国内外刊物中的日常话语语料

语篇类型	国内	国外
日常会话（儿童话语）	1	1
电话通信	1	0
电台节目	2	0
文学作品，包括诗歌、喜剧剧本、网络文学	12	5
网络聊天	1	2
跟帖评论	1	1
网络对话	1	0
视频聊天	0	1
购物议价	0	1
书信	0	1
故事复述	0	1
合计	19	13

2）自然语料：机构语篇

机构语篇一般指社会机构或单位公布的语篇，通常与特定的机构或场所关联，如医疗语篇、庭审语篇、学术语篇、课堂语篇、法律文本等。机构语篇涉及机构的话语体系对社会个体的影响，一般情况下使得社会个体处于一种不平等的地位。因此，如何寻求一种平等，以及如何透过机构话语去揭示其背后的权力问题，一直是语篇分析致力于探讨的内容。尽管功能语篇分析研究无意于讨论语言背后的权力问题，但语篇产生的情景语境与文化语境如何影响语篇这一问题的探讨，也使得与情景语境和文化语境高度相关的机构语篇成为功能语篇分析新近关注的话题。

同时，机构语篇受到关注，与功能语篇分析研究的目标也有关。功能语篇分析的目标表现在两个方面：一是较低层次的理解目标，即理解语篇如何做到和为什么能做到是其所是。这一目标的实现相对容易，只要对语法进行分析即可。二是较高层次的评估目标，即评估语篇是有效的抑或无效的。这一目标的实现不仅需要理解语篇本身，而且还要关涉语篇相关的情景语境和文化语境，以及语篇和语境之间的关系。由此看出，功能语篇分析无疑是考察机构语篇如何调和机构与社会个体之间的关系的一个很好的切入点。

就国内外功能语篇分析在机构话语中的对比来看，国外研究在政治语篇、教育语篇、医疗话语、学术语篇方面表现突出，分别占比15%、27%、9%和25%。国内研究主要集中在政治语篇、教育语篇，分别占比35%和24%。与之相比，国内研究在医疗话语和学术语篇研究的表现则弱得多，约只占国外研究的1/6和1/8。值得注意的是，尽管有讨论学术语篇的研究，但基于功能语篇分析视角的研究却不多。这一研究现状与国内对学术成果国际发表的需求极不对等。另外，随着中国这一新兴大国的崛起，需要在各个领域构建具有中国特色的话语体系，在世界舞台发出中国人自己的声音。其中一个表现就是军事公共外交话语的研究，这方面表现突出的是具有军校工作背景的李战子。

整体上看，尽管国内研究在某些方面涉及国外没有研究的领域，如军事公共话语，但国外研究的语篇类型更为丰富。在机构话语语料的17种类型中，国外研究就占了其中的15种，而国内研究只占到其中的8种。

表 6-7　国内外刊物中的机构话语语料

语篇类型	国内	国外
政治话语	6	10
医疗话语	1	6
教育话语	4	18
庭审	0	3
商务	0	1
法律语篇	1	2
心理治疗与咨询语篇	1	0
社论	1	2
军事公共外交话语	1	0
学术语篇	2	17
电视辩论	0	1
会议反馈	0	1
会议陈述	0	2
管理档案	0	1
犯罪对质	0	1
财报电话会议	0	1
职场话语	0	1
合计	17	67

3）自然语料：社会语篇

社会语篇则是由社会或社会机构发出，面向广大公众的话语，如教材、词典、新闻、告示语、海报等。较机构语篇而言，社会语篇在正式程度上要弱，其受众往往是不具有专业知识的普通百姓。尽管社会语篇的研究在数量上不如机构语篇多，但由于社会语篇是面向广大民众的话语形式，一般也由社会机构发出，其语篇形式较机构语篇更具多样性。

就国内外功能语篇分析研究在社会语篇上的不同表现来看，诸如广告、报纸杂志等社会语篇无论在国内还是在国外均受到广泛关注，占比分别达到 15% 和 22%，11% 和 14%。相对而言，国内研究更注重对国内外媒体之间对同一主题的不同报道的对比研究，这在新闻通稿上表现较为突出，占比达 15%。

整体而言，在语篇主题方面，国内外的占比较为接近。国内在 26 种类型语篇中占 11 种类型，国外占 10 种类型。然而，国外研究似乎更为丰富，更凸显出时代性，如绘本、演示文稿、教材等。国内研究在反映社会现实方面表现也较为突出。比如，山水写意画的多模态话语的分析为解读中国传统文化作品提供了新的路径。

表 6-8　国内外刊物中的社会语篇语料

语篇类型	国内	国外
套语	0	1
广告	4	3
报纸杂志	6	4
公示语	1	0
记者招待会	0	1
新闻通稿	4	0
产品目录	0	1
音乐视频	1	3
山水写意画	1	0
电视天气预报	1	0
会徽	1	0
旅游语篇	2	0

第6章 功能语篇分析的主流研究方法

（续表）

语篇类型	国内	国外
新媒体	1	2
海报	1	0
微课大赛视频	1	0
时尚话语	1	1
职业经历	0	1
电影对话	0	1
英语朗诵比赛的舞台语言	1	0
边缘话语	1	0
广播	0	1
动画电影	0	1
教材	0	4
演示文稿	0	2
绘本	0	1
公众信息记录	0	1
合计	27	28

4）诱发语料

诱发语料通常表现在研究者为了反映某一主题或预期假设，通过诸如实验、问卷、访谈、角色扮演、内省等方法获取的语料。相对自然语料的获取来讲，诱发语料的获取费时、费力。

就国内外在功能语篇分析研究的诱发语料获取方面来看，国外的诱发语料较国内的相关研究占比较大，尽管其在整个语料获取中占比较小。同时，在诱发语料获取的方式上，国外的相关研究大大超过国内。

整体来看，无论是国内还是国外在功能语篇分析研究的语料获取上，诱发语料在整个语料类型中只占极少部分，分别占 5% 和 12%。其中，实验法和访谈法获取的诱发语料的占比最大，分别达到 67% 和 33%，47% 和 33%。

表 6-9　国内外刊物中的诱发语料

语料	国内	国外
实验	2	7
调查问卷	0	1
访谈	1	5
角色扮演	0	1
内省法	0	1
合计	3	15

6.4　功能语篇分析研究方法的发展趋势

研究方法是一个学科研究得以发展的重要推手，因此，从这一角度来看，没有研究方法的创新和拓展，一个学科或一类研究的研究成果往往不会有创新和发展。近十年来，国内功能语篇分析研究在研究方法的多元化上取得了一定的成绩，但与国外相比，仍有一定的差距。为了进一步拓展功能语篇分析研究的方法，我们有必要加强实证研究，注重语料收集的多元化以及语料分析的智能化。

6.4.1　加强实证研究

相比国外研究注意质化、量化和混合研究等实证性研究，国内研究似乎更擅长思辨性和综述性研究。我们采用的数据是基于国内重要的语言类期刊，如果将这些数据推及国内所有涉及功能语篇分析研究的期刊，这一结果也许更为突出。就综述类研究而言，国内期刊可采用国外的做法，只接受该领域的重要学者的稿件。一方面，学界可看出有关该领域最为权威和最为全面的综述；另一方面，可倒逼部分青年学者专注于实证性研究，将研究推向深入，而不是仅停留于发表三五篇综述就自我沉醉的状态。思辨性研究固然重要，但由于其过多的偏重理论，较实证性研究更难。同时，理论的消化、弄懂、吃透本就建立在实践性研究基础之上。国内目前的情况是，很多研究在理论层面空转，既没有对理论作出贡献，又没有解决实践上的问题。

质化、量化和混合研究等实证研究往往集中于某种视角对语篇进行深入分析，有利于揭示语篇现象背后的深层次问题，有利于推动研究的发展和突出成果的高显示性。比如，阿姆斯特朗等（Armstrong et al., 2011）以实验方法量化探讨失语症患者在独白和对话中的各自表现情况，旨在探讨医疗人员是否有必要统一考察两者以了解失语症患者的语言整体情况。该研究不仅说明了语篇理论在分析实际的语篇现象时的理论指导性，同时也为失语症患者的治疗提供参考。当然，由于语篇分析研究的特殊性，无论国内还国外，目前质化研究仍是一种主流。但我们也应看到质化研究的不足，主动采用质化和量化结合的混合式研究，提高研究结果的可信度。已有学者明确指出，在今后的研究中，应根据研究的需要，采用诸如访谈、实地调查、问卷、语料库等实证性研究方法来提高研究结果的可信度（程瑞兰、张德禄，2017）。

6.4.2 重视语料收集的多元化

语料收集的多元化主要体现在语篇类型的多元化、语料样态的多元化和收集方式的多元化三方面。在语篇类型的多元化这一维度上，目前国内的功能语篇分析研究较国外相比，仍有一定的差距。在某种程度上，目前国内研究还是较多地关注文学语篇、新闻杂志语篇等传统语篇类型，从文学模式来看，缺少网络文学语篇。这一类语篇具有与传统文学不同的特点。尽管有学者开始关注一些新兴话语形式，但从整体上讲还不够多。在实用性话语分析方面，如诈骗话语的功能语篇分析还没有涉及。这与功能语篇理论的适用性要求不相称。另外，以互文性来看，语篇与语篇之间是相互影响的。可以说，单一语篇是不存在的。因此，对单一语篇的考察所得到的结论往往只是部分正确。当下正处于信息化时代，语料收集具有极大的便利性，我们可以收集并分析同一主题的多个语篇。遗憾的是，学界对这一现象的关注还不多。

语料样态的多元化，就是要改变目前的功能语篇分析实践仍重视静态的单一语料这一局面。当然，这也是语篇分析实践的特点所决定的。其一，静态语料可以说是唾手可得，大大降低了研究者的语料收集难度；其二，单一语料易于分析和处理，研究结论的深度也能得到很好的保证。但是，这种研究上的便利有时却演变成一种研究上的惰性，对一些动态语料、一些大数据语料习而不察。我们知道，具有静态特点的书面语篇通常与在线的口语语篇有很大的不同。比如，韩礼德就曾指出过口语语篇的语法最为复杂。因为书面语篇往往在成稿前会不断修改，而口语语篇的即时性更能反映语篇的实际情况。同时，一些会话，特别是失语症患者的话语，无疑具有极大的研究价值。遗憾的是，国内目前还鲜有这方面的研究报道，这与语料的收集难度大不无关系。

语料收集方式的多元化是指应充分利用网络工具和语料库工具，提取大规模的数据，用于实现研究目的。比如，我们可以通过网络爬虫技术抓取部分网页信息，从而分析网络用户的语篇信息。比如，李书影和王宏俐（2020）利用 Python 以 "Tao Te Ching" 和 "Dao De Jing" 为检索条件分别在亚马逊和好读平台采集相关读者评论，通过网络爬虫技术共获取 4 287 条数据和 276 068 个字符。同时，语料库工具也是功能语篇分析研究中语料收集的重要手段。目前，语料库技术较以往有了较大的发展，创建和检索技术也相对成熟。比如，唐青叶和史晓云（2018）基于律商联讯新闻数据库，以 2013 年 9 月至 2017 年 12 月《纽约时报》《印度时报》和《欧盟报》有关"一带一路"的报道为语料，分析这些媒体对"一带一路"话语建构情况时，就运用了语料库技术。

6.4.3 突出语料分析的智能化

在语料分析和处理上，大多研究仍停留在人工分析和处理的阶段，对利用软件进行数据分析和处理的研究报告还不多见。然而，语料收集的在线化和大数据化使语料分析也不可能再如以前那样进行手工操作，这势必要求语料分析的智能化。

在语料处理上，目前已有学者结合 UAM Corpus Tool、Elan 等文字、声音和图像处理软件进行语料的分析和处理，但这些还属于单机版的语料处理和分析软件。今后，由于语料的在线采集以及语料数量的增加，使用单机版的语料分析和处理软件不再方便，一种可能的发展趋势便是语料的在线处理。目前，已有学者在这方面作了有益探索。比如，张璐（2019）在开源代码平台 Github 上下载 TextBlob 工具包，加载到 Python 编程器中，使用 TextBlob 中的情感分析器 Naïve Bayes Analyzer 对《三体》评论进行分析。唐青叶和史晓云（2016）将研究语料上传至 Wmatrix 网站并完成自动词性赋码、语义域赋码，获取词频列表、词性频率列表、语义域频率列表等，然后从主题语义域和评价对象入手，考察南非媒体对中非关系的认知。

6.5 小结

通过对近十年国内外有关功能语篇分析的研究方法的梳理，我们发现量化、质化以及混合研究方法是国外功能语篇分析研究的主流方法，占到研究方法总量的 78%。其中，质化研究占比最高，达到 45%。从时间维度来看，量化研究方法越来越受到重视，在 2016 年几乎达到该年度所发文章采用的研究方法的半壁江山，即达到 44%，且自 2016 年起，均大致保持这一比例。相对国外有关功能语篇分析擅长量化、质化和混合等研究方法而言，国内研究更倾向于思辨和综述研究。这说明国内的研究方法还较单一，研究的深度和广度不够。就综述研究方法来看，国内研究更多的还处于对国外该领域研究进行介绍这一维度上。就量化研究而言，国内研究相对国外研究还相当滞后。一方面，这与国内的研究传统有关。国内研究一般以思辨研究见长，忽视了量化研究在概率和因果关系上以数据为基础对研究问题的揭示。另一方面，这与研究的关注对象有关。国外研究多关注失语症患者的语篇能力情况，因此处理语料时必然要以量化研究为主，从而提高研究的可信度；相反，国内更多的是对一些文学语篇进行分析，在分析手段上往往采用例证的方式。为了进一步拓展功能语篇分析研究的方法，我们有必要加强实证研究，注重语料收集的多元化以及语料分析的智能化。

第 7 章
功能语篇分析实践面临的挑战

7.1 引言

  功能语篇分析，从某种程度上讲，既是一种理论，也是一种实践。如果要区分理论和实践的比重的话，也许大多都倾向于将其视为一种实践。一方面，功能语篇分析的过程本身就是一种实践活动；另一方面，功能语篇分析的目标，就是要在理解语篇的基础上，结合情景语境和文化语境揭示语言选择的具体情况，这显然具有实践目的。结合前几章的分析不难发现，功能语篇分析实践分布广泛，可以说自然语料和诱发语料涉及的语篇分析均属于语篇实践范畴。然而，要探讨所有语篇实践既不可能，也不现实。为此，我们拟基于语篇分析的主要语篇类型，即英汉语篇对比、教学语篇分析、法律语篇分析、学术语篇分析、医学语篇分析以及政治语篇分析等，探讨近年来国内外的语篇分析实践成果，并据此讨论语篇分析实践存在的问题及应对举措。

7.2 功能语篇分析实践成果概述

7.2.1 语篇对比分析

  语篇对比分析是了解两种或多种语言在语篇方面的异同特征的重要手段之一，因此历来是语言研究的热点现象之一。从某种程度上讲，语篇对比分析涵盖的范围很广，这里我们只讨论一般意义上的语篇对比分析，而将某一特定语类的语篇对比纳入该语类相对应的语篇分析范畴进行讨论。

国外语篇对比分析方面的研究成果不多。近十年来 SSCI 和 A&HCI 检索文献中，仅有宋吉恩等（Sung et al., 2016）的一篇论文涉及语篇对比研究。该文讨论的是患失语症的韩国人和英国人在图片描述任务中的语言使用差异情况。严格意义上讲，这并非讨论跨语言语篇间的一般差异，可归于医学语篇分析研究。

相对而言，语篇对比分析研究在国内则活跃得多，具有代表性的成果主要表现在程瑾涛和司显柱（2017）、刘锋等（2015）、刘晓琳（2010）、孙坤（2013）、许文胜（2015）、曾蕾和胡红辉（2015）等。整体来看，上述研究大体可分为两个研究视角：一是与翻译相关的译文对比探讨；二是语篇内部的机制对比研究。翻译相关的译文对比历来是语篇对比分析的重要研究课题，这方面的研究主要表现在探讨译文是否做到与原文对等。比如，程瑾涛和司显柱（2017）基于元功能理论和语域理论，分别从概念、人际、语篇功能和语旨、语式角度对比《红楼梦》两个英译本，旨在探讨翻译中的对等问题。曾蕾和胡红辉（2015）则以《论语》及其英译本为例，立足投射语言结构探讨功能语篇的对等问题，并以此论证翻译研究中"相对对等观"的功能语篇分析路径的解释力。刘锋等（2015）通过对比分析沙博理（S. Shapiro）和登特-杨（Dent-Young）的《水浒传》英译版，特别是其主位结构、信息结构以及语篇衔接手段等，发现主位结构在原文中和两种译本中大致相同，但在信息结构、语篇衔接手段使用方面两种译本比原文丰富得多，且两种译本之间也存在较大差异。刘晓琳（2010）通过对比《红楼梦》的两个英译本和原文中的评价资源使用情况，揭示翻译过程中译者对原文的忠实程度。

语篇内部的机制对比研究有利于揭示语篇的内在特性，加深学界对语篇本质的认识和理解。比如，孙坤（2013）以体现汉语特性的话题链为视角，区分出基本单位组织、中层单位组织和宏观组织策略三个层面，并在对比汉英篇章组织的异同基础上，提出了汉语篇章的话题链模式。许文胜（2015）基于衔接性副词对于句子间逻辑关系的安排尤为重

第 7 章 功能语篇分析实践面临的挑战

要这一事实,分析了英汉语篇中衔接性副词使用的异同,以突出英汉语篇句子间逻辑关系安排的差异。

上述成果主要是英汉语篇对比分析,目前基于其他语言的语篇对比分析研究还不多见,仅有的研究涉及中韩语篇对比和汉日语篇对比。比如,朴恩淑(2012)主要从语篇衔接机制、主位、语境等方面对中韩语篇进行对比分析,并探讨与之相关的翻译问题。张颖(2012)通过对比《孔乙己》的汉日语料,探讨了显性衔接机制在汉日语篇中的表现,指出汉语语篇较多使用人称代词,属高语境语篇;日语语篇则更多使用指示词和接续语这样的显性衔接机制,语篇更具主观性。

7.2.2 教学语篇分析

由于课堂教学话语给功能语篇分析提供了大量的素材,学界一直不乏学者开展教学语篇分析研究。尤其是近些年,国外有关教学语篇分析研究的成果丰硕。其中,较为突出的有格利森(Gleason, 2014)、尔拉玛兹(Llamas, 2011)、玛特拉格利欧和韦尔(Matruglio & Vale, 2019)、斯莱特和巴特勒(Slater & Butler, 2015)、斯坦利和史蒂文森(Stanley & Stevenson, 2017)、萨布蒂雷卢(Subtirelu, 2013)、斯威厄兹比恩和赖默特(Swierzbin & Reimer, 2019)等。这些研究主要体现在教学工具开发、学科知识、教师信念、课程语类、大众教育、口语交际、多模态话语等方面。

利用功能语篇分析理论开发教学工具是教学语篇分析研究的新的学术增长点。格利森(Gleason, 2014)设计了一个自动测试系统。该测试系统主要基于意义进行自动评分。新模式以语类分析和及物性分析为参照,聚焦意义和形式关系以加强评分系统的效度,可突破目前语音自动识别技术的限制。这种技术主要对比本族语者和非本族者语篇,考察的重心在于语言使用的准确性。尔拉玛兹(Llamas, 2011)探讨了在知识和语言同步学习语境下(content and language integrated learning contexts)系统功能语言学作为教学材料选择工具的效度问题。该研究中,作者基于语场、语旨和语式三个语境变量在语言系统中的体现情况，以及它们对语言功能的影响情况，提出教学材料的选择与设计将不再困难这一观点，并通过分析 6 篇教学材料对这一观点进行了验证。

教学中衡量语言学习成功的标准往往是本族语者标准（native speaker norms）。萨布蒂雷卢（Subtirelu, 2013）直面学界有关英语学习成功的标准问题，认为过去一味主张以本族者为参照的标准对学习者而言有失公允，在评价学习成功时应坚持历时研究方法和混合研究方法，因为学习者的偏好和态度是复杂的、多变的，甚至矛盾的，比如，在英语语境中生活的时间长短、学习者将本族语者的标准视为抽象理念还是具体目标的倾向、学习者模仿本族语者标准的程度以及其他人对学习者的期待，等等，这些因素均可能影响学习者的偏好。

新入职英语教师的话语一直是值得研究的话题。斯坦利和史蒂文森（Stanley & Stevenson, 2017）通过质性研究方法系统考察了新入职英语教师话语的可理解度情况，主要聚焦教师如何调整自己的英语表达让学习者能够理解这一现实困难。作者讨论了两种语篇资源：一是学习者就教师话语理解的采访录音，一是教师话语本身。作者探讨了不同层次意义间的互动复杂性，以及情景语境和文化语境的作用，特别揭示了语篇意义（如衔接与连贯）和语境在教师话语理解中的重要性。

课堂话语也一直是功能语篇分析的重点内容之一。斯莱特和巴特勒（Slater & Butler, 2015）考察了韩礼德提出的科学课堂教学中呈现的技术分类以及逻辑序列在体育课堂话语中是否也存在这个问题。通过对比六年级体育课堂话语和科学课堂话语，他们发现两者的话语模式具有一致性，两类话语具体表现为 6 种知识结构模型。该研究对了解跨课程课堂话语的共性问题有一定的积极意义。胡德（Hood, 2017）针对目前高等教育线上教学和翻转课堂改革的国际化趋势情况，指出尽管这种改革从经济利益、学习偏好、教学利益等方面得到广泛支持，但仍应慎重，因为其缺乏对线上教学以及它所替代的课堂教学的本质的认识。为此，她通过探讨课堂教学中意义的动态展现过程发现，课堂教学的动态过程为学生理解学科知识提供了多个视角，有利于学生通过即时的课堂互动构建学科知识。作者认为教育改革、对教学的重新设计以及评价应以了解课堂教学的本质为前提，应在教育政策层面予以事先考虑，而不应作为教育重构后的事后归因来考虑。玛特拉格利欧和韦尔

(Matruglio & Vale，2019) 探讨了英语课堂语境下学生语言的转换能力受语境影响的问题。作者以9名学生对假想的检验官作口头陈述以及为莎士比亚悲剧《麦克白》中的主人公麦克白的罪过进行辩护，探讨学生语言中的语式变化情况。通过考察学生语言中的语类、韵律、称呼语以及指称使用情况，发现假拟的语境相对文学语境在评价学生的表达方面显得并不那么重要。利扎玛（Lizama，2017b）讨论了智利的通识教育情况，进而从知识和互动两个维度为通识教育提供一个普遍的语言学描写框架。该研究立足系统功能语言学的概念意义和人际意义，并基于课堂话语探讨如何利用语言进行知识构建和社会关系的搭建。

教师的语法信念影响研究是功能语篇分析研究的一个新的领域。斯威厄兹比恩和赖默特（Swierzbin & Reimer，2019）使用混合研究方法考察英语语法课是否能够改变接受课程培训的教师的语法信念。该语法课基于系统功能语法讲授，接受课程培训的教师是第一次接受这种语法培训，从而可以观察这些教师将功能语法与以前有关语法的认识予以结合的程度。分析表明，教师仍认为语法由词和形态组成，即便在教师们获得了有关小句和语篇层面的语法知识后仍是如此。后来接受深度访谈的7名受访者中只有2位对语法信念作了改变，能够意识到语法的功能性。

随着人们对多模态语篇认识的日渐加深，多模态教学语篇也成为功能语篇分析研究的一大热点。阿尤塞夫（Alyousef，2016）运用系统功能多模态话语分析方法分析大学金融学教材的语篇特征，调查了19名会计学硕士研究生在金融学课程的6个小组作业中的主位结构和信息结构的使用情况，发现主位重复模式出现频率较高，线性的主位模式较少出现，多重主位模式使用也较少。该研究对商务英语教学具有一定的借鉴意义。塔恩等（Tan et al.，2016）通过探讨近年来3D虚拟世界的计算机辅助语言教学情况，并对1个传统面授课堂和3个语言学习活动进行多模态话语分析，发现多模态资源有助于促成课堂教学中的语言教学与学习的有序推进，但凝视、面部表情、身体姿势、手势以及不确定的空间距离等因素的不当使用，均会对有效交际构成困难。另外，作者还谈到了与传统教学语类和语域不同的面向技术（technology-oriented）的语域，以帮助学生处理语言学习方面的需求。该研究有利于人们了解计算机辅助语言教学面临的挑战。耶帕尔（Jaipal，2010）通过分析 11 年级生物课中化学合成概念讲解的意义生成过程发现，多模态话语分析框架对揭示科学概念教学中的意义生成过程非常有用。作者认为该框架可以用作教师在选择、排序或构建模态时的元认知工具，同时还可作为教育研究者分析科学课程中某一概念的意义生成过程的分析框架。

在国内方面，教学语篇分析研究的实践成果也相当丰富。其中，较为突出的成果有黄洁等（2016）、王惠萍（2010）、张德禄（2010）、张德禄和张淑杰（2010）、张德禄和丁肇芬（2013）、张伟年（2014）等。这些成果主要体现在语言技能培养、教学模式、教材编写和评价等方面。

语言技能培养方面主要涉及阅读、写作和翻译等。王惠萍（2010）基于现代语篇具有多模态性这一事实，主张英语阅读教学应以培养学生的多模态识读能力为落实点，教师应充分挖掘书面语篇中的多模态资源，并对学生进行针对性指导。同时，还应有效利用语篇外的多模态资源，积极开展有助于提高多模态识读能力的课外活动。黄洁等（2016）提出基于语类理论的教学路径（genre-based instruction），即解构—建模—再认—模仿—评议—独立写作。通过基于该教学路径对英语专业大三学生进行论文文献综述写作训练，发现学生具有明显的语类意识，并能在论文写作中有效运用这些语类知识，论文写作的质量得到明显提高。陈旸（2012）将功能语篇分析过程视为翻译过程，从而采用语篇分析的方法对源语语料和目的语语料进行对比分析，主张翻译教学可借鉴语篇分析的方法，让学生在语篇分析过程中明晰源语和目的语的异同，进而提高学生的翻译能力。

教学模式主要体现在多模态教学模式的设计方面。张德禄（2010）基于教材权威型、知识获取型、技能训练型、经历体验型和资源发展型等教学理念，立足教学内容、师生特点和教学条件等教学设计制约条件，探讨如何设计外语课堂教学及其调用多模态系统，并主要聚焦外语课堂教学过程及其涉及的教学步骤和方法。张德禄和丁肇芬（2013）立足语类作为一个有步骤的、有目标指向的、社会的过程这一理念，提出外语教学程序这一概念，主张教学程序不同阶段的不同目标的具体实现过程依赖于不同的教学方法，且教学方法选择体现在教学模态及其组合

第 7 章　功能语篇分析实践面临的挑战

上,从而实现多模态教学模态的设计。上述研究对教学设计具有很强的指导意义。

教学语篇分析的实践成果还体现在教材编写和评价上。张德禄和张淑杰(2010)在梳理普通外语教材和具有多模态特点的外语教材编写原则的基础上,主张外语教材应立足宏观编写原则和具体编写原则,提出外语教学应构建多模态性外语教材。张伟年(2014)综合运用系统功能语言学的语类理论思想,构建了英语教材评价的理论框架。该框架通过分析语类类型、子语类类型、语类关系和文化模式,揭示英语教材中意识观念立场并对英语教材展开评价。

特别值得一提的是,马丁发起的多元识读能力研究小组主要致力于提高学生的语篇识读能力。有关多元识读能力的培养,在国内外仍是一大研究热点。比如,阿尤塞夫(Alyousef, 2017)探讨了 6 名会计专业硕士生的文字和数字识读能力(literacy and numeracy practices)情况,认为他们能够把握数字与文本间的复杂关系,且认为系统功能语言学有助于多元识读能力的探讨,是这一研究领域的有力工具。国内成果请参见王惠萍(2010)、张德禄(2012b)、张德禄和刘睿(2014)、张德禄和张时倩(2014)等。

7.2.3　法律语篇分析

在系统功能语言学视角下,法律语篇通常被视为社会语境下实现社会过程的语言类型。由于法律是维系社会秩序的重要手段之一,从功能语篇分析视角探讨法律语篇自然成为语言学家的重要责任之一,这也是系统功能语言学作为适用语言学在语篇分析实践上的一个重要体现。

国外学者或国际期刊近年来对法律语篇分析的探讨并不多,有关研究(如 Martin & Zappavigna, 2016; Mason, 2011; Shi, 2018; Vass, 2017; Yuan, 2019)大多探讨的是多模态、评价、语类、辩证法、模糊语等。

其中,梅森(Mason, 2011)对 73 篇劝说法官对被告量刑时予以宽大处理的宽恕信进行了语类分析,涉及这些信的语类结构、话语特征，特别是揭示语言体现出来的礼貌以如何达到宽恕的目的。研究发现，宽恕信的修辞和话语特征均遵循法院的惯例。该研究还发现撰写宽恕信的信念至关重要，因为宽恕信目的的达成往往需要数次写信。瓦斯（Vass, 2017）讨论了法律语篇中的模糊动词的使用情况。该研究通过对比法律期刊论文、高院主流意见和高院分歧意见三类书面法律语类中作为模糊语的认识类动词的使用情况，发现这些词汇使用的类型在每个语类中都能得到识别并与实现不同的交流意图相关。该研究有助于促进不同语类进行模糊语识别的能力，特别是模糊语的解释能力。马丁和扎帕维格纳（Martin & Zappavigna, 2016）基于功能语言学和行为研究理论并结合话语分析方法，主要探讨了澳大利亚新南威尔士恢复性司法的青少年司法会议项目（The Youth Justice Conferencing Programme）涉及的辩论法理论与实践。该研究可用于处理青少年罪犯与其受害人之间的道歉行为的探讨。袁传有（Yuan, 2019）基于多模态话语分析视角对美国法庭审判和中国法庭审判话语进行对比，聚焦法律行为人（legal actors）的口头语言和手势、凝视以及身体移动等副语言如何构建概念、人际和语篇意义的过程。研究发现美国法庭中起诉律师和辩护律师唇枪舌剑，法庭更像是战场，而中国法庭中检察官和辩护律师则是用语言和凝视等向观众传达信息，法庭更像是大学课堂。施光（Shi, 2018）通过分析8次庭审的录音文本，探讨法庭语篇中态度资源体现人际功能的情况，发现判断是法庭参与者表达态度的最重要方式，其次是鉴赏，情感出现频率最低。在4场犯罪庭审中，被告人使用态度资源最多，且最消极；在4场非犯罪庭审中，原告使用态度资源最多，且最消极。在论辩环节，判断和鉴赏通常被检察官和辩护律师用于表达态度和相互辩论。

国内有关法律语篇分析的研究主要集中在少数几位研究法律语篇的学者（如李文、王振华，2019；王品、王振华，2016；王振华、张庆彬，2015；杨敏，2012），其研究主题与国外研究大体接近，说明国内学界在该领域的研究能够紧跟国际研究前沿。具体来看，国内有关法律语篇分析的研究主要表现在元功能研究、多模态话语分析和翻译路径研究三方面。

王振华团队讨论了法律语篇分析的元功能研究，主要表现在概念、人际、谋篇三个方面。比如，王品和王振华（2016）通过分析《中华人民共和国婚姻法》中构建语篇经验意义的概念系统和探究语篇内部逻辑关系的联结系统，认为通过概念语义调节竞争、冲突、顺应、合作和同化五种社会过程可最终促进社会和谐。王振华和张庆彬（2015）基于语篇格律系统和识别系统这两个语篇语义学维度探讨法律语篇的谋篇语义内在逻辑，发现立法语篇的谋篇目标主要体现为形式化、简约化，但这一目标在司法语篇尤其是交叉质询等口头语篇却表现为复杂化、主观化。王振华和刘成博（2014）基于评价系统和个体化理论，着眼于个体化维度在话语建构社会关系过程中的作用，认为作为认知个体的人，在建构社会关系的过程中会主动选择话语资源、建构态度、分享态度等，从而形成建立和谐的人际关系的态度纽带。

值得注意的是，近年来多模态也被引入法律语篇的研究。李文和王振华（2019）以《司法话语多模态研究的现状与未来》为题，全面梳理了近年来司法话语多模态研究的相关成果，将该领域研究分为司法话语多模态功能研究、司法话语多模态互动研究和司法话语多模态批评性研究三大议题，并主要围绕基于会话分析的研究和基于系统功能语言学的研究两种路径展开研究。同时，在探讨该研究领域在理论、方法、视角方面存在的问题及其解决方法的基础上，结合司法实践活动中数字技术的应用情况，对该领域的后期研究作了展望。

法律语篇的翻译一直是学术界的一大难点。杨敏（2012）将系统功能语言学视为迄今为止分析和理解语篇的最有解释力的语言学理论，并主张基于该理论框架构建涉及"了解目的语的文化语境、分解句子的逻辑结构、分析句中的人际和语篇功能、理解语言符号的意义潜势、静态对等地翻译原文"等步骤的法律英语汉译途径。

7.2.4 医学语篇分析

一直以来，系统功能语言学理论就有运用于医学语篇分析的情况，这也是系统功能语言学作为适用语言学在医学语篇分析上的具体体现。近年来，尽管国外学者积极运用系统功能语言学理论对医学语篇进行分析，但整体上讲，这方面的成果不多，并主要分布在多模态话语、语类和语域、元功能以及话语模式等方面，如哈密顿和伍德沃德-克罗（Hamilton & Woodward-Kron, 2010）、麦蒂森（Matthiessen, 2013）、帕斯昆德拉（Pasquandrea, 2011）等。相对于传统的单一语言模态医学语篇，多模态医学语篇由于其表达意义的丰富性，越来越受到学界重视。哈密顿和伍德沃德-克罗（Hamilton & Woodward-Kron, 2010）探讨了不同的文化信念在口头交际，特别是在跨文化的专业场所如现代医疗机构中如何影响自己或他人的语言选择。该研究认为模拟医学语境有助于促进课堂讨论、构建反思技巧、发展精细的语言能力和医学交际技巧。帕斯昆德拉（Pasquandrea, 2011）基于一名意大利医生和一名中国病人以及协助医生与病人交流的一名口译人员的会话语料展开研究，认为这种对话通常涉及多方和多任务，且这种对话是不可能直接进行的，得借助口译人员的帮助，这时医生不得不采用多模态协同。

医学语篇本身就是一种语类，同时也是体现某一功能变体的语域形式，因而语类和语域理论通常运用于医学语篇分析以揭示医学语篇的独特特点。比如，伍德沃德-克罗和埃尔德（Woodward-Kron & Elder, 2016）调查了12名医生和12名国际医学生分别在职场英语测试的口试环节的角色扮演表现和客观结构化临床测试中的角色扮演表现情况，并借助系统功能语言学中的语类理论对这两种语类进行对比分析，发现两者既有相似点，也有着明显的差异。尽管两者在体现真实交际方面均存在不足，相对于后一语类，前一语类对测试者在话题的深入讨论和医疗过程中的沟通方面限制更大。麦蒂森（Matthiessen, 2013）以问症话语为语料，从层次和示例两个维度探讨如何将系统功能语言学理论用于医学领域的交际过程，同时从语场、语旨、语式三个角度讨论了医疗交际存在的潜在危险和可能失误。

元功能仍是医学语篇分析中的一个重要分析工具。比如，阿姆斯特朗和弗格森（Armstrong & Ferguson, 2010）主张突出语言是创义资源而非存在于日常交际语境外的句法形式和语义结构，并结合系统功能语言学的三大功能，从概念意义、人际意义和语篇意义三方面探讨了失语症患者的话语。他们强调基于语言与语境之间的关系对医学话语产生影响这一事实，在失语症患者的治疗中应进一步考虑多语使用的重要性及其与语境的关系，要求医生采用不同的语言形式以满足不同的交际需

第 7 章　功能语篇分析实践面临的挑战

求,从而在日常生活中实现有意义的和令人满意的互动,以帮助失语症的治疗。话语模式也常作为语篇分析的一个视角。比如,阿姆斯特朗等(Armstrong et al., 2011)对比了失语症患者独白和对话两种话语模式的各自表现情况,旨在探讨医疗人员是否有必要将两者统一考察以了解失语症患者的语言整体情况。研究发现,句法上独白和对话表现出较强的一致性,语义方面尽管有相似点但表现出的差异也很明显。鉴于这种差异的存在,作者认为有必要抽取更多不同语境条件下的话语样本,以了解失语症患者的语言整体情况。同时,在抽取样本时,应综合考虑患者的性格、谈话主题以及会话对象等影响话语产出的因素,并指出这些因素如何影响话语结构和功能应是今后研究的方向。

相对而言,国内医学语篇分析的研究更少,仅有的研究(如旷战,2017;赵俊海,2012;赵俊海、杨炳钧,2012)主要集中在元功能、身份构建、分析框架三方面。赵俊海(2012)以系统功能语言学的元功能理论为框架,从主位结构、人际意义、及物性、衔接与连贯四个维度对轻度阿尔茨海默症患者和健康老年人的话语进行对比分析。该研究从小句到语篇层面对轻度阿尔茨海默症患者的语言功能做了较为全面的分析和评估,对言语失调症的早期评估和诊断方面具有重要的现实意义。旷战(2017)基于自建的精神科医患口语语料库,对医生合理调配个体意库中的社会符号资源,以实现身份的动态建构和患者的情感绑定等方面作了有益探索。赵俊海和杨炳钧(2012)指出传统临床语言研究大多具有形式语言学取向,主要以考察音系、形态及句法等维度为主,对言语活动所发生的社会语境不够重视。对于这一问题,他们主张临床话语的系统功能语言学分析应参照语境和语言层次性框架,对临床话语展开多维度分析进而剖析患者话语的特点。

此外,还有学者对可以纳入广义医学语篇的医学类广告话语和学术话语进行了探讨。比如,杨坚定(2011)以医学广告语篇作者的立场不褒不扬这一现象出发,认为劝说读者的语篇目的的达成在于作者有效使用级差资源以体现作者的中庸主义的立场,使用介入资源中的借言可以使论证客观、可信。敖晓梅(2010)基于系统功能语法框架,通过分析国际著名生物医学期刊上的研究性论文的英文摘要,有效揭示了这些语篇的语篇组织规律和文体特征。

7.2.5 学术语篇分析

学术语篇是近年来国内外学术界研究的一个新兴热门话题。一方面由于学术交流和发表成为体现国家软实力的重要标志之一；另一方面学术发表，特别是学术的国际发表往往成为个人学术水平和学校学术成就的重要参考指标。这些因素极大地促进了学术语篇分析的研究。

国外学者或国际期刊近年来对学术语篇分析的探讨成果十分丰硕（如 Gardner，2012；Khosravi，2017；Liardet，2018；Liardet et al.，2019；Martin & White，2005；Morell，2015；Walker，2012；Samraj，2013）。综合来看，这些成果主要体现在学术语篇策划、学术语篇评价、学术语篇写作的语类以及语言特点等方面。

学术语篇策划旨在通过对学术语篇的选择，以提高学生的学术写作能力。比如，沃克（Walker，2012）探讨了英语作为外语的学术语言能力发展问题，旨在评估所选语篇在一定程度上有助于提高学生的学术语言能力发展。该研究针对目前英语作为外语的课程设置不成体系、弱化理论在语言能力发展中的作用这一现状，以小学高年级和中学低年级学生为对象，探讨英语作为外语的课程策划问题，包括选择适当的教学语篇。该研究基于系统功能语言学理论分析了 4 个与学术写作任务相关的语篇，发现策划对学术语言能力发展有制约作用，从而呼吁课程策划应突出理论，强调语言本身以及重视语篇层面的语言教学。

学术语篇的评价研究历来受到学者们的重视，但大多集中在对书面语篇的评价，对口头学术语篇的关注不足。为此，克罗尔-朱利安和福塔尼特-戈麦斯（Querol-Julian & Fortanet-Gomez，2012）探讨了学术语篇讨论环节的多模态评价的可能性问题。作者认为口头学术语篇的评价多在语言方面，而与语言相关的非语言信息同样对交际中的人际意义有所影响，不应被忽视。该研究以应用语言学大会主旨报告后的口头讨论环节语篇为例，对比分析了语言评价和非语言评价，认为非语言特征在强化语言评价或表达演讲者态度方面作用明显。科霍斯罗维（Khosravi，2017）以评价系统中的判断系统为框架，对应用语言学领域学术期刊中的 58 篇回复文章中被视为不礼貌的学术冲突现象进行了探讨。莫雷尔（Morell，2015）基于多模态方法探讨了国际会议论文报

第 7 章 功能语篇分析实践面临的挑战

告的有效性问题。为此，作者基于系统功能语言学和多模态框架提出了一个提高学生的学术意识，以达到在会议中进行有效交流的评价标准，并通过分析 2 篇科技会议语篇和 2 篇社会科学会议语篇对这一标准进行验证。

学术语篇写作的语类问题一直是功能语篇分析研究的热点之一。加德纳（Gardner，2012）通过分析英国学术书面英语语料中学术论文的语类结构，支持使用"引言—方法—结果—讨论"式语类结构。该研究还表明系统功能语言学中的语类分析可通过比较语料库语言学、心理学和化学语篇的方法论部分，洞察学科语境和意识观念。瓦利普厄（Valipour et al.，2017）通过对 2014—2016 年爱思唯尔期刊（Elsevier journals）中随机选择的 90 篇论文（每个学科 30 篇）进行分析，以了解学术论文中的语类结构和词汇语法使用情况。该研究发现，"前人研究"和"研究目的"在 11 种语类结构中属于必要成分；物质过程、陈述语气、语篇主位中的连接词使用和环境成分式状语最为常见，在必要成分中没有发现人际主位。该研究对学术写作的新手以及二语或外语学生学习学术写作具有很强的指导意义。萨姆拉伊（Samraj，2013）通过考察生物学硕士学位论文和研究性论文引文的功能体现情况，发现互文联结（intertextual links）常用于体现不同的修辞功能，且在这两种语类的讨论环节普遍使用。这一研究对提高二语或外语学术写作能力具有一定的借鉴意义。

学术语篇的语言特点是区别于其他语篇的主要标志，这也是学术语篇常被学界关注的原因之一。谢剑萍（Xie，2016）基于马丁和怀特（Martin & White，2005）提出的评价系统框架，通过对中国的英语应用语言学硕士论文中的文献综述部分进行考察，发现学生的写作无法用直接或间接、批评或表扬、肯定或否定等二元方法来加以评价。这一研究对国内的英语学术写作教学具有一定的借鉴意义。利亚尔特（Liardet，2018）探讨了中国的英语学习者在学术写作中使用人际语法隐喻的情况。该研究的语料来源于中国学习者历时语料库（Chinese Longitudinal Learner Corpus），该库基于学生学术水平发展情况的两年历时观察构建而成。经过分析，发现类似"as we all know""it is known to all""as we know"的结构大量存在。该研究探讨了学生偏好这种结构的原因并主张进行适当的教学干预。王颖（Wang，2019）对学术语篇中一些具有语篇特征的多词序列和单个词的固定表达进行了研究。该研究对揭示学术语篇中的固定表达的特点具有独到见解，在培训学术写作新手方面也具有借鉴意义。利亚尔特等（Liardet et al.，2019）界定了学术语篇中的正式性问题。基于三名教授学术英语的教师对 140 名学生论文的正式性等级评定结果，通过对评定为高规范性和低规范性的论文进行分析，作者发现非正式论文最严重的问题是小句层面的语法，其次分别是语法复杂性、非正式词汇的使用以及一些影响语篇理解的语言点。该研究加深了学界对学术论文中正式和非正式表达的具体认识，对教学也有很强的指导意义。

相对而言，国内的学术语篇分析研究不如国外活跃，主要研究成果有何中清（2019）、李成陈和江桂英（2017）、刘辉（2016）、刘英（2013）、曾蕾和李晶（2014）等。综合上述研究，国内学术语篇研究主要集中在学术英语路径研究、学术英语写作研究、学术英语的评价研究、学术语篇的语类以及语言特点等方面。

学术英语路径研究有利于揭示学术英语的发展脉络，并进一步明晰其今后的发展走向。何中清（2019）立足功能语言分析视角，重点阐述学术英语研究的发展、理据和应用，主张功能语言学分析与学术英语具有相同的语言学思想，并认为功能语言学分析在学术英语课程中具有广泛的应用前景。

学术英语写作研究一直是学术英语研究中的重要生长极。曾蕾和李晶（2014）针对我国英语学习者学术英语写作能力普遍不强这一事实，基于多模态系统功能话语分析理论构建了学术英语写作教学模式，并以此指导我国英语学习者的学术英语写作教学实践活动。徐昉（2015）概述了包括系统功能语言学视域下的学术英语写作研究在内的国内外学术英语写作研究的三大路径，认为国外研究覆盖面广，多涉及重要概念的界定，分析框架的创建与修正等重大理论问题，而国内研究多关注学术文本特征等微观问题。

学术英语一直以客观性和严谨性著称，学术语篇中评价资源的使用也格外小心，正因如此，评价研究成为这一领域的研究重点之一。王全智等（2017）通过对分属软、硬学科的 80 篇学术论文摘要的时态运用情况进行统计分析，发现时态不但表达概念功能，而且表达人际功能，且所表达的人际功能因学科而异。李成陈和江桂英（2017）以评价系统中的"态度系统"为框架，对60篇英汉语篇态度资源的分布特征及实现手段进行对比，并结合语篇特点及语言特性等态度资源的分布差异进行了探讨。姚银燕和陈晓燕（2012）基于评价系统中的介入系统，考察英语学术书评中评价部分让步介入资源的使用特点及其对言语内容的介入意义。该研究对学术书评语篇的写作有一定的借鉴意义。

学术语篇具有其独特性，而这种独特性体现在两个方面：一是学术语篇的语类特性；一是学术语篇的语言特性。刘辉（2016）基于学术期刊论文方法部分的自建语料库，考察简单主位、多重主位和其他类型主位的分布情况。研究发现，方法部分倾向于使用简单主位，而较少使用多重主位或其他类型的主位。同时，人文学科和其他学科在主位分布方面存在差异，说明主位类型的选择受语类制约。刘英（2013）运用语料库研究方法，探讨英语学术语篇否定系统中的词汇语法的使用频率，发现在英语学术语篇中词汇否定较语法否定和半语法否定出现频率高，从而将这一现象解释为英语学术语篇中否定的使用具有词汇化倾向，并主张通过这一特征来识别英语学术语篇。柴同文（2012）探讨了西方语言学及应用语言学经典著作中致谢部分的语类结构潜势及其功能变体，认为致谢是学术话语的一个重要次类，具有"回顾—致谢—结束语—署名"四语步结构潜势。曾蕾和梁红艳（2012）以英语学术论文和学术演讲语篇为语料，探讨语类结构与时态组合模式之间的关系，认为语类结构与时态的组合模式有助于概念、人际与语篇意义的构建。

7.2.6 政治语篇分析

政治语篇因受众广，影响大，一直是功能语篇分析实践的重要课题之一。一般而言，政治语篇分析实践主要涉及当下的国际国内热点事件，带有很强的时政性。也许受囿于功能语篇分析的研究目的，国外学者或国际发表的政治语篇分析研究成果在诸如批评话语分析、批评语言学等其他领域较多，在功能语篇分析领域的不多。其中，较为突出的有卡普勒（Caple，2019）、柴达斯（Chaidas，2018）、符荣波（Fu，2016）、霍尔斯波尔（Horsbol，2010）、庞顿（Ponton，2010）、王佳玉（Wang，2016）。这些研究主要表现为政治语篇的语篇特征、多模态分析，以及身份研究等方面。

政治语篇属于热点话题的一个重要原因是，它具有其他语篇所不具有的权力关系和意识观念的表达。符荣波（Fu，2016）通过对2008—2012年期间中国总理记者招待会和政府工作报告进行比较，探讨政治语境下中英口笔译语篇的情态模式，包括类型、目的和量值，发现口笔译语篇尽管具有一定的差异，但在情态分布方面具有共性，即大量使用意态性词汇，以及第一人称往往与意志性情态动词will搭配，且低情态值的情态词用得较少。鉴于政治语篇翻译的敏感性以及翻译者的机构身份，作者认为有效操纵情态词有利于政策背书人再现源语体现的人际蕴涵。霍尔斯波尔（Horsbol，2010）以黄金时段的电视新闻报道为例，聚焦丹麦2005年议会大选期间政治专家对一些政治动议所作的评论，探讨了专家在政治事件中与公众进行沟通所发挥的重要作用，从而揭示了政治与媒体之间的权力关系。

身份构建研究能有效揭示政治语篇中的政治立场。庞顿（Ponton，2010）以撒切尔夫人（M. Thatcher）于1975年成功战胜保守党领袖后的第一次公众演讲为语料，运用布霍尔茨和霍尔（Bucholtz & Hall，2005）提出的话语中的身份识别工具探讨了性别身份的语言学构建。王佳玉（Wang，2016）分析了语境、时间和空间在理解"中国梦"中的重要作用，探讨政治标语"中国梦"在中国媒体和美国媒体领域的不同立场，即美国媒体不断将其视为他者视角的实践，而中国媒体则表现出对他者视角的忽视。

相对于单一模态，多模态能够更立体地揭示语篇的意义及其与语篇相关的意义，这一研究方法在政治语篇分析中得到了切实体现。比如，柴达斯（Chaidas，2018）探讨了2015年9月希腊立法选举中，新民主党和左翼激进联盟党在政治广告语篇中的合法语码性问题，发现左翼激进联盟党更多使用凝视（gaze）和声音（voice）模态；新民主党则使用理性符号和象征国家的符号。卡普勒（Caple，2019）通过分析社交应用软件Instagram上与2016年澳大利亚联邦大选相关的92份文字与图

第 7 章　功能语篇分析实践面临的挑战

像相结合的帖子，聚焦网民对现任政府不满，以及对其他政党不满的多模态手段。普伦德加斯特（Prendergast，2019）借鉴多模态话语分析工具分析出版物封面上具有讽刺意味的政治漫画，通过对政治漫画中体现再现意义的主要事件执行者和事件本身的分析，阐明阿根廷政治变革时期的杂志内容往往会对政治人物的仕途产生影响。

与国外在政治语篇分析方面的研究成果不多这一情况类似，国内有关政治语篇分析的研究成果也不多见。其中，较为突出的有陈风华（2016）、董希骁（2018）、何伟和高然（2018）、黄国文（2017）、江潇潇（2017）、聂薇（2018）、唐革亮和杨忠（2016）、唐青叶和史晓云（2018）等。与国外政治语篇分析研究所关注的语篇范围较广的做法不同，国内有关政治语篇分析往往聚焦于一些大型政治事件，如国内有关政治语篇分析研究可按主题划分为"一带一路"、第 70 届联合国大会、中国共产党第十八次全国代表大会等。

"一带一路"合作倡议自 2013 年提出后，在国内外引发了强烈反响，各大新闻媒体竞相报道，产生了大量可用于语篇分析的语料。如何从这些报道中解读各国的政治立场，日渐成为语篇分析研究者最为热衷的大事。唐青叶和史晓云（2018）以律商联讯新闻数据库中《纽约时报》《印度时报》和《欧盟报》有关"一带一路"的报道（2013 年 9 月—2017 年 12 月）为语料，考察这些媒体对"一带一路"话语建构的差异、情感态度变化及其背后的深层原因。该研究有助于我国有效应对国外舆情，进而增强对外话语构建能力和国际影响力。聂薇（2018）从及物性视角分析英国主流媒体 BBC 有关"一带一路"的报道，旨在揭示英国主流媒体对该倡议阶段性的态度变化。何伟和高然（2018）以《新西兰先驱报》为例，基于及物性系统理论分析新西兰主流媒体如何表征及认识中国的"一带一路"倡议。陈风华（2016）运用 Wmatrix 分析国家发改委网站的"一带一路"英文语料，并对分析结果从理论和理据两方面进行了阐释，从而丰富了人们对"一带一路"这一国家新理念的认识。其他研究（如董希骁，2018；江潇潇，2018；孟炳君，2018；张虹，2018）则通过罗马尼亚媒体、南非媒体、沙特阿拉伯主流媒体、斯里兰卡媒体的语料分析这些国家对"一带一路"倡议的态度。

第 70 届联合国大会于 2015 年 10 月 15 日在联合国总部纽约举行。

由于联合国大会是各国代表表达自身关心和关切的问题、阐明立场和观点、发出呼吁和倡议的世界平台，因此，联大发言往往备受世人关注，也常被作为语篇分析的难得素材。黄国文（2017）以适用语言学理论为分析框架，立足演讲语篇的语域与语类特点，考察国家主席习近平在第70届联合国大会一般性辩论演讲中元功能意义是如何体现的。该研究再一次证明语法分析和语言分析是语篇分析的基础，也是意义被形式体现的生动诠释。文秋芳（2017）尝试融合认知语言学与功能语言学的视角，对习近平第70届联合国大会一般性辩论演讲中的"人类命运共同体"这一全球治理的新理念、新方案进行概念、人际和语篇功能分析。江潇潇（2017）以斯里兰卡前任总统西里塞纳在第70届联合国大会上的演讲为语料，从主位、及物性、语气和情态等维度进行分析，旨在探讨斯里兰卡借此次演讲构建"联合国的忠实拥护者、民主与廉政的坚实捍卫者、谦逊与自律的和平主义者"这一国家形象。

  2012年11月8日在北京召开的中国共产党第十八次全国代表大会（简称十八大），是我国进入全面建成小康社会决定性阶段召开的一次十分重要的大会，也是人民政治生活中的一件大事，意义非凡。唐革亮和杨忠（2016）以十八大报告及其英译为例，探讨汉英名词化结构的翻译策略。该研究从语法类的转移和级阶的转移两个维度，归纳出汉英翻译中名词化结构的对应类型。研究发现十八大报告翻译中汉语名词化与英语名词化的对应最多，其他类型的转化涉及词汇语法、语义、语用、社会文化等多方面因素。

7.3 功能语篇分析实践的挑战与对策

  上述功能语篇分析实践的成果无疑表明近年来该领域研究取得了较大成绩，但综观上述成果，与国外学者或国际发表的成果相比，国内研究除语篇对比分析外仍存在一定差距，主要表现为：理论意识不强，研究揭示的问题深度不够，多为理论的简单应用，缺乏对语言背后的权力和意识观念的有效探索；研究主题的适用性不强、语篇丰富性还不够，缺乏对非主流、弱势群体的语篇能力的关注；语篇分析的跨语言体现弱，

第7章 功能语篇分析实践面临的挑战

研究多集中在英语语篇,缺乏对汉语及少数民族语言语篇的研究。

接下来,我们拟在上述不足的基础上讨论功能语篇分析实践的挑战与对策。因本书的研究主题聚焦国内研究,本节也主要涉及国内该领域的相关研究。我们认为,面对功能语篇分析实践的上述问题,发端于系统功能语言学的功能语篇分析必须拓宽其理论视域,增强研究主题的适用性,落实语篇分析的本地化实践,从而将功能语篇分析发展为麦蒂森(Matthiessen,2012)所指的适用语篇分析新模式。

7.3.1 拓宽功能语篇分析的理论视域

目前,功能语篇分析仍囿于韩礼德(Halliday,1994/2000)提出的语篇分析的两大目标,即较低层次的理解目标和较高层次的评估目标。较低层次的理解目标主要是理解语篇如何做到和为什么能做到"是其所是"。这一目标的实现相对容易,分析语法即可。较高层次的评估目标是评估语篇是有效的抑或无效的。这一目标的实现不仅需要理解语篇本身,而且还关涉语篇相关的情景语境和文化语境,以及语篇和语境之间的关系。

功能语篇分析实践的较高层次立足于文化语境,以及与文化语境相关的语类或体裁,而无意于探讨文化语境之外的东西。这样一来,权力、意识观念等归属于文化语境之外的东西无法纳入研究范畴。然而,仅就与文化语境相关的语类来看,脱离意识观念的研究无法真正理解语篇的特点。这是因为,语类与文化、社会和政治休戚相关,语类也就必然烙上了意识观念的印记。与此同时,语类的使用价值决定于其社会属性,因此,语类也就成为其文化的载体和再生产者,也是意识观念的再生产者(Bawarshi,2000;方琰,2002)。当然,这并非说韩礼德没有考虑到意识观念的价值。从旁枝末节中可以看到,韩礼德对类似的话题持非常谨慎的态度。有人曾经问他是否是哲学家,他当即否认。而我们知道,语言学研究从一定意义上讲就是哲学的范畴。把韩礼德称为哲学家无可厚非,这与美国学界不少人把兰艾克(R. Langacker)称为哲学家是一个道理。韩礼德深知意识观念和其他话题的复杂性,所以始终立足于语言本身。

然而，探讨复杂话题是深入话题本身的必要步骤。功能语篇分析对文化语境之外的权力、意识观念因素探讨的缺失，使马丁在文化语境上引入了意识观念。在马丁（Martin，1986）看来，语言的使用不仅要结合我们通常考虑的情景语境和文化语境，还应考虑意识观念的制约，因为人类并非离群索居的物种，而是喜欢聚族而居的"政治动物"（political animal）。从某种程度上讲，我们所说的任何一句话或任何一个词都是意识观念的反映，不受其影响的完全中立是不存在的。同时，意识观念不仅制约各种地理变体即方言（dialect），而且也制约各种功能变体即语域，事实上，任何一种变体中的意识观念都不容忽视（Martin，1986；朱永生，2010）。

遗憾的是，马丁的这一观点目前在学界的接受度不高。马丁引入意识观念是受批评话语分析关注语言、意识观念和权力关系的影响，希望将意识观念视为文化语境的上一层单位，拓展系统功能语言学的层次观（Martin，1986）。后来，马丁将文化语境等同于语类，试图扩大文化语境的内涵，便不再提意识观念（刘立华，2009）。

由于缺乏对语言背后的意识观念的揭示，功能语篇分析的拓展范围不够宽广，功能语篇分析逐渐被边缘化。相反，由于主张探讨语言背后的意识观念，批评话语分析日渐成为语篇分析研究的显学。批评话语分析立足语言、权力与意识观念的关系，旨在通过语言的分析揭示语言背后的权力关系和意识观念对语言的制约情况。由于系统功能语言学立足具有高度概括性的概念、人际和语篇功能，对语言具有强大的分析能力，因而成为以福勒、郝智（B. Hodge）、克瑞斯和褚尔（T. Trew）为代表的批评话语分析者用于分析新闻语篇中隐含的意识观念意义的首选工具（田海龙，2016）。

其实，功能语篇分析与批评话语分析具有一定的融通性。一方面，批评话语分析中的批评是一个中性词，往往借助语言分析达到对权力、意识观念的理解和认识。其中，语言分析是起点，权力和意识观念的理解是终点；另一方面，以文化语境和情景语境分析为起点，可以发现这些语境因素如何借助元功能在语言中进行体现的。其中，宏观的语境要素分析是起点，语言分析是终点。因此，从某种程度上讲，功能语篇分析与批评话语分析体现了一种互逆的过程,且两者的分析工具兼容。同时,两者的关系在《系统功能语言学与批评话语分析:社会变革研究》(Young & Harrison,2004)一书得到了集中阐述,即两者都将语言视为社会构建体(language as a social construct),关注语言在社会活动中扮演的角色以及社会活动影响语言的方式;两者都主张辩证的语言观,即语篇事件影响其生成的语境,语境反过来也影响这些语篇事件;两者都强调意义的文化和历史维度。

近来,麦蒂森(Matthiessen,2012)对系统功能语言学与批评语篇分析之间的关系作了全面梳理,并基于系统功能语言学作为适用语言学的社会责任这一观点对功能语篇分析进行了新的阐发。麦蒂森主张将批评话语分析视为具有特定或特殊目的的语篇分析类型之一,其批评性也只是语篇分析一般模式诸多特点中的一个,是语篇分析应有的适用性体现,也是社会责任使然。这样一来,批评话语分析所论及的权力、意识观念等完全可纳入功能语篇分析范畴。功能语篇分析一旦拓展理论视域,在语篇分析研究方面定将大有作为。

7.3.2 突出语篇分析的适用性

相比国外的功能语篇分析研究实践来看,国内功能语篇分析的研究主题还不够丰富,特别是在突出语篇分析的适用性方面,较为滞后,这对功能语篇分析的实践带来了极大挑战。比如,医学语篇分析在处理日渐复杂的医患矛盾、了解病患的心理感受,以及揭示诸如失语症患者的发病情况等方面均具有重要的作用,但国内相关研究不多,目前仅有旷战(2017)、赵俊海(2012)、赵俊海和杨炳钧(2012)。这一问题在学术语篇分析、法律语篇分析和政治语篇分析等方面也有类似的表现。

我们认为,这些挑战存在的原因主要在于这些领域的语篇分析具有一定的跨学科性,也正是这种跨学科性对学者展开相关研究带来了一定的挑战。一般而言,国内从事功能语篇分析研究的学者多为外国语言文学专业出身,研究领域也多为与外国语言文学专业相关的文学、语言、文化和教育等领域。然而,功能语篇分析却又是可以触及任何领域语篇的重要语篇分析工具,能通过语篇分析为这些领域的知识提供新的视角,揭示一些这些领域所在学科视角无法揭示的现象,并有望成为这些领域的新的知识增长点。这也正是功能语篇分析日渐被学者们运用于各个领域的原因。

显然,功能语篇分析的研究者不能只囿于自己熟悉的研究领域,只在外国语言文学专业相关的文学、语言、文化和教育等领域里进行探索。这与功能语言学作为适用语言学以及麦蒂森将功能语篇分析视为适用语篇分析的初衷不合。韩礼德(Halliday, 1994/2000)在谈及系统功能语言学的适用范围时就曾提及诸多应用领域,如理解语言的本质和功能;理解所有语言的共性(即语言学的本质特性)以及不同语言间的差异;理解语言演化历程;理解儿童语言的发展过程以及人类语言的演化过程;理解语篇为何能表达意义;理解语言如何根据语言使用者以及使用功能发生变化;理解文学语篇和诗歌语篇以及语言艺术的本质;理解语言和文化、语言和情景的关系;理解语言在社团内以及个人间扮演的不同角色;帮助人们学习母语和外语;帮助培训笔译和口译人员;帮助编写任何语言的参考书(词典、语法等);理解语言与大脑间的关系;帮助诊断和治疗脑部损伤(肿瘤、事故),或如自闭症或唐氏综合征引起的先天语言障碍;理解聋哑人的语言;设计克服听力障碍的器具;设计电脑软件以产出和理解语篇,翻译不同语言;设计可以产生和理解言语的系统、书面语和口语相互转换的系统;设计可能匹配声音和措辞的系统以协助法律裁决;设计更经济有效的口头和书面语篇传播工具,等等。

毋庸置疑,这个清单还可以越列越长。但从另一方面来看,目前国内的功能语篇分析研究还有诸多领域还没有涉及,还需拓展。具体来看,今后功能语篇分析应重点从两方面进行拓展:一是着眼于跨学科研究,聚焦与现实结合紧密的实践问题;二是研究软件的开发,用于功能语篇分析并为解决现实实践问题提供技术支持。谈到跨学科研究,方琰(2010)曾明确指出了国内在该领域的不足:国内学者的语篇分析往往停留在传统的文学领域,缺少涉及跨学科的研究。我们应向国外同行看齐,通过语篇分析来服务病人的心理治疗、情报甄别、恐怖分子的话语分析,以及国防安全部门机密文件的语篇分析。事实上,近年来国内学

第7章 功能语篇分析实践面临的挑战

者也在致力于这方面的研究。比如,法律语篇分析在厘定法律相关对象的立场、判定法律文书的公平程度,以及揭示法律语篇的语言特征方面均具有明显的适用性,但该领域的研究群体还不大,目前只集中在王振华团队(如李文、王振华,2019;王品、王振华,2016;王振华、刘成博,2014;王振华、张庆彬,2015)。同时,从这些成果的引用来看,学界并未给予积极的关注。

拓展研究主题往往受囿于研究工具,因此突破口应是研究软件的开发。我们知道,奥汉洛兰的多模态分析软件为学界进行多模态语篇分析提供了工具,也因此极大地推动了多模态语篇分析研究的发展。与之形成对比的是,国内目前还少有受学界公认的软件问世。可以说,方琰早年谈到的问题迄今仍未得到解决。方琰(2010)曾在评述第36届国际系统功能语言学大会时不无遗憾地感叹道:在语言研究软件的开发方面,我们不仅远远落后于悉尼学派、加的夫学派、德国和美国西海岸学者,还被新加坡由奥汉洛兰牵头的软件开发梯队抛在了后面。

7.3.3 拓展功能语篇分析的跨语言研究

目前,从国内的功能语篇分析实践来看,绝大多数的研究均是基于英语语料进行的功能语篇分析。这一方面主要是功能语篇分析的理论——系统功能语言学——是基于英语进行描写和分析的理论,在操作上具有极大的便利性,尽管系统功能语言学理论是一种适用各种语言的普通语言学理论;另一方面由于国内从事功能语篇分析研究的学者或学生主要来自英语语言文学领域。

然而,这不能不让我们对此感到有些美中不足。其一,目前系统功能语言学的类型学研究在国际日趋成熟,以卡法雷尔(Caffarel,2006)、卡法雷尔等(Caffarel et al., 2004)、和弘(Kazuhiro, 2007)以及李深红(Li, 2007)为代表的学者产出了大量的语言类型学成果;其二,在我国"一带一路"倡议下,外语语种在高校的课程开设数量可谓有了空前的增长。但是,反观功能语篇分析研究在跨语言研究中的成果,却极其稀少。这一问题方琰(2010)早年也曾谈及过:中国学者在语言类型学方面存在的问题可能有以下两个方面：第一，大陆学者至今没有出版过一本应用该理论系统研究汉语的语言学书籍，这一点我们落后于香港学者，恐怕也使韩礼德有些失望；第二，缺乏对少数民族语言及中国周边国家的语言研究。显然，这一现状与我国的实际情况不相吻合。我国是一个多民族聚居的地区，同时，也是一个边境线较长，邻国也较多的国家之一，语言资源丰富，这为功能语篇分析研究提供了广阔的研究空间。可喜的是，国内已有系统功能语言学理论理论框架下的汉语专著相继出版，如何伟等的《汉语功能语义分析》(2017a)、彭宣维的《语言与语言学概论——汉语系统功能语法》(2011)。

因此，今后的功能语篇分析研究应加强三方面的工作：第一，加强非通用语言教师的功能语篇分析能力的培训。系统功能语言学学术活动周应广泛宣传，多接纳非通用语言教师加入会议，并鼓励这些教师将功能语篇分析用于其所教语言的语篇分析，拓展功能语篇分析的语篇类型学应用范围。第二，加强英汉语言学界的交流与合作。目前，运用功能语言学理论分析汉语的研究成果还不多，仅有的研究也主要来自外语界。这种局面一方面是因为外语界对汉语的语法了解不多，因为系统功能语言学理论是基于英语进行描写的理论；另一方面，汉语界对系统功能语言学理论了解得不多，对功能语篇分析了解得就更少。而近年来，由系统功能语言学方面发起的英汉语言学界的合作就做得很好。比如，国内开设了"功能语言学与汉语研究高层论坛"，目前已举办了五届，每届会议都会邀请陆俭明、邵敬敏、祝克懿等汉语界知名专家作主旨报告，极大地促进了英汉语言学界的交流与合作。第三，加强对我国少数民族语言的语篇描写，如李素琴的《基于系统功能类型学的白语小句研究》(2016)就是这方面研究的典型代表。

7.4 小结

本章通过梳理近年来国内外在语篇对比分析、教学语篇分析、法律语篇分析、医学语篇分析、学术语篇分析以及政治语篇分析等方面的实践成果发现，近年来我国的语篇分析实践取得了较大成绩。但综观上述

第7章　功能语篇分析实践面临的挑战

成果，除语篇对比分析外，国内研究与国外学者或国际发表的成果相比，还存在诸如研究揭示的问题深度不够、研究主题的适用性不强、跨语言的语篇分析成果较弱等问题。因此，今后国内功能语篇分析研究需在拓宽功能语篇分析的理论视域、丰富研究主题并突出语篇分析的适用性，以及拓展功能语篇分析的跨语言研究三方面进行拓展，以切实推动功能语篇分析研究走向深入，产出具有高显示度的研究成果。

第 8 章
结论与展望

8.1 引言

韩礼德曾明确指出系统功能语法创建的目的就是为了"构建一个可用于语篇分析的语法框架"（Halliday，1994/2000：F41），因此，可以说功能语篇分析研究自系统功能语法初创起就开始了。从严格意义上讲，若从辛克莱（Sinclair，1966，1968）早期基于系统功能语言学的《现代汉语的语法范畴》（Halliday，1956）中三范畴框架（单位、成分、类别）以及《语法理论的范畴》（Halliday，1961）中四范畴三阶框架（单位、结构、类别、系统、级阶、说明阶、精密阶）进行的语篇分析算起的话，功能语篇分析研究已走过了约 55 个年头。经过这些年的发展，功能语篇分析表现出强大的适用性，其运用领域非常广泛，特别是近年来，国内功能语篇分析研究无论在理论、方法，还是实践上，都取得了骄人的成绩，产出了丰硕的成果，培养了大批有影响力的学术人才。

8.2 功能语篇分析研究的综合评价

8.2.1 理论视角

在系统功能语言学理论框架内，语篇分析既是语言学理论在实际语篇分析中的应用，同时也是系统功能语言学理论的重要组成部分，即语篇分析本身就是语言学理论。因此,功能语篇分析理论可分为两个方面:关于语篇本体的理论和运用于语篇分析的语言学理论。前者是将语篇作为研究对象,重点探讨语篇分析的研究目标、范围、方法及步骤,涉及语篇层次观、语篇语法观、语篇语义观、语篇适用观等;后者则是运用元功能理论、衔接与连贯理论、语域理论、语类理论、评价系统、语法隐喻理论以及多模态理论等进行的具体语篇分析。

综观功能语篇分析研究在上述两方面的表现情况,近年来均取得了不少成绩,研究的广度与深度均得到了极大拓展。首先,有关语篇本体的理论发展成绩喜人,主要体现在四个方面。一是学界对语篇分析本身就是系统功能语言学理论的重要组成部分这一观点基本达成共识,将语篇分析提高到理论高度,而不再只是系统功能语言学理论在语篇分析中的具体运用,从而赋予语篇分析以独特的研究地位。国内最早对功能语篇分析进行系统研究的当数黄国文的《语篇分析概要》(1988)。该书偏重于系统功能语言学理论在语篇分析中的应用,对功能语篇分析本身的探讨并不多。后来,黄国文的《功能语篇分析纵横谈》(2001a)和《功能语篇分析面面观》(2002a)两篇论文直击前期研究的不足,厘清了语篇分析的研究目标、范围、方法及步骤,涉及语篇层次观、语篇选择观、语篇语义观、语篇示例观等。正是在黄国文等人的推动下,语篇分析本身就是系统功能语言学理论的重要组成部分的观点在学界得到普遍认同。二是近年来,由于系统功能语言学的知名学者马丁将小句纳入了语篇考量的范畴,富有创见性地提出了语篇语义学研究这一全新课题,故在这一新课题的带动下,国内学者将语篇分析从小句层面推向了语篇层面,从关注及物性系统、语气系统和主述位系统向协商态度、促进交际、构建经验、联结事件、识别人或物,以及传递信息等方面转变,从而提出了更为宏观的语篇分析框架,如"一个范式、两个脉络、三种功能、四种语义、五个视角"框架(王振华,2009)。三是语篇分析的模式实现了从单一的语言符号到包括声音、图像、视频等在内的多模态符号的转变。这一转变极大地推动了语篇分析的发展,也更能全面地揭示了社会符号反映的意义。四是强调语篇分析应突出语篇中的意识观念与语言学家的社会责任,主张参照马丁的观点在文化语境层上引入意识观念层,要求不仅要关注语言使用中的情景语境和文化语境的制约,而且要考虑意识观念的影响（如朱永生，2010）。这样一来，功能语篇分析便可在分析语言体现情景语境和文化语境的基础上，揭示语言背后的意识观念制约，将语篇分析推向新的高度。

其次，运用于语篇分析的语言学理论也实现了理论上的更新和优化，其理论解释力进一步增强。元功能理论方面的进展见邓仁华（2015）、何伟（2016，2017）、何伟等（2017a，2017b）、龙日金和彭宣维（2012）；语篇的衔接与连贯理论方面的成果见曹继阳和李泉（2019）、董素蓉和苗兴伟（2017）、杜世洪和卡明斯（2011）、胡壮麟（2018）、李佐文和梁国杰（2018）、马伟林（2011）、徐军（2011）、张德禄（2012a）、张玮（2019）；评价系统方面的成果见德纳雷克和郇昌鹏（2018）、彭宣维（2015，2019）、彭宣维等（2012）；语法隐喻理论方面的成果见杨炳钧（2016，2019a，2019b）、杨炳钧（Yang，2018）、杨延宁（2016）；语域理论方面的成果见高生文（2013）、高生文和何伟（2015）；语类理论的发展见于晖（2018）；多模态理论见陈风华和弗朗西斯科（2017）、代树兰（2017）、冯德正等（2014）、李战子和陆丹云（2012）、张德禄（2018）、张德禄和胡瑞云（2019）。

尽管功能语篇分析研究在理论探讨方面取得了一定的成绩，但仍存在诸多不足。首先，理论创新意识还有待进一步提高。韩礼德于2006年在香港城市大学的"韩礼德语言研究智能应用中心"成立大会上作的题为《研究意义：建立一个适用语言学》的主旨报告中明确提出，功能语言学是一种适用语言学。但这一思想没有在语篇分析上得到切实反映，只是最近在麦蒂森谈及功能语篇分析与批评话语分析的对比时才有所提及，仍未在语篇分析中引起广泛关注。其次，低水平重复研究较多。系统功能语言学理论经过70年的发展，很多理论都得到了新的发展，但很多语篇分析研究，特别是一些非核心期刊论文和一些硕士学位论文没有跟进相关语篇分析理论的最新研究，仍停留在过去的理论框架下对语篇进行分析，没有体现出研究的创新度。最后，理论敏感性有待提高。系统功能语言学兼容并包，吸收了大量来自其他领域的研究成果，如伯恩斯坦的知识结构理论等。然而，这些理论并没有在功能语篇分析中得到应有体现，这在一定程度上反映了功能语篇分析研究的滞后性。

8.2.2 方法视角

研究方法是指在研究中用于揭示事物内在规律的工具和手段。正确使用研究方法能让研究结果令人信服，进而推动研究的深入开展，发现新现象、新事物，或提出新理论、新观点。可以说，任何一项研究的推进都依赖于一定的方法，功能语篇分析研究也不例外。因此，讨论功能语篇分析的研究方法，也必须将其纳入一般的研究方法的分类范畴。

基于质化、量化、混合、思辨、综述或评介五类研究方法讨论功能语篇分析的研究方法问题可以发现，国内该领域研究主要表现出以下特点：一是考虑到国外研究中采取量化研究方法的比例更高这一事实，国内学者也开始采用量化研究方法，以缩小与国外在功能语篇分析研究上的差异，但国内的量化研究通常是以与质性研究一起的混合研究。二是相比国外较多地运用个案、人种志、访谈等质化方法而言，国内研究往往喜欢采用间接语料。据我们掌握的数据，目前国内只有1例关于访谈的功能语篇分析研究报告。比如，耿敬北和陈子娟（2016）借助量化研究方法探讨网络社会多模态话语在构建介于虚拟语境和现实语境间的最佳交融语境的情况后，又用访谈法对每个社区抽取的3~5名成员进行访谈，以弥补量化分析研究的不足。三是由于混合研究兼顾质化和量化研究的优点，理应成为功能语篇分析研究的主要方法，但囿于研究数据收集和整理的难度增加，事实上运用混合研究方法的功能语篇分析研究也不多见。

语料收集的路径主要表现为两个特点：一是使用自然语料的研究占绝大多数，达到语料总数的86%。这些语料往往不需要经过研究者或经研究者委托的其他人的参与情况下获得，如报纸、电视节目、学术语篇等，具有一定的便利性。二是使用诱导语料的研究较少，约只占语料总数的5%。这类语料需要研究者或经研究者委托的其他人通过访谈、问卷等诱导工具获得，如采访语篇、实验、角色扮演等，有一定的获取难度。

整体来看，国内研究多采取质化研究方法，语料也大多为现成的语篇资源。在语篇分析的语料选择上，较多选取文学作品，包括诗歌、喜剧剧本、网络文学。对涉及时间长、收集难度大的语料，缺乏关注，这也凸显出国内功能语篇分析在研究方法上与国外类似研究的差距。

8.2.3 实践视角

功能语篇分析实践体现了系统功能语言学的适用语言学特征,并在语篇对比分析、教学语篇分析、法律语篇分析、医学语篇分析、学术语篇分析以及政治语篇分析等实践方面取得了丰硕的成果。具体来看,近年来国内功能语篇分析实践具有以下主要特点。

首先,研究领域覆盖面广,研究主题丰富。功能语篇分析虽以语篇对比分析、教学语篇分析、法律语篇分析、医学语篇分析、学术语篇分析以及政治语篇分析等领域为主,但在理论上讲可以说覆盖了能依托语言开展工作的各个领域。语篇对比分析研究的主题涉及与翻译相关的译文对比探讨以及语篇内部的机制对比研究,如程瑾涛和司显柱(2017)、刘锋等(2015)、刘晓琳(2010)、孙坤(2013)、许文胜(2015)、曾蕾和胡红辉(2015)等。教学语篇分析主题涉及语言技能培养、教学模式、教材编写和评价,如陈旸(2012)、黄洁等(2016)、王惠萍(2010)、张德禄(2010)、张德禄和丁肇芬(2013)。法律语篇分析主题涉及法律语篇分析的功能研究,表现在概念、人际、谋篇三个方面。此外还涉及法律语篇的多模态话语分析和翻译路径研究,如李文和王振华(2019)、王品和王振华(2016)、王振华和张庆彬(2015)、王振华和刘成博(2014)、杨敏(2012)。医学语篇分析主要体现在元功能、身份构建、分析框架三方面,如旷战(2017)、赵俊海(2012)、赵俊海和杨炳钧(2012)。学术语篇研究主要集中在学术英语路径研究、学术英语写作研究、学术英语的评价研究、学术语篇的语类以及语言特点等方面,如何中清(2019)、李成陈和江桂英(2017)、刘辉(2016)、刘英(2013)、曾蕾和李晶(2014)。政治语篇分析聚焦一些大型政治生活事件,主要体现在"一带一路""第70届联合国大会""十八大"等方面,如陈风华(2016)、董希骁(2018)、何伟和高然(2018)、黄国文(2017)、江潇潇(2017)、聂薇(2018)、唐革亮和杨忠(2016)、唐青叶和史晓云(2018)等。

其次,研究适用性强,突出实践特性。韩礼德(Halliday, 1994/2000)通过对语篇分析的各种目的进行分析后,提出语篇分析至少有较低层次的理解目标和较高层次的评估目标。前者实现相对容易,只要对语法进行分析即可；后者的实现不仅需要理解语篇本身，而且还要关涉语篇相关的情景语境和文化语境以及语篇和语境之间的关系。这样一来，语篇分析必须与社会文化语境结合，突出实践性也是应有之义。近年来国内的功能语篇分析研究较突出地体现了这一点。比如，曾蕾和李晶（2014）针对学术英语写作这一我国英语学习者中普遍存在的薄弱环节，基于系统功能语言学理论和多模态话语分析理论，构建学术英语写作教学模式以指导学术英语写作教学实践活动。杨敏（2012）将系统功能语言学视为迄今为止分析和理解语篇的最有解释力的语言学理论，并基于该理论框架构建了包括"了解目的语的文化语境—分解句子的逻辑结构—分析句中的人际和语篇功能—理解语言符号的意义潜势—静态对等地翻译原文"等步骤的法律英语汉译途径。这些研究都很好地体现了功能语篇分析的适用性特点。

最后，研究具有一定的本地化倾向。由于系统功能语言学理论是以英语为语料进行阐释的，同时，运用系统功能语言学理论进行功能语篇分析的又多为英语语言文学专业背景的学者，英语使用驾轻就熟，因此功能语篇分析的实践多以英语为语料。然而，研究具有一定的本地化倾向是国内学术界的一贯主张，中文博大精深，有很多值得研究的地方，功能语篇分析应在这一领域有所作为。同时，国内外的系统功能语言学视角下的汉语研究成果也为功能语篇分析的汉语研究打下了坚实的基础。一方面，目前系统功能语言学的类型学研究在国际学术界日趋成熟，与汉语相关的有卡法雷尔等（Caffarel, et al., 2004）、韩礼德（Halliday, 2009）、李深红（Li, 2007）；另一方面，很多学者基于系统功能语言学理论对中文作了诸多开创性的工作，如何伟等的《汉语功能语义分析》（2017b）、胡壮麟等的《系统功能语言学概论》（2008）、黄国文的《汉英语篇对比研究的语言学尝试》（2003）、刘承宇的《英汉语篇互文性对比研究》（2002）、龙日金和彭宣维的《现代汉语及物性研究》（2012）、彭宣维的《英汉语篇综合对比》（2000）和《语言与语言学概论——汉语系统功能语法》（2011）、徐珺的《〈儒林外史〉英汉语语篇对比研究—系统功能语言学的尝试》（2002）、《上下文语境研究—〈儒林外史〉汉英语篇对比分析》（2004）、杨炳钧的《"王冕死了父亲"的概念语法隐喻视角》（2018）、《"台上坐着主席团"的概念语法隐喻阐释》(2019)、朱永生等的《英汉语篇衔接手段对比研究》(2001)等。正是这些研究的推进，越来越多具有汉语本地化研究或英汉对比方面的成果面世。比如，韩健（2013）基于系统功能语法的三大元功能理论框架，对《中华人民共和国宪法》和《美国宪法》两个法律语篇进行分析与对比，并从文化学的角度阐明两个法律语篇的不同语言结构特征，进而确定语言具有内在的"文化功能"。该研究有助于学界了解英汉法律语篇的区分，进而了解更深层次的中美文化差异。

上述功能语篇分析实践成果无疑表明近年来该领域研究取得了较大成绩，但综观上述成果，除语篇对比分析外，国内研究与国外学者或国际发表的成果相比，研究手段单一，多为理论的简单应用；研究语料样本少，多为单一语篇；研究揭示的问题深度不够，缺乏对语言背后的权力关系和意识观念的有效探讨。

8.3 功能语篇分析研究展望

功能语篇分析具有强大的适用性，然而，受目前研究范式、研究方法和实践领域的影响，其适用性发挥得还远远不够。在今后的研究中，应着力做好以下方面的工作。

首先，国内学者应立足系统功能语言学理论框架内语篇分析既是语言学理论在实际语篇分析中的应用也是系统功能语言学理论的重要组成部分这一事实，从关于语篇本体的理论和运用于语篇分析的语言学理论两方面深化功能语篇分析研究。就前者而言，学界应在探讨语篇分析的研究目标、范围、方法及步骤，以及语篇层次观、语篇语法观、语篇语义观、语篇适用观等基础上，充分借鉴系统功能语言学作为适用语言学的研究经验，将功能语篇分析拓展为适用语篇分析，从而使功能语篇分析表现出语篇分析应有的适用性和社会责任担当。这样一来，批评话语分析所论及的权力、意识观念等完全可纳入功能语篇分析范畴，进而增强功能语篇分析理论对语篇的分析、解释和阐释能力。就后者而言，功能语篇分析研究应与时俱进并秉承开放、包容的态度，不断将元功能理论、衔接与连贯理论、语域理论、语类理论、评价系统、语法隐喻理论以及多模态理论等已有理论的新近发展融合语篇分析过程，并积极引入或构建新的理论范式，而不是只停留在过去的理论上，对理论的新发展或新理论习而不察。重视功能语篇分析的理论研究，一方面可以验证理论的解释力和适用性，并在此基础上对理论进行修正和完善；另一方面，还能有效拓宽语篇分析的路径并增强对语篇的解释力，使得功能语篇分析真正成为麦蒂森（Matthiessen，2012）所谓的系统功能学者一直致力发展的语篇分析的一般模式。

其次，应加强功能语篇分析研究方法的探讨。这主要表现在两个方面。一是功能语篇分析研究应区分分析方法和研究方法。目前，涉及功能语篇分析方法的研究较多（如陈旸，2010；陈旸、王烯，2020；黄国文，2006；黄国文、葛达西，2006），但探讨研究方法的不多。更有甚者，将分析方法与研究方法等同，以分析方法代替研究方法，缺乏对研究方法本身的研究，从而导致对功能语篇分析研究方法存在的问题认识不足，也无法将功能语篇分析研究推向深入。二是在充分认识国内研究重思辨和评介轻量化、重文学语料和现成语料轻涉时长和收集难的语料这一事实的基础上，应突出语篇类型的多元化、语料样态的多元化和收集方式的多元化。此外，功能语篇分析研究应紧跟时代发展的步伐，充分利用互网络工具和语料库工具，获取大数据并有效运用诸如 Python 等数据处理工具进行文本的分析和统计，增强研究成果的可信度，彻底摆脱过去那种靠简单随机地举几个例子进行语篇分析的做法。同时，国内学者应有软件开发意识，并尝试开发一些语篇分析软件，缩小与国外学者在语篇分析研究软件开发方面的差距，改变目前大多研究仍停留在人工分析和处理这一局面，提高语料分析和处理的效率和水平。

最后，聚焦具有广泛适用性的话题，并拓展功能语篇分析的类型学研究。由于功能语篇分析具有普通语言学和适用语言学性质，理论上讲可运用于各种类型的语篇分析。韩礼德（Halliday，1994/2000）在谈及系统功能语言学的适用范围时就曾提及多达 20 个主题。然而，目前国内功能语篇分析的研究主题还不够丰富，特别是在突出语篇分析的适用性方面，显得较为滞后。一方面，对接诸如中国特色对外话语体系等国内重大需求的研究不多；另一方面，对诸如医患矛盾话语等关乎平常百姓生活的语篇分析报道也不多见。此外，目前国内功能语篇分析的绝

第8章 结论与展望

大多数研究均是基于英语语料的，对非英语语篇的类型学关注不足。为此，今后的功能语篇分析研究应加强三方面的工作：一是宏观上积极对接中国特色对外话语体系等国内重大需求，在实现国际话语权、发出中国声音、树立国际形象方面有所作为。功能语篇分析立足语言分析，并向上拓展到情景语境和文化语境，特别是近年的适用语篇分析将权力关系、意识观念等纳入探讨范围，极大地增强了语篇分析能力。功能语篇分析这种立足语言本身对语篇进行分析的做法，对目前中国特色对外话语重理论探讨轻实践分析这一不足将形成有益补充。二是微观上拓展语篇分析的应用范围，关注儿童语篇、语篇测试、身份构建、语言景观、网络舆情、应急话语，以及颞下颌关节紊乱患者、口吃患者、头部创伤患者、精神分裂症患者等语言障碍患者语篇，等等。三是积极利用语言类型学研究成果，扩大功能语篇分析的语言类型。功能语篇分析理论源于对英语语料的探讨，在分析英语语篇上具有极大便利性。如何将功能语篇分析运用于其他语种的语料，需要对功能语篇分析涉及的概念进行精准界定，进而对非英语语料进行分析，而不能只是对英语语料作简单比附。

参考文献

敖晓梅. 2010. 系统功能语法视角下的生物医学研究性论文摘要的文体特征. 外语教育, (1): 21-27.
贝德纳雷克, 郇昌鹏. 2018. 评价系统研究中的关键原则. 外语研究, (1): 39-45.
曹继阳, 李泉. 2019. 汉语口语语篇衔接手段与衔接成分——基于经典情景喜剧《我爱我家》的研究. 语言文字应用, (2): 142.
柴同文. 2012. 学术致谢的语类结构及其功能变体研究. 外语教学, (6): 24-28.
常晨光, 陈瑜敏. 2011a. 功能语境研究. 北京: 外语教学与研究出版社.
常晨光, 陈瑜敏. 2011b. 系统功能语言学的语境研究. 常晨光, 陈瑜敏主编. 功能语境研究. 北京: 外语教学与研究出版社, 1-23.
常晨光, 丁建新, 周红云. 2008. 功能语言学与语篇分析新论. 北京: 北京大学出版社.
常晨光. 2001. 英语中的人际语法隐喻. 外语与外语教学, (7): 6-8.
常晨光. 2018. 伟大的语言学大师 宽厚慈祥的长者——忆韩礼德教授. 北京科技大学学报（社会科学版）, (3): 14-16.
陈风华, 弗朗西斯科·维勒索. 2017. 多模态话语研究的可视化图谱演化分析——基于国内外核心期刊的研究. 华侨大学学报（哲学社会科学版）, (6): 154-166.
陈风华. 2016. 语料库视角下"一带一路"系统功能认知阐释. 西安外国语大学学报, (4): 53-56.
陈旸, 王烯. 2020. 从功能语篇分析到翻译研究——以艾米莉·狄金森的"I'm Nobody"为例. 外国语文, (2): 116-120.
陈旸. 2010.《论语》英译本研究的功能语篇分析方法. 外国语文, (1): 105-109.
陈旸. 2012. 从功能语篇分析到翻译教学. 中国外语, (1): 94-97.
陈瑜敏, 黄国文. 2014. 语法隐喻框架下英语文学原著与简写本易读度研究. 外语教学与研究, (6): 853-864.
陈瑜敏, 严小庆. 2014. 系统功能语言学研究路径的拓宽和互补——第40届国际系统功能语言学大会综述. 中国外语, (1): 100-105.
程瑾涛, 司显柱. 2017.《红楼梦》两个英译本的对比分析——系统功能语言学途径. 语言与翻译, (1): 69-76.
程瑞兰, 张德禄. 2017. 多模态话语分析在中国研究的现状、特点和发展趋势——以期刊成果为例. 中国外语, (3): 36-44.
程微. 2007. 从态度韵看语篇的衔接与连贯. 外语教学, (6): 24-28.

丛迎旭. 2011. 概念语法隐喻研究的限制与扩展. 外国语，（5）：46-53.
代树兰. 2015. 多模态话语研究：电视访谈的多模态话语特征. 上海：上海外语教育出版社.
代树兰. 2017. 多模态话语中各模态之间关系的研究. 外语学刊，（6）：1-7.
戴凡，吕黛蓉. 2013. 功能文体理论研究. 北京：外语教学与研究出版社.
邓仁华. 2015. 汉语存在句的系统功能语法研究. 现代外语，（1）：37-47.
董保华. 2018. 英语独立型形式标记的隐性纯理功能研究. 成都：四川大学出版社.
董宏乐. 2005. 科学语篇的隐喻性. 上海：复旦大学出版社.
董娟，张德禄. 2017. 语法隐喻理论再思考——语篇隐喻概念探源. 现代外语，（3）：293-303.
董素蓉，苗兴伟. 2017. 隐喻的语篇衔接模式. 外语学刊，（3）：33-37.
董希骁. 2018. 从新闻标题看罗马尼亚媒体对"一带一路"的态度. 中国外语，（3）：52-58.
杜世洪，卡明斯. 2011. 连贯是一个语言哲学问题——四十年连贯研究的反思. 外国语，（4）：83-92.
范文芳. 1997a. 语法隐喻对语篇阅读难易度的影响. 胡壮麟，方琰主编. 功能语言学在中国的进展. 北京：清华大学出版社，337-339.
范文芳. 1997b. 隐喻理论探究. 山东外语教学，（1）：7-12.
范文芳. 2001. 语法隐喻理论研究. 北京：外语教学与研究出版社.
方琰. 1993. 第19届国际系统功能语言学大会. 国外语言学，（1）：44-45.
方琰. 1998. 浅谈语类. 外国语，（1）：3-5.
方琰. 2002. 语篇语类研究. 清华大学学报（哲学社会科学版），（增1期）：15-21.
方琰. 2005. 系统功能语法与语篇分析. 外语教学，（6）：1-5.
方琰. 2010. 第36届国际系统功能语言学大会对中国学者的启示. 中国外语，（6）：33-38.
冯德正，张德禄，奥汉洛兰. 2014. 多模态语篇分析的进展与前沿. 当代语言学，（1）：88-99.
冯志伟. 1999. 现代语言学流派. 西安：陕西人民出版社.
傅翀. 2012. 精巧的构思丰富的意蕴——对凯瑟琳·曼斯菲尔德《莳萝泡菜》的功能语篇分析. 当代外语研究，（9）：40-43.
高生文. 2013. 系统功能语言学语域思想新解. 外语学刊，（6）：1-5.
高生文，何伟. 2015. 系统功能语言学语域思想流变. 外语与外语教学，（3）：48-54.
耿敬北，陈子娟. 2016. 网络社区多模态话语分析——以qq群话语为例. 外语教学，（3）：35-39.
桂诗春，宁春岩. 1997. 语言学方法论. 北京：外语教学与研究出版社.

国防. 2016. 多模态话语分析研究热点及趋势分析——基于文献计量学方法. 外语与外语教学, (3): 58-66.

韩健. 2013. 功能语言学理论框架下的中美《宪法》语篇对比分析及文化阐释. 上海: 上海外国语大学博士学位论文.

韩礼德（Halliday, M. A. K.）. 2011. 篇章、语篇、信息: 系统功能语言学视角. (姜望琪, 付毓玲译). 北京大学学报（哲学社会科学版）, (1): 137-149.

何继红, 张德禄. 2016. 语篇结构的类型、层次及分析模式研究. 外语与外语教学, (1): 74-80.

何伟. 2016. 系统功能语言学及物性理论发展综述. 北京科技大学学报（社会科学版）, (1): 1-19.

何伟. 2017. 国际生态话语之及物性分析模式构建. 现代外语, (5): 597-607.

何伟, 高然. 2018. 新西兰媒体之中国"一带一路"倡议表征研究——以《新西兰先驱报》为例. 中国外语, (3): 46-51.

何伟, 高生文. 2011. 功能句法研究. 北京: 外语教学与研究出版社.

何伟, 魏榕. 2018. 话语分析范式与生态话语分析的理论基础. 当代修辞学, (5): 63-73.

何伟, 张瑞杰, 淡晓洪, 张帆, 魏榕. 2017a. 英语功能语义分析. 北京: 外语教学与研究出版社.

何伟, 张瑞杰, 淡晓洪, 张帆, 魏榕. 2017b. 汉语功能语义分析. 北京: 外语教学与研究出版社.

何中清. 2011. 评价理论中的"级差"范畴: 发展与理论来源. 北京第二外国语学院学报, (6): 10-18.

何中清. 2019. 功能语言分析视角下的学术英语研究——发展、理据和应用. 外语学刊, (1): 18-24.

黑玉琴. 2013. 跨学科视角的话语分析研究. 北京: 北京大学出版社.

胡明霞, 李战子. 2018. 多模态语类: 概念辨析与研究前景. 解放军外国语学院学报, (3): 10-18.

胡壮麟. 1989. 第16届国际系统语法大会介绍. 国外语言学, (4): 179-181.

胡壮麟. 1990. 语言系统与功能. 北京: 北京大学出版社.

胡壮麟. 1992. 九十年代的语篇分析. 北京大学学报（哲学社会科学版）, (2): 48-51.

胡壮麟. 1993. 第20届国际系统功能语法会议. 国外语言学, (4): 42-43.

胡壮麟. 1994. 语篇的衔接与连贯. 上海: 上海外语教育出版社.

胡壮麟. 1996. 语法隐喻. 外语教学与研究, (4): 1-7.

胡壮麟. 1997. 语言·认知·隐喻. 现代外语, (4): 50-57.

胡壮麟. 1998. 系统功能语言学近况. 外国语, (1): 2-6.

胡壮麟. 1998. 语篇分析任重道远. 外语研究,（2）：2-5.
胡壮麟. 2000a. 功能主义纵横谈. 北京：外语教学与研究出版社.
胡壮麟. 2000b. 隐喻与文体. 外语研究,（2）：10-17.
胡壮麟. 2000c. 评语法隐喻的韩礼德模式. 外语教学与研究,（2）：88-94.
胡壮麟. 2001. 语篇分析在教学中的应用. 外语教学,（1）：3-10.
胡壮麟. 2004. 认知隐喻学. 北京：北京大学出版社.
胡壮麟. 2007a. 社会符号学研究中的多模态化. 语言教学与研究,（1）：1-10.
胡壮麟. 2007b. PowerPoint——工具、语篇、语类、文体. 外语教学,（4）：1-5.
胡壮麟. 2018. 新编语篇的衔接与连贯. 上海：华东师范大学出版社.
胡壮麟，董佳. 2006. 意义的多模态构建——对一次PPT演示竞赛的语篇分析. 外语电化教学,（3）：3-12.
胡壮麟，方琰. 1997. 功能语言学在中国的进展. 北京：清华大学出版社.
胡壮麟，朱永生，张德禄，李战子. 2008. 系统功能语言学概论（修订版）. 北京：北京大学出版社.
胡壮麟，朱永生，张德禄. 1989. 系统功能语法概论. 长沙：湖南教育出版社.
黄国文. 1988. 语篇分析概要. 长沙：湖南教育出版社.
黄国文. 1999. 英语语言问题研究. 广州：中山大学出版社.
黄国文. 2000. 韩礼德系统功能语言学40年发展述评. 外语教学与研究,（1）：16-22.
黄国文. 2001a. 功能语篇分析纵横谈. 外语与外语教学,（12）：1-4.
黄国文. 2001b. 语篇分析的理论与实践：广告语篇研究. 上海：上海外语教育出版社.
黄国文. 2002a. 功能语篇分析面面观. 国外外语教学,（4）：25-32.
黄国文. 2002b. 语言·语言功能·语言教学. 广州：中山大学出版社.
黄国文. 2002c. 功能语言学分析对翻译研究的启示——《清明》英译文的经验功能分析. 外语与外语教学,（5）：4-9.
黄国文. 2003. 汉英语篇对比研究的语言学尝试——对唐诗《芙蓉楼送辛渐》及其英译文的功能分析. 外语与外语教学,（2）：21-25.
黄国文. 2004. 翻译研究的功能语言学途径. 中国翻译,（5）：17-21.
黄国文. 2006. 翻译研究的语言学探索. 上海：上海外语教育出版社.
黄国文. 2009a. 语法隐喻在翻译研究中的应用. 中国翻译（1），5-9.
黄国文. 2009b. 功能语言学与语篇分析研究（第1辑）. 北京：高等教育出版社.
黄国文. 2010a. 功能语言学与语篇分析研究（第2辑）. 北京：高等教育出版社.
黄国文. 2010b. 语篇分析与系统功能语言学理论的建构. 外语与外语教学,（5）：1-4.
黄国文. 2011. 功能语言学与语篇分析研究（第3辑）. 北京：高等教育出版社.
黄国文. 2012. 功能语言学与语篇分析研究（第4辑）. 北京：高等教育出版社.
黄国文. 2013. 功能语言学与语篇分析研究（第5辑）. 北京：高等教育出版社.

黄国文. 2017. 从系统功能语言学视角看政治演讲语篇——以习近平第70届联合国大会一般性辩论中的演讲为例. 外语学刊,（3）: 7-11.

黄国文. 2018. 从生态批评话语分析到和谐话语分析. 中国外语,（4）: 39-46.

黄国文. 2019. 功能语言学与语篇分析研究（第6辑）. 北京：高等教育出版社.

黄国文, 常晨光. 2010. 功能语言学年度评论（第2卷）. 北京：高等教育出版社.

黄国文, 常晨光. 2011. 功能语言学年度评论（第3卷）. 北京：高等教育出版社.

黄国文, 常晨光. 2013. 功能语言学年度评论（第4卷）. 北京：高等教育出版社.

黄国文, 常晨光. 2014. 功能语言学年度评论（第5卷）. 北京：高等教育出版社.

黄国文, 常晨光. 2017. 功能语言学年度评论（第6卷）. 北京：高等教育出版社.

黄国文, 陈旸. 2017. 自然诗歌的生态话语分析. 外国语文,（2）: 61-66.

黄国文, 葛达西. 2006. 功能语篇分析. 上海：上海外语教育出版社.

黄国文, 王宗炎. 2002. Discourse and Language Functions. 北京：外语教学与研究出版社.

黄国文, 辛志英. 2011. 功能语言学通论. 北京：外语教学与研究出版社.

黄国文, 辛志英. 2012. 系统功能语言学研究现状和发展趋势. 北京：外语教学与研究出版社.

黄国文, 徐珺. 2006. 语篇分析与话语分析. 外语与外语教学,（10）: 1-6.

黄国文, 赵蕊华. 2017. 生态话语分析的缘起、目标、原则与方法. 现代外语,（5）: 585-596.

黄国文, 常晨光, 戴凡. 2006. 功能语言学与适用语言学. 广州：中山大学出版社.

黄国文, 常晨光, 丁建新. 2005. 功能语言学的理论与应用. 北京：高等教育出版社.

黄国文, 常晨光, 廖海青. 2010. 系统功能语言学研究群言集（第1辑）. 北京：高等教育出版社.

黄国文, 常晨光, 廖海青. 2011. 系统功能语言学研究群言集（第2辑）. 北京：高等教育出版社.

黄国文, 常晨光, 廖海青. 2013. 系统功能语言学研究群言集（第3辑）. 北京：高等教育出版社.

黄洁, 周统权, 王微萍. 2016. 基于语类的英语学术论文写作教学路径研究——以"文献综述"写作教学为例. 外语界,（2）: 69-78.

黄颂杰. 1990. 福柯的话语理论述略. 南京社会科学,（6）: 6-10.

季小民, 何荷. 2014. 国内外语用学实证研究比较：语料类型与收集方法. 外语教学理论与实践,（2）: 27-33.

江潇潇. 2017. 语言三大元功能与国家形象构建——以斯里兰卡总统第70届联大演讲为例. 外语研究,（1）: 11-15.

江潇潇. 2018. 斯里兰卡"一带一路"相关报道态度资源研究. 解放军外国语学院学报,（6）: 42-48.

姜望琪. 2011. Harris的语篇分析. 外语教学,（4）: 13-18.

姜望琪. 2014. 语法隐喻理论的来龙去脉及实质. 解放军外国语学院学报,（5）: 63-72.
蒋婷, 杨霞. 2018. 英汉法律类学术论文中作者身份构建的对比研究——以介入系统为视角. 西安外国语大学学报,（4）: 8-13.
旷战. 2017. 个体意库、身份建构与情感绑定. 重庆: 西南大学博士学位论文.
郎天万. 1996. 主位结构与话语分析. 外国语,（6）: 37-41.
乐明. 2006. 第32届国际系统功能语法大会在悉尼召开. 当代语言学,（1）: 89-92.
李成陈, 江桂英. 2017. 评价理论态度系统视角下中英学术专著他序对比研究. 外语教学,（5）: 43-48.
李德志. 2013. 广告类超文本多模态的视觉语法分析. 外语学刊,（2）: 7-11.
李发根. 2006. 评价的识别、功能和参数. 外语与外语教学,（11）: 1-3.
李国庆. 2006. 文化语境与语篇. 西安: 陕西人民教育出版社.
李佳. 2011. 英语文体学理论与实践. 厦门: 厦门大学出版社.
李杰, 钟永平. 2003. 主位序列与语篇阅读教学. 山东外语教学,（1）: 48-52.
李力. 2004. 及物性理论应用在辨识个人语型上的可行性. 天津外国语学院学报,（3）: 33-36.
李美霞. 2006. 功能语法教程. 北京: 外文出版社.
李妙晴. 2019. 多模态话语分析理论在中国的应用. 北京: 中国纺织出版社.
李奇, 折鸿雁. 2003. 体裁教学法的理论依据与实践. 外语教学,（3）: 70-72.
李胜梅. 2006. 修辞结构成分与语篇结构类型. 北京: 文化艺术出版社.
李书影, 王宏俐. 2020.《道德经》英译本的海外读者接受研究——基于Python数据分析技术. 外语电化教学,（2）: 35-41.
李文, 王振华. 2019. 司法话语多模态研究的现状与未来. 上海交通大学学报（哲学社会科学版）,（5）: 110-119.
李晓康. 2009. 态度意义构建世界. 上海: 上海外国语大学博士学位论文.
李宣松. 1997. 体裁分析与商务语篇. 外国语,（2）: 27-30.
李战子, 陆丹云. 2012. 多模态符号学: 理论基础, 研究途径与发展前景. 外语研究,（2）: 1-8.
李战子. 2002. 话语的人际意义研究. 上海: 上海外语教育出版社.
李战子. 2003. 多模式话语的社会符号学分析. 外语研究,（5）: 1-8.
李战子. 2006. 文体与评价: 从语篇潜势到阅读取位. 外语与外语教学,（10）: 25-29.
李佐文, 梁国杰. 2018. 论语篇连贯的可计算性. 外语研究,（2）: 27-32.
廖彩荣, 翁贞林. 2011. 学术期刊价值论及其市场化选择. 第四届全国高校社科学报优秀编辑学论著评选获奖论文集粹. 福建师范大学: 全国高等学校文科学报研究会.
廖海青. 2010. 功能语言学与外语教学研究. 北京: 外语教学与研究出版社.
刘承宇. 2002. 英汉语篇互文性对比研究. 天津外国语学院学报,（3）: 17-20.

刘承宇. 2003. 语法隐喻的文体价值. 现代外语,（2）：120-127.
刘承宇. 2008. 语法隐喻的功能—认知文体学研究. 厦门：厦门大学出版社.
刘锋, 傅桂荣, 任晓霏. 2015.《水浒传》英译本语篇功能对比分析. 西安外国语大学学报,（1）：120-124.
刘辉. 2016. 学术期刊论文方法部分的主位结构分析. 外语学刊,（6）：61-65.
刘立华. 2010. 评价理论研究. 北京：外语教学与研究出版社.
刘立华. 2019. 马丁对语类研究的贡献. 外语学刊,（1）：12-17.
刘润清. 1997. 西方语言学流派. 北京：外语教学与研究出版社.
刘润清. 2015. 外语教学中的科研方法. 北京：外语教学与研究出版社.
刘世生. 1997. 西方文体学论纲. 济南：山东教育出版社.
刘世铸. 2010. 评价理论在中国的发展. 外语与外语教学,（5）：33-36.
刘晓琳. 2010. 评价系统视域中的翻译研究——以《红楼梦》两个译本对比为例. 外语学刊,（3）：161-163.
刘英. 2013. 否定系统与语类变体——一项基于英语学术语篇的否定概率研究. 外语与外语教学,（1）：27-30.
龙日金, 彭宣维. 2012. 现代汉语及物性研究. 北京：北京大学出版社.
路扬. 1996. 伯明翰学派话语分析法及其发展. 外语研究,（4）：7-10.
罗林泉. 2006. 语篇衔接手段分析与综合英语教学——以课文 A Sunrise on the Veld 为例. 英语研究,（1）：80-84.
罗载兵, 杨炳钧, 李孝英. 2017. 论语义波的三维分形模型：合法化语码理论与系统功能语言学的界面研究. 外语与外语教学,（2）：48-60.
马爱德, 高一虹. 2001. 第27届国际系统功能语法大会纪要. 当代语言学,（1）：75-76.
马静. 2001. 主位推进、语义衔接与英语写作的连贯性——四、六级范型作文分析. 外语教学,（5）：45-50.
马伟林. 2011. 语篇衔接手段的评价意义. 当代修辞学,（4）：89-94.
孟炳君. 2018. 沙特阿拉伯主流媒体对"一带一路"倡议的认知. 外语学刊,（6）：1-6.
苗兴伟, 秦洪武. 2010. 英汉语篇语用学研究. 上海：上海外语教育出版社.
苗兴伟. 1998. 论衔接与连贯的关系. 外国语,（4）：45-50.
聂薇. 2018. 从功能语言学看英国主流媒体对"一带一路"倡议的态度变化. 解放军外国语学院学报,（6）：34-41.
潘艳兰, 刘秀明. 2009. 维吾尔语的主位推进及其应用. 语言与翻译,（2）：26-31.
庞继贤, 叶宁. 2011. 西方语类理论比较分析. 浙江大学学报（人文社会科学版）,（2）：160-168.
庞继贤. 1993. 语篇体裁分析理论评析. 浙江大学学报（人文社会科学版）,（2）：110-111.

庞玉厚，方琰，刘世生. 2010. 系统功能语言学在理论和实践上面临的挑战——第36届国际系统功能语言学大会暨第11届全国功能语言学研讨会综述. 外语教学与研究，（1）：144-149.

彭宣维. 2000. 英汉语篇综合对比. 上海：上海外语教育出版社.

彭宣维. 2009. An Introduction to Functional Grammar 的"集大成"地位. 中国外语，（1）：107-112.

彭宣维. 2015. 评价文体学. 北京：北京大学出版社.

彭宣维. 2019. 叙事话语的社会生态效应——基于科幻小说《地狱》的评价解读. 外国语，（4）：92-102.

彭宣维，杨晓军，何中清. 2012. 汉英对应评价意义语料库. 外语电化教学，（5）：3-10.

彭漪，柴同文. 2010. 功能语篇分析研究. 北京：外语教学与研究出版社.

朴恩淑. 2012. 中韩语篇对比与翻译研究. 上海：复旦大学博士学位论文.

钱宏. 2007. 运用评价理论解释"不忠实"的翻译现象——香水广告翻译个案研究. 外国语，（6）：57-63.

秦秀白. 1997. 体裁分析概说. 外国语，（6）：9-16.

邱均平，王曰芬. 2008. 文献计量内容分析法. 北京：国家图书馆出版社.

任绍曾. 1995. 语言·系统·结构. 杭州：杭州大学出版社.

任晓涛，许家金. 2002. 语篇理论在英语听力教学中的应用. 外语界，（2）：25-29.

申连云. 2004. 话语的人际功能：分析与翻译. 四川外语学院学报，（3）：91-96.

沈伟栋. 2000. 话语分析与翻译. 中国翻译，（6）：28-30.

石定栩，杨洋. 2020. 中国语言障碍与言语治疗——现状分析和发展思路. 语言战略研究，（2）：15-24.

孙坤. 2013. 话题链视角下的汉英篇章组织模式对比研究. 解放军外国语学院学报，（3）：12-18.

孙铭悦，张德禄. 2015. 评价系统组篇机制研究. 现代外语，（1）：26-36.

孙晓乐. 1996. 英语语篇分析中的"衔接"与"连贯". 外语学刊，（1）：24-28.

唐革亮，杨忠. 2016. 功能视域中汉英名词化结构的翻译策略研究——以十八大报告翻译为例. 外语学刊，（1）：88-93.

唐青叶. 2006. 包装名词与语篇信息包装. 上海：上海大学出版社.

唐青叶. 2009. 语篇语言学. 上海：上海大学出版社.

唐青叶，史晓云. 2016. 基于语料库的南非大报对习近平主席访非报道的话语分析. 北京第二外国语学院学报，（1）：14-24.

唐青叶，史晓云. 2018. 国外媒体"一带一路"话语表征对比研究——一项基于报刊语料库的话语政治分析. 外语教学，（5）：31-35.

唐韧. 2004. 翻译质量评估的语言学策略. 山东外语教学，（2）：101-104.

唐述宗. 2002. 语体、语域与翻译——英汉翻译风格纵横谈. 外语与外语教学, (6): 34-39.

田海龙, 潘艳艳. 2019. 多模态话语分析: 理论探讨与应用研究. 北京: 北京航空航天大学出版社.

田海龙. 2016. 批评话语分析精髓之再认识——从与批评话语分析相关的三个问题谈起. 外语与外语教学, (2): 1-8.

汪燕华. 2011. 多模态话语中语类和图类的配置. 外语与外语教学, (3): 25-28.

王东风. 2002. 功能语言学与翻译研究. 广州: 中山大学出版社.

王宏俐, 郭继荣. 2006. 体裁分析与商务促销类语篇. 外语教学, (4): 32-37.

王惠萍. 2010. 英语阅读教学中多模态识读能力的培养. 外语界, (5): 20-25.

王立非, 文艳. 2008. 应用语言学研究的多模态分析方法. 外语电化教学, (3): 8-12.

王品, 王振华. 2016. 作为社会过程的法律语篇与概念意义研究——以《中华人民共和国婚姻法》为例. 当代修辞学, (4): 56-67.

王全智, 刘文姣, 李想. 2017. 学术论文摘要中时态的人际功能研究. 外语教学, (5): 18-22.

王荣斌. 2019. 态度意义的多模态实现研究: 基于汉语图文话语的实证分析. 南京: 江苏人民出版社.

王欣. 2003.《葛底斯堡演说》的功能语法分析. 西安外国语学院学报, (1): 6-10.

王振华. 2001. 评价系统及其运作——系统功能语言学的新发展. 外国语, (6): 13-20.

王振华. 2009. 语篇语义的研究路径——一个范式、两个脉络、三种功能、四种语义、五个视角. 中国外语, (6): 26-38.

王振华, 刘成博. 2014. 作为社会过程的法律语篇——态度纽带与人际和谐. 中国外语, (3): 19-25.

王振华, 马玉蕾. 2007. 评价理论: 魅力与困惑. 外语教学, (6): 19-23.

王振华, 张庆彬. 2015. 作为社会过程的法律语篇及其谋篇语义. 外语教学, (1): 1-6.

王正, 张德禄. 2016. 基于语料库的多模态语类研究——以期刊封面语类为例. 外语教学, (5): 15-20.

韦琴红. 2009. 视觉环境下的多模态化与多模态话语研究. 北京: 科学出版社.

魏纪东. 2001. 对几种特殊语境中语域特性的探讨. 山东师大外国语学院学报, (2): 6-9.

魏静姝. 1996. 语篇的衔接和阅读理解. 外语教学, (1): 47-53.

文秋芳. 2017. 拟人隐喻"人类命运共同体"的概念、人际和语篇功能——评析习近平第70届联合国大会一般性辩论中的演讲. 外语学刊, (3): 1-6.

谢建平. 2008. 功能语境与专门用途英语语篇翻译研究. 杭洲: 浙江大学出版社.

辛志英. 2008. 话语分析的新发展——多模态话语分析. 社会科学辑刊, (5): 208-211.

辛志英. 2019. 语篇分析入门. 厦门：厦门大学出版社.
胥国红, 曲航. 2009. 多模态语篇分析——信息时代的新视角. 山东外语教学, (2): 3-7.
徐昉. 2015. 学术英语写作研究述评. 外语教学与研究, (1): 94-105.
徐锦芬, 李霞. 2018. 国内外二语教师研究的方法回顾与反思（2000—2017）. 解放军外国语学院学报, (4): 87-95.
徐军. 2011. 语篇衔接模式的前景化. 山东外语教学, (4): 27-31.
徐珺. 2002.《儒林外史》英汉语语篇对比研究——系统功能语言学的尝试. 外语与外语教学, (12): 1-5.
徐珺. 2004. 上下文语境研究——《儒林外史》汉英语篇对比分析. 外语学刊, (1): 60-66.
徐来娟. 2013. 英语学术讲座话语的评价及其语类结构. 重庆：西南大学博士学位论文.
徐玉臣, 李民权. 2005. 语类结构对语境的诠释. 外语教学, (5): 1-4.
许文胜. 2015. 基于语料库的英汉文学作品衔接性副词对比研究. 外语教学与研究, (2): 214-224.
郇昌鹏. 2013. 评价系统研究的新趋势：第一届评价系统研讨会综述. 当代语言学, (3): 374.
严世清. 2000. 隐喻论. 苏州：苏州大学出版社.
严世清. 2003. 语法隐喻理论的发展及其理论意义. 外国语, (3): 51-57.
严世清, 董宏乐. 1999. 语篇连贯的新视角. 山东外语教学, (3): 1-6.
杨炳钧, 覃朝宪. 2001. 系统功能语言学中的元功能思想. 中山大学学报（社会科学版）, (1): 47-56.
杨炳钧. 2016. 语法隐喻理论及有关质疑. 语言学研究, (2): 6-20.
杨炳钧. 2018. "王冕死了父亲"的概念语法隐喻视角. 浙江外国语学院学报, (5): 96-104.
杨炳钧. 2019. "台上坐着主席团"的概念语法隐喻阐释. 中国外语, (1): 48-54.
杨坚定. 2011. 劝说中的中庸主义——对医疗广告的语篇分析. 浙江外国语学院学报, (6): 1-6.
杨林秀. 2015. 英文学术论文中的作者身份构建：言据性视角. 外语教学, (2): 21-25.
杨敏. 2012. 系统功能视域下的法律英语翻译. 外语研究, (2): 77-81.
杨信彰. 1995. 英汉语篇对比. 福州：福建人民出版社.
杨信彰. 1998. 隐喻的两种解释. 外语与外语教学, (10): 4-7.
杨信彰. 2003. 语篇中的评价性手段. 外语与外语教学, (1): 11-14.
杨信彰. 2006. 名词化在语体中的作用——基于小型语料库的一项分析. 外语电化教学, (4): 3-7.

杨信彰. 2009. 多模态语篇分析与系统功能语言学. 外语教学, (4): 11-14.
杨信彰. 2010. 马丁对语域理论的发展和应用. 当代外语研究, (10): 43-46.
杨雪燕. 2012. 系统功能语言学视角下的话语分析. 外语教学, (2): 31-36.
杨延宁. 2016. 基于语料分析的汉语语法隐喻研究. 语言学研究, (2): 77-91.
杨增成. 2012. 系统功能语言学视角下的互文性. 北京: 中国社会科学出版社.
杨忠, 张绍杰. 2003. 语言·功能·认知. 长春: 吉林人民出版社.
姚银燕, 陈晓燕. 2012. 英语学术书评语篇让步语义资源的介入意义. 外语教学理论与实践, (1): 39-46.
于晖. 2003. 语篇体裁分析: 学术论文摘要的符号学意义. 郑州: 河南大学出版社.
于晖. 2009a. 语篇体裁概念之理论溯源. 北京师范大学学报（社会科学版）, (4): 61-67.
于晖. 2009b. 语篇体裁复合体. 解放军外国语学院学报, (2): 14-18.
于晖. 2018. 功能语篇体裁分析理论与实践. 北京: 外语教学与研究出版社.
余渭深, 李红, 彭宣维. 1998. 语言的功能——系统、语用和认知. 重庆: 重庆大学出版社.
袁传有. 2008. 警察讯问语言的人际意义——评价理论之"介入系统"视角. 现代外语, (2): 141-149.
曾蕾, 胡红辉. 2015.《论语》及其英译本中投射语言结构的功能语篇对等研究. 外语与外语教学, (6): 75-79.
曾蕾, 李晶. 2014. 学术英语写作多模态教学研究与应用. 北京科技大学学报（社会科学版）, (6): 27-32.
曾蕾, 梁红艳. 2012. 学术语篇体裁结构与时态组合模式的元功能研究. 外语教学, (1): 30-33.
曾蕾, 廖海青. 2010. 功能语言学与外语教学研究. 北京: 外语教学与研究出版社.
张德禄. 1990. 论语域的预测能力. 外国语, (4): 19-24.
张德禄. 1998a. 功能文体学. 济南: 山东教育出版社.
张德禄. 1998b. 论话语基调的范围与体现. 外语教学与研究, (1): 10-16.
张德禄. 2000. 论语篇连贯. 外语教学与研究, (2): 103-119.
张德禄. 2001. 论衔接. 外国语, (2): 23-28.
张德禄. 2002a. 语类研究概览. 外国语, (4): 13-22.
张德禄. 2002b. 语类研究理论框架探索. 外语教学与研究, (5): 39-44.
张德禄. 2002c. 语类研究的范围及其对外语教学的启示. 外语电化教学, (4): 59-63.
张德禄. 2005. 语篇衔接中的形式与意义. 外国语, (5): 32-38.
张德禄. 2005. 语言的功能与文体. 北京: 高等教育出版社.
张德禄. 2009a. 多模态话语分析综合理论框架探索. 中国外语, (6): 24-30.

张德禄. 2009b. 多模态话语理论与媒体技术在外语教学中的应用. 外语教学, (4): 15-20.

张德禄. 2010. 多模态外语教学的设计与模态调用初探. 中国外语, (3): 48-53.

张德禄. 2012a. 语篇分析理论的发展及应用. 北京: 外语教学与研究出版社.

张德禄. 2012b. 多模态学习能力培养模式探索. 外语研究, (2): 9-14.

张德禄. 2015. 多模态话语分析理论与外语教学. 北京: 高等教育出版社.

张德禄. 2018. 系统功能理论视阈下的多模态话语分析综合框架. 现代外语, (6): 731-743.

张德禄, 丁肇芬. 2013. 外语教学多模态选择框架探索. 外语界, (3): 39-46.

张德禄, 董娟. 2014. 语法隐喻理论发展模式研究. 外语教学与研究, (1): 32-44.

张德禄, 郭恩华. 2013. 多模态话语分析的双重视角——社会符号观与概念隐喻观的连接与互补. 外国语, (3): 20-28.

张德禄, 胡瑞云. 2019. 多模态话语建构中的系统、选择与供用特征. 当代修辞学, (5): 68-79.

张德禄, 雷茜. 2013. 语法隐喻研究在中国. 外语教学, (3): 1-6.

张德禄, 刘汝山. 2003. 语篇连贯与衔接理论的发展及应用. 上海: 上海外语教育出版社.

张德禄, 刘睿. 2014. 外语多元读写能力培养教学设计研究——以学生口头报告设计为例. 中国外语, (3): 45-52.

张德禄, 刘世铸. 2006. 形式与意义的范畴化——兼评《评价语言——英语的评价系统》. 外语教学与研究, (6): 423-427.

张德禄, 覃玖英. 2016. 语义波理论及其在教师课堂话语分析和建构中的作用. 外语教学, (2): 52-55.

张德禄, 袁艳艳. 2011. 动态多模态话语的模态协同研究——以电视天气预报多模态语篇为例. 山东外语教学, (5): 9-16.

张德禄, 张时倩. 2014. 论设计学习——多元读写能力培养模式探索. 解放军外国语学院学报, (2): 1-8.

张德禄, 张淑杰. 2010. 多模态性外语教材编写原则探索. 外语界, (5): 26-33.

张德禄, 赵静. 2008. 论语法概念隐喻中一致式与隐喻式的形似性原则. 外国语, (6): 25-32.

张虹. 2018. 南非媒体视角的"一带一路". 中国外语, (3): 66-71.

张敬源. 2010. 功能语言学与翻译研究. 北京: 外语教学与研究出版社.

张克定, 王振华, 杨朝军. 2007. 系统·功能·评价. 北京: 高等教育出版社.

张璐. 2019. 从 Python 情感分析看海外读者对中国译介文学的接受和评价: 以《三体》英译本为例. 外语研究, (4): 80-86.

张美芳. 2001. 从语篇分析的角度看翻译中的对等. 现代外语,（1）: 78-84.
张美芳. 2002. 语言的评价意义与译者的价值取向. 外语与外语教学,（7）: 15-18.
张美芳,黄国文. 2002. 语篇语言学与翻译研究. 中国翻译,（3）: 3-7.
张淑杰,张德禄. 2015. 系统功能语言学：发展及应用——张德禄教授访谈录. 山东外语教学,（4）: 3-8.
张伟年. 2014. 英语教材评价理论框架研究. 外语研究,（1）: 67-73.
张玮. 2019. 语篇衔接的主体可及性分析路径探索. 外语教学与研究,（2）: 239-249.
张新军,杨慧. 2002. 主位结构与英语阅读教学. 国外外语教学,（3）: 20-23.
张艺琼. 2018. 网络科学新闻的多模态语篇研究——共时和历时视角. 北京：科学出版社.
张颖. 2012. 语篇显性衔接机制的汉日对比分析——以《孔乙己》为例. 同济大学学报（社会科学版）,（1）: 99-104.
张应林. 2006. 语篇分析学. 武汉：华中师范大学出版社.
赵红. 1997. Hasan"语体结构潜势"理论与语篇教学. 重庆大学学报（社会科学版）,（2）: 119-121.
赵俊海,杨炳钧. 2012. 临床话语分析的系统功能语言学理据及途径. 中国外语,（6）: 96-101.
赵俊海. 2012. 阿尔茨海默症患者话语的系统功能语言学研究. 重庆：西南大学博士学位论文.
郑群,张博. 2015.《经济学人》中国主题封面的多模态话语分析. 西安外国语大学学报,（1）: 47-50.
钟书能. 1992. 篇章分析——英语读写教学之金钥匙. 福建外语,（2）: 67-71.
周大军. 2003. 英语的情态隐喻及其语篇解释力. 四川外语学院学报,（6）: 100-104.
周红云. 2006. 衔接在功能语篇分析中的应用. 外语与外语教学,（10）: 22-24.
朱永生. 1993. 语言·语篇·语境. 北京：清华大学出版社.
朱永生. 1987. 关于语域的几个问题. 山东外语教学,（4）: 26-30.
朱永生. 1994. 英语中的语法比喻现象. 外国语,（1）: 8-13.
朱永生. 1995a. 衔接理论的发展与完善. 外国语,（3）: 36-41.
朱永生. 1995b. 主位推进模式与语篇分析. 外语教学与研究,（3）: 8-14.
朱永生. 2002. 世纪之交论功能. 上海：上海外语教育出版社.
朱永生. 2003. 话语分析五十年：回顾与展望. 外国语,（3）: 43-50.
朱永生. 2005. 语境动态研究. 北京：北京大学出版社.
朱永生. 2006. 名词化、动词化与语法隐喻. 外语教学与研究,（2）: 83-90.
朱永生. 2007 多模态话语分析的理论基础与研究方法. 外语学刊,（5）: 82-86.
朱永生. 2009. 概念意义中的隐性评价. 外语教学,（4）: 1-5.

朱永生. 2010. 语篇中的意识形态与语言学家的社会责任——论马丁的相关理论及其应用. 当代外语研究,（10）: 25-28.

朱永生. 2011. Bernstein 的教育社会学理论对系统功能语言学的影响. 外语教学,（4）: 6-12.

朱永生. 2014. 合法化语码理论对 Bernstein 知识结构理论的传承与创新. 中国外语,（6）: 1-7.

朱永生. 2015a. 论 Bourdieu 文化再生产理论对 Maton 合法化语码理论的影响. 外语与翻译,（1）: 32-35.

朱永生. 2015b. 从语义密度和语义引力到物质与存在. 中国外语,（4）: 18-27.

朱永生, 严世清. 2000. 语法隐喻理论的理据和贡献. 外语教学与研究,（2）: 95-102.

朱永生, 严世清. 2001. 系统功能语言学多维思考. 上海: 上海外语教育出版社.

朱永生, 郑立信, 苗兴伟. 2001. 英汉语篇衔接手段对比研究. 上海: 上海外语教育出版社.

Alba-Juez, L. 2010. *Perspectives on Discourse Analysis: Theory and Practice.* Newcastle: Cambridge Scholars Publishing.

Alyousef, H. S. 2016. A Multimodal Discourse Analysis of International Postgraduate Business Students' Finance Texts: An Investigation of Theme and Information Value. *Social Semiotics,* (5): 486–504.

Alyousef, H. S. & Alsharif, A. A. 2017. The Experiential Meaning in Saudi Postgraduate Business Students' Multimodal Accounting Texts: A Multidimensional Exploration. *Australian Journal of Linguistics,* (2): 219–251.

Anesa, P. 2019. Syncretic Modality in Slideshows in the Era of Digital Humanities: Towards a Reconceptualization of Visuals? *Iberica,* (38): 249–274.

Antia, B.E. & Kamai, R.A. 2016. Writing Biology, Assessing Biology: The Nature and Effects of Variation in Terminology. *Terminology,* (2): 201–222.

Armstrong, E. & Ferguson, A. 2010. Language, Meaning, Context, and Functional Communication. *Aphasiology,* (4): 480–496.

Armstrong, E., Ciccone, N., Godecke, E. & Kok, B. 2011. Monologues and Dialogues in Aphasia: Some Initial Comparisons. *Aphasiology,* (11): 1347–1371.

Asp, E. & de Villiers, J. 2010. *When Language Breaks Down: Analysing Discourse in Clinical Contexts.* Cambridge: Cambridge University Press.

Balasubramanian, C. 2009. *Register Variation in Indian English.* Amsterdam & Philadelphia: John Benjamins.

Baldry, A. & Thibault, P. J. 2006. *Multimodal Transcription and Text Analysis: A*

Multimedia Toolkit and Coursebook. London: Equinox.

Barthes, R. 1977. *Image, Music, Text*. S. Heath. (trans.) New York: Hill & Wang.

Bartlett, T. 2012. *Hybrid Voices and Collaborative Change: Contextualising Positive Discourse Analysis*. London: Routledge.

Bateman, J. 2008. *Multimodality and Genre: A Foundation for the Systematic Analysis of Multimodal Documents*. Basingstoke & New York: Palgrave Macmillan.

Bawarshi, A. 2000. The Genre Function. *College English*, (23): 335–360.

Bednarek, M. 2008. *Evaluation in Media Discourse: Analysis of a Newspaper Corpus*. London: Continuum.

Bednarek, M. 2010. *The Language of Fictional Television: Drama and Identity*. London: Continuum.

Bednarek, M. & Caple, H. 2012. *News Discourse*. London: Continuum.

Bednarek, M. & Martin, J. R. 2010. *New Discourse on Language: Functional Perspectives on Multimodality, Identity and Affiliation*. London: Continuum.

Benson, J. D. & Greaves, W. S. 1988. *Systemic Functional Approaches to Discourse: Selected Papers from the 12th International Systemic Workshop*. Norwood: Ablex.

Bowcher, W. L. 2011. The History and Theoretical Development of "Context of Situation" in Systemic Functional Linguistics. In Chang Chenguang & Chen Yumin (eds.) *Context in Systemic Functional Linguistics*. Beijing: Foreign Language Teaching and Research Press, 24–62.

Bowcher, W. L. 2012. *Multimodal Texts from Around the World: Cultural and Linguistic Insights*. Basingstoke & New York: Palgrave Macmillan.

Breeze, R. 2016a. Negotiating Alignment in Newspaper Editorials: The Role of Concur-Counter Patterns. *Pragmatics*, (1): 1–19.

Breeze, R. 2016b. Tracing the Development of an Emergent Part-Genre: The Author Summary. *English for Specific Purposes*, (42): 50–65.

Britsch, S. J. 2005. The Multimodal Mediation of Power in the Discourses of Preschool Story Designers. *Text*, (3): 305–340.

Brown, G. & Yule, G. 1983. *Discourse Analysis*. Cambridge: Cambridge University Press.

Bruce, I. 2010. *Academic Writing and Genre: A Systematic Analysis*. London: Continuum.

Burton. D. 1982. Through Glass Darkly: Through Dark Glasses. In Carter, R. (ed.) *Language and Literature: An Introductory Reader in Stylistics*. London: George Alien & Unwin, 195–214.

Butler, C. S. 2003. *Structure and Function—A Guide to Three Major Structural-Functional Theories*. Amsterdam & Philadelphia: John Benjamins.

Butler, C. S. 1985. *Systemic Linguistics: Theory and Applications*. London: Batsford.

Butler, C. S. 1996. On the Concept of an Interpersonal Function in English. In Berry, M., Butler, C., Fawcett, R. P. & Hang, G. W. (eds.) *Meaning and Form: Systemic Functional Interpretations*. Norwood: Ablex, 151–182.

Butt, D., Fahey, R., Spinks, S. & Yallop, C. 2000. *Using Functional Grammar: An Explorer's Guide*. Sydney: National Centre for English Language Teaching and Research.

Caffarel, A, Martin, J. R. & Matthiessen, C. M. I. M. 2004. *Language Typology: A Functional Perspective*. Amsterdam & Philadelphia: John Benjamins.

Caffarel, A. 2006. *Systemic Functional Grammar of French*. London: Continuum.

Calhoun, K. 2019. Vine Racial Comedy as Anti-Hegemonic Humor: Linguistic Performance and Generic Innovation. *Journal of Linguistic Anthropology*, (1): 27–49.

Caple, H. 2019. Lucy Says Today She Is a Labordoodle: How the Dogs-of-Instagram Reveal Voter Preferences. *Social Semiotics*, (4): 427–447.

Caple, H., Anthony, L. & Bednarek, M. 2019. Kaleidographic: A Data Visualization Tool. *International Journal of Corpus Linguistics*, (2): 245–261.

Castel, V. 2006. Generating Abstracts from Genre Structure through Lexicogrammar: Modelling of Feature Selection and Mapping. *Revista Signos*, (62): 327–356.

Chaidas, D. 2018. Legitimation Strategies in the Greek Paradigm: A Comparative Analysis of Syriza and New Democracy. *Language & Communication*, (60): 136–149.

Chen C. 2006. CiteSpace II: Detecting and Visualizing Emerging Trends and Transient Patterns in Scientific Literature. *Journal of the American Society for Information Science and Technology*, (3): 359–377.

Chen, C., Ibekwe, F. & Hou, J. 2010. The Structure and Dynamics of Cocitation Clusters: A Multiple Perspective Cocitation Analysis. *Journal of the American Society for Information Science and Technology*, (7): 1386–1409.

Chen, X. 2018. Representing Cultures Through Language and Image: A Multimodal Approach to Translations of the Chinese Classic *Mulan*. *Perspectives—Studies in Translation Theory and Practice*, (2): 214–231.

Chiang, S. Y. 1999. Assessing Grammatical and Textual Features in L2 Writing

Samples: The Case of French as a Foreign Language. *Modern Language Journal*, (2): 219–232.

Christie, F. 2005. *Classroom Discourse Analysis: A Functional Perspective*. London: Continuum.

Christie, F. & Derewianka, B. 2008. *School Discourse: Learning to Write Across the Years of Schooling*. London: Continuum.

Christie, F. & Martin, J. R. 1997. *Genre and Institutions: Social Processes in The Workplace and School*. London: Continuum.

Christie, F. & Martin, J. R. 2006. *Language, Knowledge and Pedagogy: Functional Linguistic and Sociological Perspectives*. London: Continuum.

Christie, F. & Maton, K. 2011. *Disciplinarity: Functional Linguistic and Sociological Perspectives*. London: Continuum.

Christie, F. & Simpson, A. 2010. *Literacy and Social Responsibility: Multiple Perspectives*. London: Equinox.

Cook, G. 2001. *The Discourse of Advertising* (2nd ed.). London: Routledge.

Cope, B. & Kalantzis, M. 1993. Introduction: How a Genre Approach to Literacy Can Transform the Way Writing Is Taught. In Cope, B. & Kalantzis, M. (eds.) *The Powers of Literacy: A Genre Approach to Teaching Writing*. Bristol: Falmer Press, 1–21.

Crystal. D. 2008. *A Dictionary of Linguistics and Phonetics* (6th ed.). Oxford: Blackwell.

Daramola, A. 2008. A Child of Necessity: An Analysis of Political Discourse in Nigeria. *Pragmatics*, (3): 355–380.

de Beaugrande, R. & Dressier, W. 1981. *Introduction to Text Linguistics*. London: Longman.

Derewianka, B. 1990. *Exploring How Texts Work*. Rozelle: Primary English Teaching Association.

Doran, Y. J. 2017. *The Discourse of Physics: Building Knowledge through Language, Mathematics and Image*. London: Routledge.

Edward, A. & Halliday, M. A. K. 1995/2007. Language and the Reshaping of Human Experience. In Webster, J. J. (ed.) *The Language of Science*. Beijing: Peking University Press, 7–23.

Eggins, S. 1994. *An Introduction to Systemic Functional Linguistics*. London: Frances Pinter.

Eggins, S. 2004. *An Introduction to Systemic Functional Linguistics* (2nd ed.). London:

Continuum.

Ellis, R., O'Halloran, L. & Kay, L. 2004. *Multimodal Discourse Analysis: Systemic Functional Perspectives*. London: Continuum.

ElShiyab, S. 1997. Lexical Cohesion with Reference to the Identity Chain: Application of (IC) to Different Types of Arabic Texts. *International Review of Applied Linguistics in Language Teaching*, (3): 211–223.

Enkvist, N. E. 1978. Coherence, Pseudo-coherence, and Non-herence. In Ostman, J. O. (ed.) *Cohesion and Semantics*. Abo: Research Institute of the Abo Akademi Foundation, 109–128.

Espunya, A. & Pintaric, A. P. 2018. Language Style in the Negotiation of Class Identity in Translated Contemporary Spanish Fiction. *Babel*, (3): 348–369.

Fairclough, N. 1989. *Language and Power*. London & New York: Longman.

Fairclough, N. 2003. *Analysing Discourse: Textual Analysis for Social Research*. London: Routledge.

Fang, Y. & Webster, J. J. 2014. *Developing Systemic Functional Linguistics: Theory and Application*. London: Equinox.

Fawcett, R. P. 1980. *Cognitive Linguistics and Social Interaction: Towards an Integrated Model of a Systemic Functional Grammar and the Other Components of a Communicating Mind*. Heidelberg: Julius Groos Verlag.

Fine, J. 1995. Towards Understanding and Studying Cohesion in Schizophrenic Speech. *Applied Psycholinguistics*, (1): 25–41.

Firth, J. R. 1950. Personality and Language in Society. *The Sociological Review*, (1): 37–52.

Fontaine, L., Bartlett, T. & O'Grady, G. 2013. *Systemic Functional Linguistics: Exploring Choice*. Cambridge: Cambridge University Press.

Forey, G. & Thompson, G. 2008. *Text Type and Texture*. London: Equinox.

Forey, G. 2004. Workplace Texts: Do They Mean the Same for Teachers and Business People? *English for Specific Purposes*, (4): 447–469.

Foucault, M. 1970. *The Order of Things*. London: Tavistock Publication.

Fraiberg, S. 2018. Multilingual and Multimodal Practices at a Global Startup: Toward a Spatial Approach to Language and Literacy in Professional Contexts. *English for Specific Purposes*, (51): 55–68.

Fries, P. H. & Gregory, M. 1995. *Discourse and Meaning in Society: Functional Perspectives*. Norwood: Ablex.

Fu, R. B. 2016. Comparing Modal Patterns in Chinese-English Interpreted and Translated Discourses in Diplomatic Setting: A Systemic Functional Approach. *Babel*, (1): 104–121.

Gales, T. 2009. "Diversity" as Enacted in US Immigration Politics and Law: A Corpus-Based Approach. *Discourse & Society*, (2): 223–240.

Gardner, S. & Alsop, S. 2016. *Systemic Functional Linguistics in the Digital Age*. London: Equinox.

Gardner, S. 2012. Genres and Registers of Student Report Writing: An SFL Perspective on Texts and Practices. *Journal of English for Academic Purposes*, (1): 52–63.

Ghadessy, M. 1993. *Register Analysis: Theory and Practice*. London: Frances Pinter.

Ghadessy, M. 1995. *Thematic Development in English Texts*. London: Frances Pinter.

Gibson, T. R. 1993. *Towards a Discourse Theory of Abstracts and Abstracting*. Nottingham: University of Nottingham.

Gleason, J. 2014. Meaning-based Scoring: A Systemic Functional Linguistics Model for Automated Test Tasks. *Hispania*, (4): 666–688.

Goatly, A. 1997. *Language of Metaphors*. London: Routledge.

Gosden, H. 1993. Discourse Functions of Subject in Scientific Research Articles. *Applied Linguistics*, (1): 56–75.

Greaves, W. S. & Benson, J. D. 1985. *Systemic Perspectives on Language*. Norwood: Ablex.

Gregory, M. 1967. Aspects of Varieties Differentiation. *Journal of Linguistics*, (3): 177–198.

Gregory, M. 1987. Metafunctions: Aspects of Their Development, Status and Use in Systemic Linguistics. In Halliday, M. A. K. & Fawcett, R. P. (eds.) *New Development in Systemic Linguistics*, London: Frances Pinter, 94–106.

Gregory, M. & Carroll, S. 1978. *Language and Situation: Language Varieties and Their Social Contexts*. London: Routledge.

Gruber, H & Muntigl, P. 2005. Generic and Rhetorical Structures of Texts: Two Sides of the Same Coin? *Folia Linguistica*, (39): 75–113.

Guijarro, J. M. 2016. The Role of Semiotic Metaphor in the Verbal-Visual Interplay of Three Children's Picture Books. A Multisemiotic Systemic-Functional Approach. *Atlantis*, (1): 33–52.

Guijarro, J. M. & Sanz, M. J. P. 2008. Compositional, Interpersonal and Representational Meanings in A Children's Narrative: A Multimodal Discourse Analysis. *Journal of Pragmatics*, (9): 1601–1619.

Hadumod, B. 1998. *Routledge Dictionary of Language and Linguistics*. T. Gregory. & K. Kazzazi. (trans.) London: Routledge.

Hafner, C. A. 2018. Genre Innovation and Multimodal Expression in Scholarly Communication: Video Methods Articles in Experimental Biology. *Iberica*. (36): 15–47.

Halliday, M. A. K. & Webster, J. J. 2013. *Text Linguistics: The How and Why of Meaning*. London: Equinox.

Halliday, M. A. K. & Webster, J. J. 2009. *Continuum Companion to Systemic Functional Linguistics*. London: Continuum.

Halliday, M. A. 1985. *An Introduction to Functional Grammar*. London: Arnold.

Halliday, M. A. K. & Hasan, R. 1976. *Cohesion in English*. London & New York: Longman.

Halliday, M. A. K. & Hasan, R. 1980. Text and Context. *Sophia Linguistica*, (6): 4–91.

Halliday, M. A. K. & Hasan, R. 1985. *Language, Context and Text: Aspects of Language as a Socio-semantic Perspective*. Victoria: Deakin University Press.

Halliday, M. A. K. & Martin, J. R. 1993. *Writing Science: Literary and Discourse Power*. Pittsburgh: Pittsburgh University Press.

Halliday, M. A. K. & Matthiessen, C. M. I. M. 1999. *Construing Experience Through Meaning: A Language-based Approach to Cognition*. London: Cassell.

Halliday, M. A. K. & Matthiessen, C. M. I. M. 2004. *Introduction to Functional Grammar*. (3rd ed.) London: Routledge.

Halliday, M. A. K. & Matthiessen, C. M. I. M. 2014. *Introduction to Functional Grammar*. (4th ed.) London: Routledge.

Halliday, M. A. K. 1956. Grammatical Categories in Modern Chinese. *Transactions of the Philological Society*, 55(1): 177–224.

Halliday, M. A. K. 1961. Categories of the Theory of Grammar. *Word*, 17: 241–292.

Halliday, M. A. K. 1964/2007. The Users and Uses of Language. In Webster, J. J. (ed.) *Language and Society*. London: Continuum, 5–40.

Halliday, M. A. K. 1966. Some Notes on "Deep" Grammar. *Journal of Linguistics*, 2(1): 57–67.

Halliday, M. A. K. 1967a. Notes on Transitivity and Theme in English: Part 1. *Journal of Linguistics*, (3): 37–81.

Halliday, M. A. K.1967b. Notes on Transitivity and Theme in English: Part 2. *Journal of Linguistics*, 3(2): 199–244.

Halliday, M. A. K. 1968. Notes on Transitivity and Theme in English: Part 3. *Journal of Linguistics*, 4(2): 179–215.

Halliday, M. A. K. 1970a. Functional Diversity in Language as Seen from a Consideration of Modality and Mood in English. *Foundations of Language*, (3): 322–361.

Halliday, M. A. K. 1970b. Language Structure and Language Functions. In Webster, J. J. (ed.) *On Grammar*. Beijing: Peking University Press, 173–195.

Halliday, M. A. K. 1971. Linguistic function and literary style: an inquiry into the language of William Golding's *The Inheritors*. In Chatman, S. (ed.) *Literary Style: A Symposium*, Oxford: Oxford University Press, 330–365.

Halliday, M. A. K. 1973. *Explorations in the Functions of Language*. London: Arnold.

Halliday, M. A. K. 1976. *System and Function in Language*. London: Oxford University Press.

Halliday, M. A. K. 1976/2007a. Anti-languages. In Webster, J. J. (ed.) *Language and Society*. London: Continuum, 265–286.

Halliday, M. A. K. 1978. *Language as Social Semiotic: The Social Interpretation of Language and Meaning*. London: Arnold.

Halliday, M. A. K. 1991/2007b. The Notion of "Context" in Language Education. In Webster, J. J. (ed.) *Language and Education*. London: Continuum, 269–290.

Halliday, M. A. K. 1993.Towards a Language-Based Theory of Learning. *Linguistics and Education*, (5): 93–116.

Halliday, M. A. K. 1994/2000. *An Introduction to Functional Grammar* (2nd edition). London: Arnold. / Beijing: Foreign Language Teaching and Research Press.

Halliday, M. A. K. 1995/2005b. Computing Meanings: Some Reflections on Past Experience and Present Prospects. In Webster, J. J. (ed.) *Computational and Quantitative Studies*. London: Continuum, 239–267.

Halliday, M. A. K. 2002. *On Grammar*. Webster, J. J. (ed.) London: Continuum.

Halliday, M. A. K. 2003a. *Linguistic Studies of Text and Discourse*. Webster, J. J. (ed.) London: Continuum.

Halliday, M. A. K. 2003b. *On Language and Linguistics*. Webster, J. J. (ed.) London: Continuum.

Halliday, M. A. K. 2003c. *The Language of Early Childhood*. Webster, J. J. (ed.) London: Continuum.

Halliday, M. A. K. 2005a. *Studies in English Language*. Webster, J. J. (ed.) London: Continuum.

Halliday, M. A. K. 2005b. *Computational and Quantitative Studies.* Webster, J. J. (ed.) London: Continuum.

Halliday, M. A. K. 2006. *The Language of Science.* Webster, J. J. (ed.) London: Continuum.

Halliday, M.A.K. 2007a. *Language and Society.* Webster, J. J. (ed.) London: Continuum.

Halliday, M. A. K. 2007b. *Language and Education.* Webster, J. J. (ed.) London: Continuum.

Halliday, M. A. K. 2009a. *Studies in Chinese Language.* London: Continuum.

Halliday, M. A. K. 2009b. *The Essential Halliday.* Webster, J. J. (ed.) London: Continuum.

Halliday, M.A.K. 2013. *Halliday in the 21st Century.* Webster, J. J. (ed.) London: Continuum.

Halliday, M. A. K., & Hasan, R. 1989. *Language Context, and Text: Aspects of Language in a Social-semiotic Perspective.* (2nd ed.) Oxford: Oxford University Press.

Hamilton, J. & Woodward-Kron, R. 2010. Developing Cultural Awareness and Intercultural Communication through Multimedia: A Case Study from Medicine and the Health Sciences. *System,* (4): 560–568.

Harris, Z. 1952, Discourse Analysis. *Language,* (28): 1–30.

Hasan, R. 1995. The Conception of Context in Text. In Fries, P. & Gregory, M. (eds.) *Discourse in Society: Systemic Functional Perspectives.* Norwood: Ablext 183–283.

Hasan, R. 2005a. *Language, Society and Consciousness.* Webster, J. J. (ed.) London: Equinox.

Hasan, R. 2005b. *Semantic Variation: Meaning in Society.* Webster, J. J. (ed.) London: Equinox.

Hasan, R. 2016. *Context in the System and Process of Language.* Webster, J. J. (ed.) London: Equinox.

Hasan, R., Matthiessen, C. M. I. M. & Webster, J. J. 2005. *Continuing Discourse on Language: A Functional Perspective.* London: Equinox.

He Q. S & Yang, B. J. 2014. A Study of Transfer Directions in Grammatical Metaphor. *Australian Journal of Linguistics,* (3): 345–360.

He, Q. S & Wen, B. L. 2017. A Corpus-based Study of Textual Metaphor in English. *Australian Journal of Linguistics,* 37(3): 265–285.

He, Q. S & Yang, B. J. 2018. A Corpus-based Study of the Correlation between

Text Technicality and Ideational Metaphor in English. *Lingua*, 203: 51–65.

He, Q. S. 2019. Types of Transfer in Ideational Metaphor: A Corpus-Based Study. *Studia Neophilologica* (online), 91(2): 1–24.

Hodge, G., Ferrara, L. N. & Anible, B. D. 2019. The Semiotic Diversity of Doing Reference in a Deaf Signed Language. *Journal of Pragmatics*, 143: 33–53.

Hood, S. 2010. *Appraising Research: Evaluation in Academic Writing*. Basingstoke & New York: Palgrave Macmillan.

Hood, S. 2017. Live Lectures: The Significance of Presence in Building Disciplinary Knowledge. *Onomazein*, (35): 179–208.

Horsbol, A. 2010. Experts in Political Communication: The Construal of Communication Expertise in Prime Time Television News. *Journal of Language and Politics*, (1): 29–49.

Hunston, S. 2010. *Corpus Approaches to Evaluation: Phraseology and Evaluative Language*. London: Routledge.

Hurtado, C. J. & Gallego, S. S. 2013. Multimodality, Translation and Accessibility: A Corpus-Based Study of Audio Description. *Perspectives*, (4): 577–594.

Ian, B. 2008. *Academic Writing and Genre: A Systematic Analysis*. London: Continuum.

Iedema, R. 1997. The Language of Administration: Organizing Human Activity in Formal Institutions. In Christie, F. & Martin, J. R. (eds.) *Genre and Institutions: Social Processes in the Workplace and School*. London: Cassell, 73–100.

Iedema, R. 2001a. Analyzing Film and Television: A Social Semiotic Account of Hospital: An Unhealthy Business. In van Leeuwen, T. and Jewitt, C. (eds.) *Handbook of Visual Analysis*. London: Sage, 183–206.

Iedema, R. 2001b. Resemiotization. *Semiotica*, (135): 23–40.

Iedema, R. 2003. Multimodality, Resemiotization: Extending the Analysis of Discourse as Multi-Semiotic Practice. *Visual Communication*, (1): 29–57.

Jaipal, K. 2010. Meaning Making through Multiple Modalities in a Biology Classroom: A Multimodal Semiotics Discourse Analysis. *Science Education*, (1): 48–72.

Jakobson, R. 1960. Closing Statement: Linguistics and Poetics. In Sebeok, T. A. (ed.) *Style in Language*. Cambridge: Cambridge University Press, 350–359.

Jewit, C. 2009. *Handbook of Multimodal Analysis*. London: Routledge.

Johnson, K. & Johnson, H. 1998. *Encyclopedic Dictionary of Applied Linguistics: A Handbook for Language Teaching*. Oxford: Blackwell.

Jones, J. 2013. *Functional Grammar for Academic Writing*. Sydney: The University of

Sydney Learning Centre.

Jones, R. H. & Graham, L. 2010. *Functional Grammar in the ESL Classroom: Noticing, Exploring and Practicing*. Basingstoke & New York: Palgrave Macmillan.

Kazuhiro T. 2007. *A Systemic Functional Grammar of Japanese*. London Continuum.

Kennedy. C. 1976. Systemic Grammar and Its Use in Literary Analysis. *MALS Journal*, (1): 17–38.

Khosravi, M & Babaii, E. 2017. Reply Articles: Where Impoliteness and Judgment Coincide. *Journal of Politeness Research-Language Behaviour Culture*, (1): 143–167.

Koester, A. 2010. *Workplace Discourse*. London: Continuum.

Kong, K. 2009. A Comparison of the Linguistic and Interactional Features of Language Learning Websites and Textbooks. *Computer Assisted Language Learning*, (1): 31–55.

Kress G. & van Leeuwen, T. 2001. *Multimodal Discourse: The Modes and Media of Contemporary Communication*. London: Arnold.

Kress G. 2010. *Multimodality: A Social Semiotic Approach to Contemporary Communication*. London: Routledge.

Kress, G. & van Leuwen, T. 1996. *Reading Images: The Grammar of Visual Design*. London: Routledge.

Kress, G., Jewitt, C., Ogborn, J. & Tsatsarelis, C. 2001. *Multimodal Teaching and Learning: The Rhetorics of the Science Classroom*. London: Continuum.

Kumar, D. Z. 2019. Pragmatic Functions of Repetitions in Spontaneous Spoken Dialect Discourse. *Dialectologia Et Geolinguistica*, (1): 123–141.

Lamb, S. M. 2006. *Selected Writings of Sydney Lamb: Language and Reality*. Webster, J. J. (ed.) London: Continuum.

Lassen, I. 2003a. *Accessibility and Acceptability in Technical Manuals: A Survey of Style and Grammatical Metaphor*. Amsterdam & Philadelphia: John Benjamins.

Lassen, I. 2003b. Imperative Readings of Grammatical Metaphor: A Study of Congruency in the Imperative. In Simon-Vandenbergen, A. M., Taverniers, M. & Ravelli, L. J. (eds) *Grammatical Metaphor: Views from Systemic Functional Linguistics*, Amsterdam & Philadelphia: John Benjamins, 279–308.

Lauerbach, G. 2004. Political Interviews as Hybrid Genre. *TEXT*, (3): 353–397.

Lee, J. J. 2016. There's Intentionality Behind It: A Genre Analysis of EAP Classroom Lessons. *Journal of English for Academic Purposes*, 23: 99–112.

Leer, E. V. & Turkstra, L. 1999. The Effect of Elicitation Task on Discourse Coherence and Cohesion in Adolescents with Brain Injury. *Journal of*

Communication Disorders, 5: 327–349.

Lemke, J. L. 1995. *Textual Politics: Discourse and Social Dynamics*. London: Taylor and Francis.

Lemke, J. L. 1998.Multiplying Meaning: Visual and Verbal Semiotics in Scientific Text. In Martin, J. R. & Vel, R. (eds.) *Reading Science: Critical and Functional Perspectives on Discourses of Science*. London: Routledge, 87–113.

Lemke, J. L. 2002. Travels in Hypermodality. *Visual Communication*, 1(3): 299–325.

Lemke, J. L. 2009. Multimodal Genres and Transmedia Traversals: Social Semiotics and the Political Economy of the Sign. *Semiotica*, (177): 1–4.

Li, E. S. 2007. *A Systemic Functional Grammar of Chinese: A Text-Based Analysis*. London: Continuum.

Liardet, C. L. 2018. "As We All Know": Examining Chinese EFL Learners' Use of Interpersonal Grammatical Metaphor in Academic Writing. *Journal of English for Academic Purposes*, 50: 64–80.

Liardet, C. L., Black, S. & Bardetta, V. S. 2019. Defining Formality: Adapting to the Abstract Demands of Academic Discourse. *Journal of English for Academic Purposes*, 38: 146–158.

Lim, V. F. 2019. Analysing the Teachers' Use of Gestures in the Classroom: A Systemic Functional Multimodal Discourse Analysis Approach. *Social Semiotics*, (1): 83–111.

Lindholm, M. 2008. A Community Text Pattern in the European Commission Press Release? A Generic and Genetic View. *Pragmatics*, (1): 33–58.

Lizama, M. V. 2017a. Knowledge in Your Classroom: A Model of Analysis for Specialization Codes in Classroom Discourse. *Onomazein*, (1): 149–178.

Lizama, M. V. 2017b. A Linguistic Description of Popular Education: The Enactment of Pedagogy in the Classroom. *Linguistics and Education*, 39:14–25.

Llamas, L. F., Jimenez, E. G. C. & Canduela, L. R. 2011. On the Validity of Systemic Functional Approaches as a Tool for Selecting Materials in CLIL Contexts: A Case Study. *Porta Linguarum*, 16: 65–74.

Lukin, A., Moore, A., Herke, M., Wegener, R. & Wu. C. 2011. Halliday's model of register revisited and explored. *Linguistics and the Human Sciences*, (2): 187–213.

Lyons, A. 2018. Multimodal Expression in Written Digital Discourse: The Case of Kineticons. *Journal of Pragmatics*, 131: 18–29.

Machin, D. & van Leeuwen, T. 2007. *Global Media Discourse*. London: Routledge.

Mafofo, L. & Banda, F. 2014. Accentuating Institutional Brands: A Multimodal

Analysis of the Homepages of Selected South African Universities. *Southern African Linguistics and Applied Language Studies*, (4): 417–432.

Maite, T., Suarez, S. D. & Alvarez, E. G. 2013. *Contrastive Discourse Analysis: Functional and Corpus Perspectives*. London: Equinox.

Malcolm, K. 2010. *Phasal Analysis: Analysing Discourse through Communication Linguistics*. London: Continuum.

Manfredi, M. 2008. *Translating Text and Context: Translation Studies and Systemic Functional Linguistics*. London: Continuum.

Mann, W. C. & Thompson, S. (eds.). 1992. *Discourse Description: Diverse Linguistic Analyses of a Fund Raising Text*. Amsterdam & Philadelphia: John Benjamins.

Martin J. R. 1995. Reading Positions/Positioning Readers: Judgement in English. *Prospect: A Journal of Australian TESOL*, 2: 27–37.

Martin J. R., Maton, K. & Matruglio, E. 2010. Historical Cosmologies: Epistemology and Axiology in Australian Secondary School History Discourse. Revista Signos, 43(74): 433–463.

Martin, J. R. & Rose, D. 2003. *Working with Discourse: Meaning Beyond the Clause*. London: Continuum.

Martin, J. R. & Rose, D. 2005. *Genre Relations: Mapping Culture*. London: Equinox.

Martin, J. R. & Rose, D. 2007. *Working with Discourse: Meaning beyond the Clause*. (2nd ed.) London: Continuum.

Martin, J. R. & Veel, R. 1997. *Reading Science: Critical and Functional Perspectives on Discourses of Science*. London: Routledge.

Martin, J. R. & White, P. R. R. 2005. *The Language of Evaluation: Appraisal in English*. Basingstoke & New York: Palgrave Macmillan.

Martin, J. R. & Zappavigna, M. 2016. Exploring Restorative Justice: Dialectics of Theory and Practice. *International Journal of Speech Language and the Law*, (2): 215–242.

Martin, J. R. 1986. Grammaticalizing Ecology: The Politics of Aby Seals and Kangaroos. In Threadgold, T. (ed.) *Language, Semiotics, Ideology*. Sydney: Sydney Association for Studies in Society and Culture, 225–268.

Martin, J. R. 1987. The Meaning of Features in Systemic Linguistics. In Halliday, M. A. K. & Fawcett, P. R. (eds) *New Developments in Systemic Linguistics: Theory and Description*. London: Frances Pinter, 14–40.

Martin, J. R. 1992. *English Text: System and Structure*. Amsterdam & Philadelphia: John Benjamins.

Martin, J. R. 1999. Modelling Context: A Crooked Path of Progress in Contextual Linguistics. In Ghadessy, M. (ed.), *Text and Context in Functional Linguistics*. Amsterdam & Philadelphia: John Benjamins, 25–62.

Martin, J. R. 2000. Beyond Exchange: Apprsidsl Systems in English. In Hunston, A. S. & Thompson, G. (eds.) *Evaluation in Text: Authorial Stance and the Construction of Discourse*. Oxford: Oxford University Press, 142–175.

Martin, J. R. 2002. Fair Trade: Negotiating Meaning in Multimodal Texts. In Coppock, P. (ed.) *The Semiotics of Writing: Transdisciplinary Perspectives on the Technology of Writing*. Turnhout: Brepols, 311–338.

Martin, J. R. 2004. Mourning: How We Get Aligned. *Discourse & Society*, (15): 321– 344.

Martin, J. R. 2009. Genre and Language Learning: A Social Semiotic Perspective. *Linguistics and Education*, 20: 10–21.

Martin, J. R. 2010a. *SFL Theory*. Wang. Z. H. (ed.) Shanghai: Shanghai Jiao Tong University Press.

Martin, J. R. 2010b. *Discourse Semantic*. Wang. Z. H. (ed) Shanghai: Shanghai Jiao Tong University Press.

Martin, J. R. 2012a. *Genre Studies*. Wang. Z. H. (ed) Shanghai Jiao Tong University Press.

Martin, J. R. 2012b. *Register Studies*. Wang. Z. H. (ed) Shanghai Jiao Tong University Press.

Martin, J. R. 2012c. *Text Analysis*. Wang. Z. H. (ed) Shanghai Jiao Tong University Press.

Martin, J. R. 2013. *Interviews with M. A. K. Halliday: Language Turned Back on Himself*. London: Bloomsbury.

Martin, J. R., Matthiessen C. M. I. M. & Painter, C. 2010. *Deploying Functional Grammar*. Beijing: The Commercial Press.

Martinec, R. & Salway, A. 2005. A System for Image–Text Relations in New (and Old) Media. *Visual Communication*, 4(3): 337–341.

Mason, M. 2011. Examining the Rhetorical Structure and Discursive Features of Letters of Leniency as a Genre. *Pragmatics*, (1): 111–125.

Maton K. 2014. *Knowledge and Knowers: Towards a Realist Sociology of Education*. London: Routledge.

Maton, K., Hood. S. & Shay, S. 2016. *Knowledge-building: Educational Studies in Legitimation Code Theory*. London: Routledge.

Matruglio, E. & Vale, E. 2019. Transformation of Text in the English Classroom: Does "Context" Really Matter? *Literacy*, (3): 117–124.

Matthews, P. H. 2006. *Oxford Concise Dictionary of Linguistics*. Complied by Yang Xinzhang. Shanghai: Shanghai Foreign Language Education Press.

Matthiessen, C. M. I. M. & Bateman, J. 1991. *Text Generation and Systemic Functional Linguistics: Experiences from English and Japanese*. London: Frances Pinter.

Matthiessen, C. M. I. M. & Nesbitt, C. 1996. On the Idea of Theory-Neutral Descriptions. In Hasan, R., Cloran, C. & Butt, D. (eds.) *Functional Descriptions Theory in Practice*. Amsterdam & Philadelphia: John Benjamins, 39–84.

Matthiessen, C. M. I. M. 1995. *Lexicogrammatical Cartography: English Systems*. Tokyo: International Language Sciences Publishers.

Matthiessen, C. M. I. M. 1999. The System of Transitivity: An Exploratory Study of Text-based Profiles. *Functions of Language*, 6(1): 1–51.

Matthiessen, C. M. I. M. 2012. Systemic Functional Linguistics as Appliable Linguistics: Social Accountability and Critical Approache. *Delta*, (28): 435–471.

Matthiessen, C. M. I. M. 2013. Applying Systemic Functional Linguistics in Healthcare Contexts. *Text & Talk*, 4–5: 437–466.

Matthiessen, C. M. I. M. 2019. Register in Systemic Functional Linguistics. *Register Studies*, (1): 10–41.

Matthiessen, C. M. I. M. 2020. Trinocular Views of Register: Approaching Register Trinocularly. *Language, Context and Text*, (2): 3–21.

McCarthy, M. & Carter, R. 1994. *Language as Discourse: Perspectives for Language Teaching*. London: Longman.

McCarthy, M. 1991. *Discourse Analysis for Language Teachers*. New York: Cambridge University Press.

McManus, J. 2009. The Ideology of Patient Information Leaflets: A Diachronic Study. *Discourse & Communication*, (1): 27–56.

Mickan, P. & Lopez, E. 2017. *Text-Based Research and Teaching: A Social Semiotic Perspective on Language in Use*. Basingstoke & New York: Palgrave Macmillan.

Miller, D. R. & Bayley, P. 2016. *Hybridity in Systemic Functional Linguistics: Grammar, Text and Discursive Context*. London: Equinox.

Mills, S. 1997. *Discourse*. London: Routledge.

Monfared, N. & Haghbin, F. 2019. The Resemioticisation of the Socio-Cultural Construct of Nowruz Festival in Tehran's "Fatemi Spring" Billboards. *Social Semiotics*, (2): 204–221.

Morell, T. 2015. International Conference Paper Presentations: A Multimodal Analysis to Determine Effectiveness. *English for Specific Purposes*, (37): 137–150.

Mortensen, L.1992. A Transitivity Analysis of Discourse in Dementia of the Alzheimer's Type. *Journal of Neurolinguistics*, (4): 309–321.

Moya-Guijarro, A. J. 2014. *A Multimodal Analysis of Picture Books for Children: A Systemic Functional Approach*. London: Equinox.

Moya-Guijarro, A. J. 2016. The Role of Semiotic Metaphor in the Verbal-Visual Interplay of Three Children's Picture Books: A Multisemiotic Systemic-Functional Approach. *Journal of the Spanish Association of Anglo-American Studies*, (1): 33–52.

Moyano, E. I. 2019. Knowledge Construction in Discussions of Research Articles in Two Disciplines in Spanish: The Role of Resources of APPRAISAL. *Journal of Pragmatics*, 139: 231–246.

Nesi, H. & Gardner, S. 2012. *Genres across the Disciplines: Student Writing in Higher Education*. Cambridge: Cambridge University Press.

Nwogu, K. N. 1990. *Discourse Variation in Medical Texts: Schema, Theme and Cohesion in Professional and Journalistic Accounts*. Nottingham: University of Nottingham.

O'Grady, G. 2010. *A Grammar of Spoken English Discourse: The Intonation of Increments*. London: Continuum.

O'Grady, G., Bartlett, T. & Fontaine, L. 2013. *Choice in Language: Applications in Text Analysis*. London: Equinox.

O'Halloran, K. 1999. Interdependence, Interaction and Metaphor in Multisemiotic Texts. *Social Semiotics*, 9 (3): 317–354.

O'Halloran, K. 2003. Intersemiosis in Mathematics and Science: Grammatical Metaphor and Semiotic Metaphor. In Simon-Vandenbergen, A. M., Taverniers, M. & Ravelli, L. J. (eds.) *Grammatical Metaphor: Views from Systemic Functional Linguistics*. Amsterdam & Philadelphia: John Benjamins, 337–365.

O'Halloran, K. L. & Bradley, S. 2011. *Multimodal Studies: Exploring Issues and Domains*. London: Routledge.

O'Halloran, K. L. 2004. *Multimodal Discourse Analysis: Systemic-Functional Perspectives*. London: Continuum.

O'Halloran, K. L. 2005. *Mathematical Discourse: Language, Symbolism and Visual Images*. London: Continuum.

O'Halloran, K. L. 2007. Mathematical and Scientific Forms of Knowledge: A Systemic Functional Multimodal Grammatical Approach. In Christ, F. &

Martin, J. R. (eds.) *Language, Knowledge and Pedagogy*. London & New York: Continuum, 205–238.

O'Halloran, K. L. 2008. Systemic Functional-Multimodal Discourse Analysis (SF-MDA): Constructing Ideational Meaning Using Language and Visual Imagery. *Visual Communication*, (4): 443–475.

O'Toole, M. 1994. *Language of Displayed Art*. London: Leicester University Press.

Ostermann, A. C., Dowdy, J. D., Lindemann, S., Turp, J. C. & Swales, J. M. 1999. Patterns in Self-reported Illness Experiences: Letters to a Tmj Support Group. *Language & Communication*, 19(2): 127–147.

Paltridge, B. 2012. *Discourse Analysis: An Introduction*. London: Bloomsbury.

Pang, J. X & Chen, F. 2018. Evaluation in English Earnings Conference Calls: A Corpus-Assisted Contrastive Study. *Text & Talk*, 4: 411–433.

Parkinson, J., Demecheleer, M. & Mackay, J. 2017. Writing Like a Builder: Acquiring a Professional Genre in a Pedagogical Setting. *English for Specific Purposes*, 46: 29–44.

Parret, H. 1974. *Discussing Language*. The Hague: Mouton.

Pasquandrea, S. 2011. Managing Multiple Actions through Multimodality: Doctors' Involvement in Interpreter-Mediated Interactions. *Language in Society*, (4): 455–481.

Patten, T. 1988. *Systemic Text Generation as Problem Solving*. Cambridge: Cambridge University Press.

Peng, J. E. 2019. The Roles of Multimodal Pedagogic Effects and Classroom Environment in Willingness to Communicate in English. *System*, 82: 161–173.

Pennycook, A. 1994. Incommensurable Discourses. *Applied Linguistics*, (2): 115–38.

Piazza, R., Bednarek, M. & Rossi, F. 2011. *Telecinematic Discourse: Approaches to the Language of Films and Television Series*. Amsterdam & Philadelphia: John Benjamins.

Ponton, D. M. 2010. The Female Political Leader: A Study of Gender-Identity in the Case of Margaret Thatcher. *Journal of Language and Politics*, (2): 195–218.

Prendergast, M. 2019. Political Cartoons as Carnivalesque: A Multimodal Discourse Analysis of Argentina's Humor Registrado Magazine. *Social Semiotics*, (1): 45–67.

Querol-Julian, M. & Fortanet-Gomez, I. 2012. Multimodal Evaluation in Academic Discussion Sessions: How Do Presenters Act and React? *English for Specific Purposes*, (4): 271–283.

Ravelli, L. J. & Ellis, R. A. 2005. *Analysing Academic Writing: Contextualized Frameworks*. London: Continuum.

Ravelli, L. J. & McMurtrie, R. J. 2016. *Multimodality in the Built Environment: Spatial Discourse Analysis*. London: Routledge.

Ravelli, L. J. 1988. Grammatical Metaphor: An Initial Analysis. In Steiner, E. & Veltman, R. (eds.) *Pragmatics, Discourse and Text: Some Systemicaly-inspired Approaches*. London: Frances Pinter, 133–147.

Reid, T, B. W. 1956. Lingutistics, Structuralism and Philology. *Archivum Linguisticum*, (8): 28–37.

Ren, S. Z., Guthrie, W. & Fong, I. W. R. 2001. *Grmmar and Discourse*. Macau: University of Macau Publication Center.

Rigaudeau-McKenna, B. 2005. Towards an Analysis of Dysfunctional Grammar. *Clinical Linguistics & Phonetics*, (3): 155–174.

Rose, D. & Martin, J. R. 2012. *Learning to Write, Reading to Learn: Genre, Knowledge and Pedagogy in the Sydney School*. London: Equinox.

Royce, T. & Bowcher, W. 2007. *New Directions in the Analysis of Multimodal Discourse*. Mahwah: Lawrence Erlbaum.

Royce, T. 1998. Synergy on the Page: Exploring Intersemiotic Complementarity in Page–Based Multimodal Text. *JASFL Occasional Papers*, (1): 25–49.

Royce, T. 2002. Multimodality in the TESOL Clasroom: Exploring Visual-Verbal Synergy. *TESOL Quarterly*, (2): 191–204.

Royce, T. 2007. Intersemiotic Complimentarity: A Framework for Multimodal Discourse Analysis. In Royce, T. & Bowcher, W. (eds.) *New Directions in the Analysis of Multimodal Discourse*. Mahwah: Lawrence Erlbaum, 63–109.

Ryder, M. E. 1999. Smoke and Mirrors: Event Patterns in the Discourse Structure of a Romance Novel. *Journal of Pragmatics*, (8): 1067–1080.

Samraj, B. 2013. Form and Function of Citations in Discussion Sections of Master's Theses and Research Articles. *Journal of English for Academic Purposes*, (4): 299–310.

Schiffrin, D. 1994. *Approaches to Discourse*. Oxford: Blackwell.

Scollon, R. 1998. *Mediated Discourse as Social Interaction: The Study of News Discourse*. London & New York: Longman.

Shi, G. 2018. An Analysis of Attitude in Chinese Courtroom Discourse. *Poznan Studies in Contemporary Linguistics*, (1): 147–174.

Short, I. H. 1976. Why We Sympathise with Lennie. *MALS Journal*, (1): 1–9.

Short, I. H. 1982. Prelude I to a Literary Stylistics. In Carter. R. (ed.). *Language and Literature: An Introductory Reader in Stylistics*. London: Alien & Unwin, 55–62.

Shoshana, D., Hood, S. & Stenglin, M. 2012. *Semiotic Margins: Meaning in Multimodalities*. London: Continuum.

Simon-Vandenbergen, A., Taverniers, M. & Ravelli. L. J. 2003. *Grammatical Metaphor: Views from Systemic Functional Linguistics*. Amsterdam & Philadelphia: John Benjamins.

Simpson, Z, 2019. Display Cases, Catalogues and Clock Faces: Multimodal Social Semiotic Analysis of Information Graphics in Civil Engineering. *Iberica*, 37: 141–165.

Sinclair, J. McH. 1968. A Technique of Stylistic Description. *Language and Style*, (1): 215–242.

Sinclair. J. McH. 1966. Taking a Poem to Pieces. In Fowler, R. (ed.) *Essays on Language and Style*. London: Routledge, 68–81.

Slater, T. & Butler, J. I. 2015. Examining Connections between the Physical and the Mental in Education: A Linguistic Analysis of PE Teaching and Learning. *Linguistics and Education*, 30: 12–25.

Sriniwass, S. 2010. *Knowledge Construction in the Genre of Chemistry Textbooks: A Systemic Functional Linguistic Perspective Part 1*. Saarbrucken: VDM Publishing House.

Stanley, P. & Stevenson, M. 2017. Making Sense of Not Making Sense: Novice English Language Teacher Talk. *Linguistics and Education*, 38: 1–10.

Starc, S., Jones, C & Maiorani, A. 2015. *Meaning Making in Text: Multimodal and Multilingual Functional Perspectives*. Basingstoke & New York: Palgrave Macmillan.

Stibbe, A. 2015. *Ecolinguistics: Language, Ecology and the Stories We Live by*. London: Routledge.

Stubbs, M. 1983. *Discourse Analysis*. Oxford: Blackwell.

Subtirelu, N. 2013. What (Do) Learners Want (?): A Re-examination of the Issue of Learner Preferences Regarding the Use of "Native" Speaker Norms in English Language Teaching. *Language Awareness*, (3): 270–291.

Sung, J. E., De, G. & Lee, S. E. 2016. Cross-Linguistic Differences in a Picture-Description Task between Korean and English-Speaking Individuals with Aphasia. *American Journal of Speech-Language Pathology*, (4): 813–822.

Suzuki, D. & Fujiwara, T. 2017. The Multifunctionality of "Possible" Modal Adverbs: A Comparative Look. *Language,* 93(4): 827–841.

Swales, J. M. 1990. *Genre Analysis: English in Academic and Research Settings.* Cambridge: Cambridge University Press.

Swierzbin, B. & Reimer, J. 2019. The Effects of a Functional Linguistics-based Course on Teachers' Beliefs about Grammar. *Language Awareness,* (1): 31–48.

Tan, S., O'Halloran, K. L. & Wignell, P. 2016. Multimodal Research: Addressing the Complexity of Multimodal Environments and the Challenges for CALL. *Recall,* (3): 253–273.

Tench, P. 1991. *The Roles of Intonation in English Discourse.* Frankfurt: Peter Lang.

Thibault, P. J. 1991. *Social Semiotics as Praxis: Text, Social Meaning Making, and Nabokov's Ada.* Minneapolis: University of Minnesota.

Thomas, C. 2011. *Cohesion: A Discourse Perspective.* Frankfurt: Peter Lang.

Thompson, G. 2004. *Introducing Functional Grammar.* (2nd ed.) London: Arnold.

Thompson, G. 2014. *Introducing Functional Grammar.* (3rd ed.) London: Arnold.

Thompson, G. 1996/2000. *Introducing Functional Grammar.* London: Arnold/Beijing: Foreign Language Teaching and Research Press.

Thomson E. & White, P. R. R. 2008. *Communicating Conflict: Multilingual Case Studies of the News Media.* London: Continuum.

Thomson, E. & Droga, L. 2012. *Effective Academic Writing.* Sydney: Phoenix Education.

Toh, W. 2014. A Multimodal Framework for Tracking Sesshomaru's Character Development in an Anime Movie-Inuyasha: Swords of an Honourable Ruler - an Appraisal and Gestural Perspective. *Social Semiotics,* (1): 124–151.

Toolan, M. 1992. *Language, Text and Context: Essays in Stylistics.* London: Routledge.

Traugott, E. C. & Pratt, M. L. 1980. *Linguistics for Studies of Literature.* New York: Harcourt Brace Jovanovich.

Trautman, L. S., Healey, E. C., Brown, T. A., Brown, P., & Jermano, S. 1999. A Further Analysis of Narrative Skills of Children Who Stutter. *Journal of Communication Disorders,* 32(5): 297–315.

Unsworth, L. 2008. *Multimodal Semiotics: Functional Analysis in Contexts of Education.* London: Continuum.

Valeiras-Jurado, J. 2019. Modal Coherence in Specialised Discourse: A Case Study of Persuasive Oral Presentations in Business and Academia. *Iberica,* 37: 87–114.

Valipour, V., Assadi, N. & Asl, H. D. 2017. The Generic Structures and Lexicogrammaticality in English Academic Research Papers. *Southern African Linguistics and Applied Language Studies*, (2): 169–182.

van Leeuwen, T. & Jewitt, C. 2001. *Handbook of Visual Analysis*. London: Sage.

Vass, H. 2017. Lexical Verb Hedging in Legal Discourse: The Case of Law Journal Articles and Supreme Court Majority and Dissenting Opinions. *English for Specific Purposes*, 48: 17–31.

Ventola, E. 1988. *The Structure of Social Interaction: A Systemic Approach to the Semiotics of Service Encounter*. London: Frances Pinter.

Walker, E. 2012. An Exploration of Planning for English-as-Foreign-Language (EFL) Academic Language Development. *Journal of English for Academic Purposes*, (4): 304–318.

Wang, J. Y. 2016. Narrative Mediatisation of the "Chinese Dream" in Chinese and American Media. *Journal of Language and Politics*, (1): 45–62.

Wang, Y. 2019. A Functional Analysis of Text-oriented Formulaic Expressions in Written Academic Discourse: Multiword Sequences vs. Single Words. *English for Specific Purposes*, 54: 50–61.

Webster, J. J. 2008. *Meaning in Context: Implementing Intelligent Applications of Language Studies*. London: Continuum.

Woodward-Kron, R. & Elder, C. 2016. A Comparative Discourse Study of Simulated Clinical Roleplays in Two Assessment Contexts: Validating a Specific-purpose Language Test. *Language Testing*, (2): 251–270.

Xie, J. P. 2016. Direct or Indirect? Critical or Uncritical? Evaluation in Chinese English-major MA Thesis Literature Reviews. *Journal of English for Academic Purposes*, 23: 1–15.

Yang, B. J. 2018. Textual Metaphor Revisited. *Australian Journal of Linguistics*, (2): 205–222.

Yang, B. J. 2019. Interpersonal Metaphor Revisited: Identification, Categorization, and Syndrome. *Social Semiotics*, (2): 186–203.

Yang, X. Y. 2010. *Modelling Text as Process: A Dynamic Approach to EFL Classroom Discourse*. London: Continuum.

Yang, X. Y. 2017. Father Identities Constructed through Meaning Choices: A Systemic-Functional Analysis of Fathers' Letters in Dad Where Are We Going. *Text & Talk*, (3): 359–385.

Yang, Y. N. 2014. *Grammatical Metaphor in Chinese* (Bilingual Edition). London: Equinox.

Young, L. & Harrison, C. 2004. *Systemic Functional Linguistics and Critical Discourse Analysis: Studies in Social Change*. London: Continuum.

Yuan, C. Y. 2019. A Battlefield or A Lecture Hall? A Contrastive Multimodal Discourse Analysis of Courtroom Trials. *Social Semiotics*, (5): 645–669.

术 语 表

参与策略	involvement strategies
层次	stratification
阐释	illustration
超主位	hyper-theme
潮浪	tidal waves
成分关系	componental relations
诚实可靠	veracity
承认	acknowledge
词汇衔接	lexical cohesion
词汇语法	lexicogrammar
词组	group
存在过程	existential process
措辞	wordings
大浪	bigger waves
动词框架语言	verb-framed languages
动作过程	action process
断言	assertion
多模态	multimodality
反应过程	reaction process
反语言	anti-languages
方言	dialect
非结构衔接	non-structural cohesion
非中动	non-middle
分类过程	classificational process
分析过程	analytic process
否认	disclaim
概括	general
概念	ideation
概念过程	conceptual process
概念基	ideation base

纲要式结构	schematic structure
格律	periodicity
个体发生	ontogenesis
工艺式结论	technical summary
功能句子观	functional sentence perspective
构图	composition
关系过程	relational process
归属	attribute
行为过程	behavioral process
行为正当	propriety
合法化语码理论	legitimation code theory
宏主位	macro-theme
互动	interaction
互文参照	intertextual references
互文联结	intertextual links
话语发生	logogenesis
话语范围	field of discourse
话语方式	mode of discourse
话语风格	style of discourse
话语基调	tenor of discourse
混合语类	hybrid genre
及物性	transitivity
级差	graduation
极简式结论	minimalist summary
技术术语	technical terms
假言	presumption
坚韧不拔	tenacity
鉴赏	appreciation
交流过程	communicative process
接触	contact
接续	relay
节点	node type
结构独特性	structural uniqueness
结构衔接	structural cohesion
介入	engagement

借言	heterogloss
紧缩	contract
静态方式	static
具体情景特征独特性	specific situational feature uniqueness
聚焦	focus
肯定	proclaim
框定	framing
扩展	expansion
类属情景	generic situation
连贯	coherence
连接关系	conjunctives
联结	conjunction
锚定	anchorage
模糊	soften
年分区	years per slice
凝视	gaze
判断	judgement
篇章语言学	textlinguistics
品质	quality
平行对称结构	parallelism
平衡	balance
评价	appraisal
气象过程	meteorological process
强势	raise
情感	affect
情景类型	situation type
情景类型独特性	situation type uniqueness
情景配置	contextual configuration
情景式结论	situated summary
情景亚类型独特性	situation subtype uniqueness
情景语境	context of situation
情态	modality
求取	demand
区内	within slice
认可	endorse

容纳	entertain
锐化	sharpen
弱势	lower
筛选标准	selection criterion
社会构建体	social construct
社会规范	normality
社会距离	social distance
社会责任	social accountability
生态观	ecological view
声音	voice
省略	ellipsis
时间分区	time slicing
识别	identification
示例	instantiation
视角	perspective
适用语篇分析	appliable discourse analysis
书写	graphology
疏远	distance
俗名	folk names
态度	attitude
特殊语码	specialization codes
提供	offer
体裁独特性	genre uniqueness
替代	substitution
同意	concur
投射	projection
图谱修剪	pruning
卫星框架语言	satellite-framed languages
文化语境	context of culture
物质情景设置独特性	material situational setting uniqueness
细节	detail
衔接	cohesion
显著性	salience
相邻对	adjacency pairs
象征过程	symbolic process

小句	clause
小句组	clause nexus
小浪	little waves
校准	calibration
协商	negotiation
写得得体	write it right
心理过程	mental process
新旧信息结构	Given-New organization
信息值	information value
修辞结构理论	rhetorical structure theory
叙事过程	narrative process
叙事结构	narrative structure
宣称	pronounce
延续关系	continuatives
言语独特性	verbal uniqueness
言语过程	verbal process
言语及心理过程	speech & psychological process
意识观念	ideology
音位	phonology
引述	quotation
隐喻变异	metaphorical variation
隐喻性新信息	metaphorical news
隐喻性主位	metaphorical themes
英国国家语料库	British National Corpus
影响	impact
有机关系	organic relations
语场	field
语法隐喻并发现象	syndrome of grammatical metaphor
语境敏感术语模型	context-specific term model
语句	figure
语句丛	sequence
语类	genre
语类结构潜势	generic structure potential
语篇变体	text variety
语篇理解	textual comprehension

语篇性	texture
语篇语义	discourse-semantics
语气	mood
语式	mode
语势	force
语言障碍儿童	language disordered children
语义交汇	semantic junction
语域	register
语域制图学	registerial cartography
语旨	tenor
元功能	metafunction
再现	representation
指称	reference
中动	middle
中国学习者历时语料库	Chinese Longitudinal Learner Corpus
种系发生	phylogenesis
主述位结构	theme-rheme
自言	monogloss
组元	element
最小生成树算法	minimum spanning tree
做事才干	capacity